女児（三歳）　　男児（五歳）　　女児（七歳）　　成人式の振り袖姿　　卒業式の袴姿

口絵1　七五三の衣裳（p.15）　　　　　　　　口絵2　通過儀礼の衣裳の例（p.15）

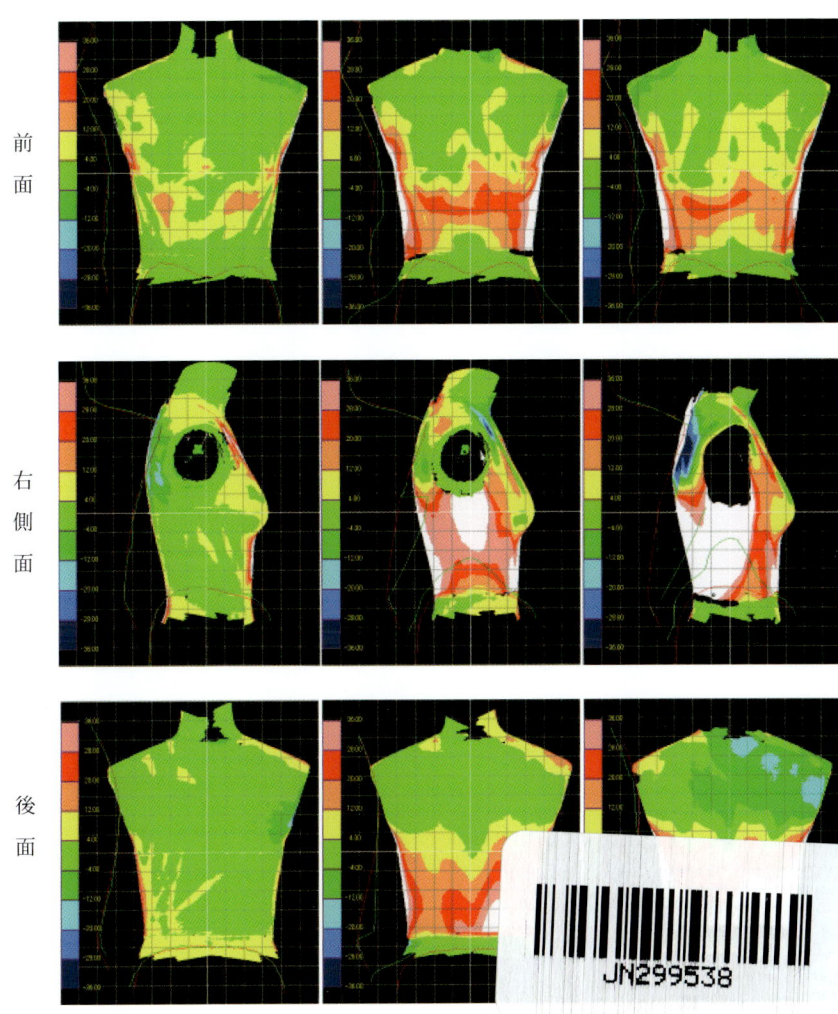

前面

右側面

後面

口絵3　ゆとり量の異なる
　　　　アパレルの空隙量
　　　　（図7.8, p.78）
表示色のグレード：上方ほ
ど空隙量が多いことを示す．

ゆとり0　　　　ゆとり3　　　　ゆとり6

生活科学テキストシリーズ

新版
アパレル構成学

着やすさと美しさを求めて

冨田明美
[編著]

高橋知子
千葉桂子
森　由紀
土肥麻佐子
石原久代
青山喜久子
原田妙子
[著]

朝倉書店

執筆者一覧 (執筆順)

冨田　明　美	椙山女学園大学生活科学部教授
髙橋　知　子	愛知学泉大学家政学部教授
千葉　桂　子	福島大学人間発達文化学類教授
森　　由　紀	甲南女子大学人間科学部教授
土肥　麻佐子	大妻女子大学短期大学部家政科准教授
石原　久　代	名古屋学芸大学メディア造形学部教授
青山　喜久子	金城学院大学生活環境学部教授
原田　妙　子	名古屋女子大学短期大学部生活学科教授

●イラスト協力

車戸　優　子	名古屋女子大学非常勤講師

まえがき

『新版アパレル構成学』は，人間とアパレルとの関わりについて，形態，素材，縫製，着装，変身願望を遂げる心理的視点から追究し，その理論と技術について解明し，それらを生活する人間が社会の中で実証する，つまり，応用科学としてとらえているところに特徴がある．

バブル経済の崩壊以後，日本の産業構造は大きく変革し，アパレル産業を取り巻く環境もきわめて厳しい状況にある．科学技術の発展は，一方で，環境，エネルギー，資源，ゴミ問題など人類がこれまでに経験したことがない種々の問題を引き起こしている．とくに，近年，地球温暖化が進展し，世界各地で自然災害が起きている．地球温暖化の主な原因が人為的なものであり，このような負の財産をできるだけ後世に残さないようにする「持続可能な社会」への取組みが国際的な規模で行われるようになった．環境省は，2005年，温室効果ガス排出量削減政策の1つとして，オフィスから家庭まで，空調設備に頼らず，アパレルの着装形態で快適に過ごす「Cool BIZ」「Warm BIZ」を呼び掛けた．改めて快適環境創出にアパレルの機能が着目されることになったのである．

教育にあっても，地球温暖化抑制に貢献できるアパレルを創出することのできる次世代の育成が急務であり，専門に関する基礎知識と技術を教授できる指針と創作能力発露の源になるものが必要である．そのため，本書は生活科学系大学・短大で学ぶ学生の教科書として，実社会でアパレルに関わる仕事に携わっている方の知識・技術の理論的裏づけを得る専門書として利用できるよう企画した．

本書の編著にあたり，前書『アパレル構成学』で示した基本的な考え方を引き継ぎながらも現代にマッチした内容に改訂し，最新の研究成果を踏まえた具体的事例をできるだけ多く呈示するようにつとめた．教科書として読みやすく，魅力的であることを心がけた．

第1章では，アパレル構成の内容と重要性について述べ，第2章では，アパレルの着用目的とアパレルの型式的推移を解説した．第3章では，わが国の伝統衣装が自然と風土に調和しながら発展してきたそのわけを考え，これからの生活への生かし方について，第4章では，人体の構造と機能を明らかにするとともに，アパレルが人体に近接した環境として具備しなければならない諸性能について述べた．第5章ではアパレルデザインの基礎と応用について概説するとともに，デザイン表現の手法を示し，着装の社会的・心理的機能性や美的効果についても解説した．第6章では，アパレルデザインを具体化するために必要なアパレル素材と造形性能について，第7章では，人体の形態とパターン設計，パターンのデザイン展開の原理と応用について取り上げた．第8章では，アパレル生産システムと今日的課題について解説した．第9章では，被服の選択と購入を通して，豊かな衣生活とは何かを考えた．

執筆者が心がけたことは，「アパレル構成学」にふさわしい内容と領域を盛り込み，①アパレル製作に必要な基礎事項を網羅する，②最新の情報，③各自の研究成果と実験的事実を基本とする，④写真，図・表を多くして盛りだくさんの内容を平易に説明することである．そして副題にあるように，各章とも「アパレル」の命題である"着やすさと美しさ"を追究して執筆した．

なお，本書の執筆担当は次のとおりである．

第1章 冨田	第4章 森，土肥，冨田	第7章 冨田
第2章 高橋	第5章 石原	第8章 冨田，青山
第3章 千葉	第6章 青山	第9章 原田

終わりに，本書の出版にあたり，惜しみないご援助とご協力を頂いた朝倉書店編集部の方々に対し，執筆者一同，心より感謝申し上げる．

2012年7月

執筆者一同

目　次

1. はじめに
1.1　アパレルとは …… 1
1.2　被服構成学とアパレル構成学 …… 1
　1.2.1　被服構成学の領域 …… 1
　1.2.2　着やすさと美しさを求めて …… 2
　1.2.3　被服構成学の社会的貢献 …… 2

2. アパレルの機能と形式の推移
2.1　衣服の起源 …… 3
2.2　アパレルの目的と機能 …… 3
　2.2.1　保健衛生上の機能 …… 3
　2.2.2　生活活動適応上の機能 …… 4
　2.2.3　社会生活上の機能 …… 4
　2.2.4　整容装身上の機能 …… 4
　2.2.5　自己表現上の機能 …… 4
2.3　アパレルの構成法 …… 4
　2.3.1　立体的概念と構成法 …… 4
　2.3.2　平面的概念と構成法 …… 5
2.4　アパレルの形式と形態 …… 6
　2.4.1　衣服の類型 …… 6
　2.4.2　衣服形態の変遷 …… 8
　2.4.3　現代の服装 …… 11

3. 日本の伝統衣装
3.1　日本の衣服の特徴 …… 13
　3.1.1　日本の衣服の形態的特徴 …… 13
　3.1.2　和服の前身「小袖」 …… 13
　3.1.3　和服のリサイクルと加工技法 …… 14
　3.1.4　現代に伝わる衣文化の伝統 …… 15
3.2　和服の構成 …… 15
　3.2.1　和服の名称と形態 …… 15
　3.2.2　用尺 …… 16
　3.2.3　柄合わせ …… 16
　3.2.4　構成法 …… 17
3.3　和服の着装 …… 19
　3.3.1　着装法 …… 19
　3.3.2　着装のための付属品 …… 19
3.4　和服のこれまでとこれから …… 21

4. 着衣する人体
4.1　人体の構造 …… 22
　4.1.1　骨格 …… 22
　4.1.2　筋 …… 23
　4.1.3　皮下脂肪と皮膚 …… 25
　4.1.4　シルエットとプロポーション …… 25
4.2　アパレルのための体型情報 …… 26
　4.2.1　人体計測の重要性 …… 26
　4.2.2　人体計測の方法 …… 27
　4.2.3　計測値の活用 …… 30
　4.2.4　体型 …… 30
4.3　動きやすさとアパレル …… 39
　4.3.1　動作・運動に適応したアパレルの条件 …… 39
　4.3.2　衣服圧の生理的影響 …… 39
4.4　暑さ・寒さとアパレル …… 41
　4.4.1　人体の体温調節機能 …… 41
　4.4.2　アパレルによる気候調節 …… 42

5. アパレルデザイン
5.1　形態の表現 …… 45
　5.1.1　アパレルの形態 …… 45
　5.1.2　形態の美的因子 …… 49
5.2　色彩の表現 …… 50
　5.2.1　色の表示 …… 50
　5.2.2　色の性質と働き …… 50
　5.2.3　色彩の調和と配色 …… 52
5.3　身体因子とアパレルデザイン …… 54
　5.3.1　顔の因子とデザイン …… 54
　5.3.2　体型とデザイン …… 55
　5.3.3　着装とデザイン …… 56
5.4　デザインの表現 …… 57
　5.4.1　スタイル画法 …… 57
　5.4.2　CGによる表現 …… 58

6. アパレル素材と造形性能

6.1 アパレル素材 …… 59
- 6.1.1 繊維と糸 …… 59
- 6.1.2 主素材 …… 61
- 6.1.3 副素材 …… 67

6.2 アパレル素材の造形性能と立体化の技法 …… 70
- 6.2.1 いせ込み，伸ばし …… 70
- 6.2.2 ドレープ …… 70
- 6.2.3 ギャザー …… 71
- 6.2.4 プリーツ …… 71

6.3 新しいアパレル素材の種類と取り扱い方 …… 71
- 6.3.1 新合繊織物 …… 71
- 6.3.2 新しいウール素材 …… 72
- 6.3.3 リヨセル …… 72
- 6.3.4 複合素材 …… 72

7. アパレルの設計

7.1 パターン作成法 …… 73
- 7.1.1 ドレーピング法 …… 73
- 7.1.2 ドラフティング法 …… 73

7.2 人体の形態と衣服原型 …… 74
- 7.2.1 人体各部位の形状と衣服原型 …… 74
- 7.2.2 体型変化と衣服原型 …… 74

7.3 パターン設計とゆとり量 …… 76
- 7.3.1 ゆとり設定位置と保持性 …… 76
- 7.3.2 ゆとりが形成する空隙 …… 78
- 7.3.3 体表変化とゆとり量 …… 78
- 7.3.4 ゆとり設定位置と身体拘束性 …… 80
- 7.3.5 アパレルの変位性とゆとり …… 80
- 7.3.6 ゆとり量と身体拘束感・温熱感 …… 80

7.4 パターンのデザイン展開 …… 82
- 7.4.1 身頃のデザイン展開 …… 82
- 7.4.2 袖のデザイン展開 …… 84
- 7.4.3 えりのデザイン展開 …… 85
- 7.4.4 スカートのデザイン展開 …… 88
- 7.4.5 パンツのデザイン展開 …… 88

8. アパレルの生産

8.1 アパレルの生産システム …… 90

8.2 アパレル生産工程 …… 90
- 8.2.1 商品企画 …… 91
- 8.2.2 設計工程 …… 92

8.3 縫製準備工程 …… 95
- 8.3.1 検 反 …… 95
- 8.3.2 地直し …… 95
- 8.3.3 延 反 …… 96
- 8.3.4 裁 断 …… 96
- 8.3.5 芯すえ …… 96

8.4 縫製工程 …… 97
- 8.4.1 ステッチとシーム …… 97
- 8.4.2 ミシン針 …… 99
- 8.4.3 縫 製 …… 99
- 8.4.4 アイロン，プレス …… 102

8.5 製品の評価 …… 103
- 8.5.1 素材に関する内容 …… 103
- 8.5.2 延反，裁断に関する内容 …… 103
- 8.5.3 接着芯地の芯すえに関する内容 …… 104
- 8.5.4 縫製に関する内容 …… 104

9. アパレルの選択と購入

9.1 アパレルの生産と流通 …… 105
- 9.1.1 既製衣料の生産と流通 …… 105
- 9.1.2 アパレル産業の問題点 …… 105

9.2 既製衣料の表示 …… 106
- 9.2.1 品質表示 …… 106
- 9.2.2 サイズ表示 …… 106
- 9.2.3 その他の表示 …… 110

9.3 既製衣料の選択と購入上の留意点 …… 112
- 9.3.1 デザイン …… 112
- 9.3.2 サイズ …… 112
- 9.3.3 素材と縫製加工技術 …… 112
- 9.3.4 購入方法と価格 …… 112

9.4 既製衣料に関する情報とサービス …… 113

付表1 人体計測 …… 114
付表2 アパレル素材 …… 116

引用・参考文献 …… 123
索 引 …… 129

1. はじめに

アパレルについて，人間を取り巻く環境の1つであるとの視点から問い直してみた．アパレルが着衣として成立するためには，着衣基体である人体に適合する大きさ・かたちをもち，人体外環境としての動作的・温熱的性能を具備する必要がある．それらの諸性能は，合理的な構成法によりもたらされるものである．この章では，合理的な構成法を学ぶための考え方を示し，アパレルへの興味と学問としての被服構成学への理解を深めたい．

1.1 アパレルとは

アパレル（apparel）は，一般に衣類の総称と解釈され，衣服，被服などと同義に用いられている．アパレルには，人間のからだを外界から保護するという基本的な使命があり，特定の場を除き，日常生活のあらゆる環境下で人体を被覆している．つまり，アパレルと人体とは常に一体であり，人間が自然環境に調和していくためには，両者の間に適切な関係を形成しなければならない．こうした意味から，アパレルは人間に着装されなければ1つのモノでしかなく，「アパレル」がアパレルであるためには，「着る」という目的に適っていなければならない．そして，着心地がよく，着脱しやすく，動作によく適応して抵抗感がなく，暑さ寒さに適応するための性能を備えていなければならない．日常的に用いられるアパレルにおいては，これらの基本条件が満たされれば，多くの場合，着装上の美も備わってくると考えられる．一方，アパレルの中には，装飾を主目的とした服種も存在し，象徴性や擬態の美しさを造形することが求められるものもある．

1.2 被服構成学とアパレル構成学

被服構成学は，1948年新制大学の発足により，家政学部被服学科が設置されたとき，被服学科における他の学問分野とともに，学問体系の確立に向けて使われた被服設計・製作領域の名称である[1]．

本書では，被服構成学を着衣基体である人体とこれを取り巻く環境としてのアパレル，さらに，アパレル外環境も1つの系として取り込み，「人間のこころを伝える媒体として」「人間の美的欲求の表現手段として」「快適な生活環境創出の条件として」「人間を危険から守るシェルターとして」「持ち運び自由な温熱調整装置として」成り立たせるための原理と技術を支える「学」としてとらえている．また，人間の生命を守り，快適な生活をサポートするアパレルを設計・製作するための指針となり，着装，評価の指標を示すことを目指した．そして，時を経て，若い年齢層で「被服」や「衣服」よりも「アパレル」の方が受け入れやすくなった現状を踏まえ，「被服」を「アパレル」に置き換えた．

1.2.1 被服構成学の領域

被服構成学の対象領域は，アパレルを着る主体である人間の形態・運動・生理・心理からアパレルの「しくみ」「くみたてかた」について自然科学的な思考や手法で追究する構成と，素材を媒体としてアパレルとしての「かたち」を与え，「見た目」に訴え，哲学的思考で審美性，芸術性を付加する造形がある．

アパレルは，日常生活の中で，学校や職場で，運動のため，儀礼のため，休養のために用いるものがあり，年齢や性別の観点から検討しなければならない．また，その種類はファンデーションから最外衣まであり，さらに，履物から被り物まで含まれる．それらは，室外にあっては季節の変化

に対応し，空調の整った室内では，個人の温熱感覚に対応しなければならない．そのうえ，極地服から潜水服，宇宙服まで目的に応じた機能を具備させる必要がある．2011年3月11日，東北・関東一円が大地震にみまわれた．それに伴って起きた原発事故による放射線漏れから身を守るために人々は防護服を着用した．まさに，危険から身を守るシェルターとしてアパレルが機能したのである．本来，危険から身を守るアパレルが不必要な社会であってほしいと願うものではあるが，将来，何が起こり，どのようなアパレルが求められるか，予測がつかない．アパレル研究の無限の広がりと可能性に期待したい．

1.2.2 着やすさと美しさを求めて

どのようにアパレルの機能が高度化し，夢が実現したとしても，アパレルを着る主体が人間であることは変わらない．人間に着装されてはじめてアパレルとして完成し，その機能と美を発揮することはゆるがない．それゆえに，被服構成学は，アパレルと人体との関わりを自然科学的に究明することから始める必要がある．解剖学や生理学はその基礎として紐解く必要があり，人体のどこの寸法・形態がアパレルの構造に関連するかを判断するための知識となる．

運動や動作によって，人体の機構がどのように変化し，それがアパレルの機能とどう関連するかの情報も重要である．自然環境との適合性を追究するためには，人体とアパレルとの間に快適な衣服内気候を形成するための微小環境を設定しなければならない．どの部位に，どれだけの空間を設ければよいかについては，アパレル素材をどのように成形すれば，有効な空間づくりができるかということを併せて考えなければならない．つまり，アパレル素材である布の物性が基礎として必要な情報となる．人体の曲面と近似になるように布を変形させるにはどのように操作すればよいか，また，形態保持のためにどのように接合すればよいか，どのような縫製技術を用いれば効果的か，あるいは，補助素材をどう扱えばよいか，などの検討も重要である．

次に，出来上がったアパレルの性能は，複曲面立体である人体とアパレルとの間に形成される空隙によって左右される．したがって，どの位置に，どのくらいの量として空隙を設定すれば，動作的，温熱的，美的に有効であるか，着用実験による検証が必要である．この検証では，プラス面よりも，むしろマイナス面のチェックをすることが大切である．それは，概して，マイナス面から改善のヒントが得られることが多いからである．

アパレルを人間のこころを伝える媒体としてみたとき，教育心理学，思春期学，青年心理学などと関わりをもつ．また，人間の美的欲求の表現手段としてみたとき，造形哲学，意匠学，色彩学，被服心理学，社会心理学，行動科学，社会行動心理学などが関与する．さらに，快適な生活環境設計条件の1つとして，人体を保護するシェルターとして，持ち運び自由な温熱調整装置としてアパレルをみたとき，人間工学，被服衛生学，環境衛生学，住居学，建築環境学，環境設備学，気象学などと関わりをもつ．

21世紀に入り，学問・研究に対して要素分解型から総合化型への展開が必要であるといわれている．被服構成学も異分野や隣接分野の学問領域に目を向け，主体的に総合化・実用化をはかることが必要であり，外から，客観的にアパレルをみることも大切である．

1.2.3 被服構成学の社会的貢献

被服構成学のさらなる発展のためには，社会的貢献が重要になる．一例として，
①アパレル製品の提案と監視
②快適環境設計・改善に参加
③伝統文化・技術の継承と展開
④循環型アパレルの設計・製作
⑤社会的弱者向けアパレルの設計・製作
⑥エネルギー消費量抑制への寄与
などが考えられる．

これを実現するためには，「このアパレルが着たい」の願望を「このアパレルをつくりたい」へ，さらに「このアパレルはどのようにつくるの」，「このアパレルを通して文化と技術を継承したい」，「このアパレルを着るとどのような効果があるの」へと意識の転換をはかり，アパレルが社会に果たす役割と責任をしっかり認識する必要がある．

2. アパレルの機能と形式の推移

人間は原始から現代まで，生活環境や社会環境に応じてさまざまな衣服をつくり上げ，着装してきた．こうして成立した今日のアパレルにはさまざまな機能があり，アパレルの目的とも密接に関連している．また，アパレルの形態は多種多様であるが，1枚の布と人体との関わりに着目すると，立体構成法，平面構成法の2種類の衣服形式に分けられる．これらの衣服形式の特徴を明らかにしたうえで，歴史服をもとにして衣服形式の推移をたどり，着装と生活環境との関わりについて考える．

2.1 衣服の起源

人間はどのような動機で，衣服や装身具を着装するようになったのだろうか．衣服の起源については環境適応説，呪術説，装飾説，異性吸引説，標識説など，さまざまな説がある．環境適応説は，進化に伴って体毛が退化した人間が，気候の変化に対応し，身体を保護するために何かを身につけたのではないかという説である．呪術説は，病気や災害や不幸から逃れるために神や精霊の加護を得ようとしたという説である．また，装飾説は人間には本能的に装飾の欲求があったとする説であり，異性吸引説は異性の関心を引く手段が衣服の着用であったとする説である．標識説は集団の目印や区別のために衣服が用いられたとする説である．

これらの説は衣服の一側面を説明するものであるが，衣服の起源を1つの説に集約することは難しい．たとえば，身体に直接装飾を施すボディペインティングは，悪霊から身を守るという呪術的な意味とともに，同一の装飾を施すことによって集団への帰属意識を維持するという側面をもっている．このように衣服の起源については，環境面からの要因や人間の本能，生活上の必要性などが複合して成立したと考えられている．

人間の生活水準が向上し，文化が発達すると，衣服は次第に身分や職業を表すものとなり，社会的な側面が強くなった．衣服はその国の文化や時代背景によって異なる様相を呈し，審美的な要素も加わって，さまざまな工夫がなされるようになった．現代では，情報化社会の到来とともに価値観が多様化し，個性を尊重した着装が重視されている．

2.2 アパレルの目的と機能

アパレルの目的は大別して2つの側面に分けられる．健康で快適な生活を送るための側面と，社会の一員としての生活を送るための側面である．アパレルの目的達成のために重要な機能を整理すると，健康で快適な生活のためには保健衛生上の機能・生活活動適応上の機能が，社会の一員としての生活のためには社会生活上の機能・整容装身上の機能・自己表現上の機能があげられる．

2.2.1 保健衛生上の機能

私たちの身体には気温の変化に伴って体温を調節する生理的機能があるが，それには限界があり，アパレルの着用により体温調節を助けている．アパレルは，寒い時には体温を外界へ逃がさない保温の働き，暑い時には放熱を促進し，外界からの放射熱を防ぐ働きをする．この機能を体温調節の機能という．

また，アパレルには，外界からの障害から身体を防護する働きがある．消防服，潜水服，極地服などはその機能が強い衣服である．さらに，身体から排泄される汗や皮脂を吸収し，外界からの塵埃などの汚染を防ぎ，皮膚を常に清潔に保つ働き

もある．これらの機能を身体保護の機能という．しかし，アパレルの材料や加工剤によっては逆に皮膚障害を起こす例もあり，注意を要する．

2.2.2 生活活動適応上の機能

日常生活には作業や労働，運動などの動的な営みと，休養や病臥などの静的な営みがあるが，アパレルはこれらの生活の場面にふさわしく，身体の動きを円滑にし，生活活動の能率を向上させるものでありたい．動的な機能は，作業服や水着・スキー服などの運動服，子供服などにとくに必要なものである．また，日常服や外出着の場合も，あまり重すぎたり，圧迫されたり，動作が妨げられることのないように考慮する必要がある．静的な機能は休養着，寝衣などに要求され，身体を拘束しないゆるやかなものが求められる．

2.2.3 社会生活上の機能

人間はなんらかの社会集団に属して生活しており，アパレルは社会生活における個人と集団との性格を明らかにするものである．たとえば，学校の制服や病院，警察などの職業における制服は，アパレルによって身分や職業を明示するものである．また，銀行やデパートの制服のように企業のイメージを伝えるために重要なアパレルもある．さらに，歴史的には日本で最初の服制である冠位十二階（603年制定）のように，服飾の色によって社会的地位を規定した例が多くみられる．また，冠婚葬祭や年中行事その他における儀礼の際には，礼節を保ち，感情を衣服で表現するために，その場に適応した形式が決まっている．

衣服は時代とともに変遷するが，社会的な制約が次第に弱まりつつある今日では，特定の儀礼の際の規制のみではなく，日常生活でのT.P.O.における各人のバランス感覚が重要となってきている．私たちはその場にふさわしい装いを選択し，周囲への気配りを忘れないようにしたいものである．

2.2.4 整容装身上の機能

衣服の美しさは，私たち人間が常に求めてやまないものであり，実用的な機能が十分に満たされた合理的なものであっても，美しいものでなければ人は満足しない．このように機能性と美しさを同時に追求するのは，生活に必要なものすべてに共通する点である．外観の美しさにとらわれて着心地の悪さに耐えている衣服は過去に多くみられる．生活のさまざまな場面に応じた美しさを表現していくことが大切である．

2.2.5 自己表現上の機能

人間は相手の風貌や服装によって，年齢，所属集団，経済，価値観，思想，性格などを，各種の情報の蓄積や過去の経験などを通して類推している．アパレルによって自己を最大限に引き出すこともできるし，マイナスイメージを大いにプラスへ転じることもできるのである．また，アパレルによる自己表現願望がとくに強い場合には，豪華なあるいは奇抜な衣服が生まれる．過去の身分制社会にみられる服装のほか，現在では世界的にも広がったKAWAII文化やコスプレなどがその例である．

2.3 アパレルの構成法

衣服はその国の気候，風土，生活様式，時代思想などの影響を受け，今日のアパレルの形式が誕生してきた．アパレル形式は基本的には，立体的概念によって成り立っている構成法と，平面的概念によって成り立っている構成法の2種類に分けることができる．

2.3.1 立体的概念と構成法

人体表面の形状は曲面が複雑にからみあってできているため，凹凸によって形成される稜（りょう）をもっており，立体的な多面体となる（図2.1）[1]．多面体は前面・後面・側面からなり，この形状を被覆するようにつくられるのが立体的概念によるアパレル形式である．これを立体構成法と呼ぶ．洋服はその代表的なものである．

洋服は体幹部，上肢，下肢それぞれの形態的特性に適合するように製作するアパレル形態であるから，人体構造に関する豊富な知識を必要とする．

洋服の構造は，体幹・体肢を別々に包み込み，着ていることを意識させないほどの身体への適合

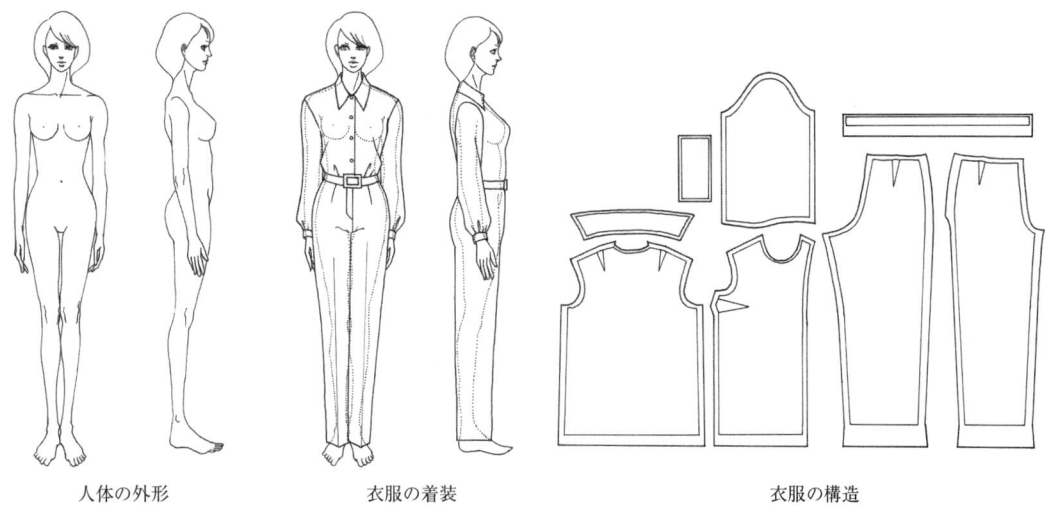

人体の外形　　　　衣服の着装　　　　　　　衣服の構造

図2.1　立体的概念と構成法

性を目指したものである．西洋諸国では，身近な彫刻や絵画によって遠近法や立体的な表現に触れる機会が多いため，立体的感覚が育成され，人体の立体性が自然発生的に理解できるという説もある．

　立体構成法によるアパレルをみると，上半身では，体幹部を被覆する前・後の身頃，側面には袖付けを形成する筒型の袖がある．身頃の肩部は衣服の支持部として重要で，支持部から垂れ下がる布の状態が身体の周囲にゆるやかにまとわれていることが要求されるから，人体の重心や姿勢の把握が必要となる．袖付けがある肩部付近から，乳房が複雑な曲面を形成する胸部にかけては，審美性と動作適応性が要求される部位である．

　下半身におけるスカートは，腰部から下肢にかけて筒状に下垂しているが，パンツは下肢を左右別々に被覆している．パンツの腰部は股上前後のくりに沿って縫合され，股関節部位から下肢にかけて，左右に分離して垂れ下がっている．腰部は下半身の支持部であり，これらの特性とパターン設計における作図との関連づけ，および素材の力学的特性の操作方法を検討する必要がある（立体構成については，4・7章も参照）．

2.3.2　平面的概念と構成法

　アパレルでいう平面的概念による構成法とは，前面と後面の2面からなり，ほとんど直線で構成されていて，完全に平面にたたむことができる形

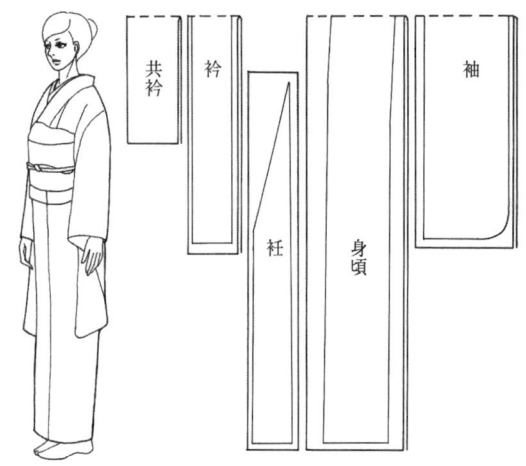

図2.2　平面的概念と構成法

式のことである．これを平面構成法と呼ぶ．平面構成法はおもに東洋諸国の民族服として発展し，生活や社会構造の変化の影響を受けて形態が変容しながら，現在の形式が成立してきたものであり，日本の和服はその代表である．

　和服は平面の長い布を長方形に裁断し，縫合もほとんどが直線であり，縫い代は裁ち落とすことなく，そのまま折りたたんで処理する．図2.2に和服の1つである長着（ながぎ）の構成を示す．長着は袖，身頃，衽（おくみ），衿（えり），共衿（ともえり）と呼ばれる長方形の布で構成されている．和服にはほかに，襦袢（じゅばん），羽織（はおり），帯，袴（はかま）などがある．和服は大陸から導入された古代の衣服が，日本の長い歴史の中で気候風土や風俗習慣に適した形式に変化してきたものであり，日本

人の平面的感覚が基礎となっている．

平面構成法のアパレルは，着装によって人体の曲面に適合するように着付けるもので，このときはじめて，体幹部の曲面と近似の曲面が現れるのが特徴である．この際，上半身は人体に密着する部分が多いが，下半身は筒状に被覆されて，前後に扁平な状態で垂れ下がり，平面として観察される．側方にはゆるみを多く入れたゆるやかな形態の袖が縫合されているが，上肢に密着する部分はほとんどなく，上肢を左右に上げた状態では，平面を表す長方形となり，側面性のまったくない構造である．

また，和服が人体に着装された状態においては，前面での帯，お端折りの線，衽付け線，後面での背縫い線，羽織の裾線などは，身体を水平または垂直方向に分割した線を構成している（平面構成については3章も参照）．

図2.3は立体構成法の胴部および袖，スカートの原型と平面構成法の長着を構成する布を組み合わせて配置したものである．平面構成法と立体構成法ではアパレルの成り立ちについての考え方が大きく異なっていることがわかる．

2.4 アパレルの形式と形態

衣服の変遷はその時代と民族における人間の生活の歴史である．歴史服とも呼ばれる，ある時代に着用されていた衣服には，その時代の生活様式や政治形態，社会構造などの影響をみることができる．また，その土地の気候風土に合わせて着用されてきた伝統的な民族服の形態には，民族の居住する気候帯による類似性がみられる．ここではまず，多種多様な衣服を類型化し，衣服の形態を分類してみる．次に，分類した形態の推移を，西洋および日本の衣服形式の変遷をたどることにより明らかにする．

2.4.1 衣服の類型

これまで，歴史服および民族服の形態や着装状態をもとに，多くの学者が衣服形式の類別を試みている．その類別例を要約して，表2.1に示す．谷田[3]は懸衣，寛衣，窄衣の3種類に分類し，小川[4]は腰布型，掛布型，貫頭型，前開型，体形型の5種類に分類している．これらの分類の主要な差異は，腰布型と掛布型の区別の有無，貫頭型と前開型の区別の有無にある．本書では，裁縫衣・非裁縫衣の違い，身体への密着度の違いによって，衣服をⅠ型，Ⅱ型，Ⅲ型の3種類に分類する．腰衣型と掛布型はどちらも非裁縫衣で，衣服形状に差が少ないため同一分類と考え，Ⅰ型とする．貫頭型や前開型は，原始的な形態からえりや袖をつけた裁縫寛衣まで，幅広い衣服形態を含んでいるが，身体を緩やかに覆う点からⅡ型とする．体形型は身体の形状に合わせた裁縫密着衣であり，Ⅲ型とする．以下にそれぞれの類型の特徴を述べる．

1）Ⅰ型

Ⅰ型は1枚の布や皮をそのまま身体に巻きつけたり，肩から垂らしたりして着装する衣服形式である．どの衣服も身体に合わせた縫製をしていないのが特徴であり，衣服の構造は単純であるが，着装により複雑なドレープが現れて，さまざまな

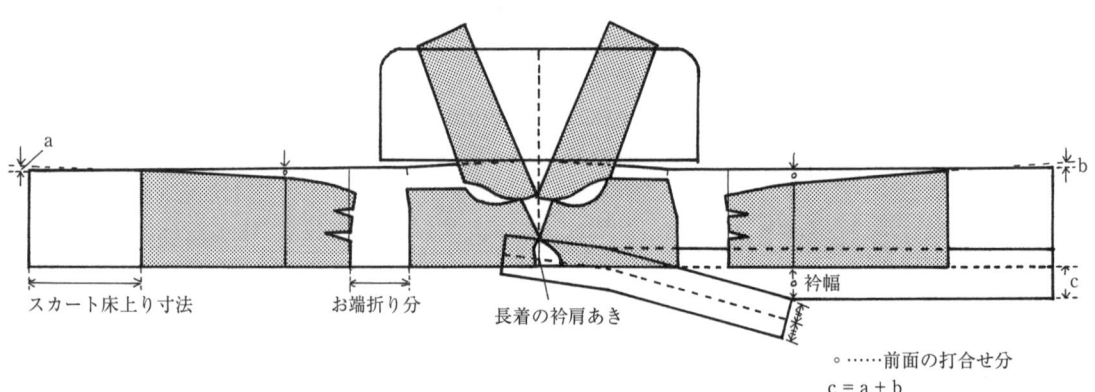

図2.3 立体構成法と平面構成法の形態の比較[2]

表2.1 衣服の基本形式の類別

説者＼衣服形式	Ⅰ型		Ⅱ型		Ⅲ型	
谷田閲次	懸衣		寛衣		窄衣	
小川安朗	腰布型	掛布型	貫頭型	前開型	体形型	
村上憲司	腰衣型	倦衣型	貫頭衣型		体形衣型	
千村典生	ドレーパリィ型		ポンチョ型	カフタン型	チュニック型	
原田二郎	巻きつけ型		貫頭型	前あき型	筒型	脚衣
Hans Muzal	南方型		西方型	東方型	北方型	
A. L. Kroeber	Greco-Roman 非裁縫衣		Oriental 裁縫寛衣		European 裁縫密着衣	

表情をもった衣服に変化する．これは主として熱帯や亜熱帯地域で発達した形態で，高温多湿の気候に合わせて，身体を締め付けず発汗蒸散がしやすい．インドのサリー（図2.4）やアフリカ諸国の巻衣などがある．

2）Ⅱ型

Ⅱ型はゆったりと広く裁断・縫製されていて，身体に密着していない衣服形式である．頭を通す部分をつくった単純な貫頭型（図2.5）と，数枚の布地をはぎ合わせてつくられ，前で重ね合わせて着装する前開型（図2.6）の2種類がある．単純な貫頭型は，昼夜の温度差の激しい気候での体温調節に機能的な働きをしている．また，砂漠の乾燥した高温地帯であるアラビア半島や北アフリカ諸国にみられる貫頭型は，ゆったりと身体を覆い，強烈な日差しから身体を守り，暑さを感じさせない．前開型は夏に湿度が高く，冬は乾燥しているアジア温帯地域とその周辺に多くみられる．前開型は夏には開口部が多くて涼しく，冬は重ね着ができる．これらの衣服形式には平面の部分が多いため，民族により，染織・刺しゅうなどが鮮やかに施されている．

3）Ⅲ型

Ⅲ型は身体に密着して着装することを原則として，身体の形状に合わせて裁断・縫製された衣服である．ゆるみのほとんどない一部式の筒型衣服の場合と，上衣・下衣（ズボンあるいはスカート）からなる二部式衣服の場合がある．温帯や寒帯地域の服装に多く見出される形式であり，とくに夏は乾燥し，冬は雨の多いヨーロッパに多くみられる．

図2.4 Ⅰ型の衣服（インドのサリー）

図2.5 Ⅱ型の衣服（貫頭型）（トルコの女性服，国立民族学博物館 衣服・アクセサリーデータベースより（MDCプロジェクト撮影））

図2.6 Ⅱ型の衣服（前開型）（韓国の初誕生用祝着）

2.4.2 衣服形態の変遷

Ⅰ型・Ⅱ型・Ⅲ型という類型を衣服形態の変化からみると，Ⅰ型に含まれる原始的な衣服は，環境に適応するための機能や呪術的な機能を求める面が強く，素材や技術が未発達なため，構造は単純である．人間の生活水準が向上して，階級社会が成立してくると，衣服は身分や階級を表すものとなる．Ⅱ型のようにゆったり縫製された衣服形態がみられるようになり，素材や裁断・縫製技術の発達に伴って，衣服形態はさらに複雑な構造へと変化していく．Ⅲ型にみられる密着衣はⅡ型から発達したもので，現代の洋服もこの形式である．ここでは歴史服を中心とした類型別の形態の変遷を，西洋と日本について説明する．

1) Ⅰ型における着装方法の展開

Ⅰ型の構成方法は単純であり，古代オリエントや地中海地域などにその例をみることができる．たとえば古代エジプト（紀元前3200-30年）では，日中の暑さに対応して男女とも単純に身体を包む衣服が着装された．男子の腰衣であるシャンティ（schenti）は，腰に麻布を巻きつけただけのものであるが，細かいひだがとられ，三角形の前垂れがみえるように繊細に着装された（図2.7）．

古代ギリシャ（紀元前8-4世紀）では，長方形の布にひだやドレープをつくってまとう垂下式の衣服が発達した．布の流れるようなドレープや細かいひだづけに技巧を凝らし，高いレベルの美の表現を完成させた．男子のキトン（chiton）や女子服のペプロス（peplos）は長方形の布を2つに折り，前後の布を肩で留め，帯を締めて着装した（図2.8）．女子服のイオニア式キトンは布の両肩に加え，両腕にそった部分も留めることで細かいひだが生まれ，軽やかで優美な印象を与える衣服である．

古代ローマ（紀元前753-395年）では貧富の差が激しく，男子服のトガ（toga）が社会的な地位を象徴する衣服として発展した．トガは半円形に近い形の毛織物の一方の端を左肩にかけ，背中，右脇下へと布をまわし，左肩にかけて背中に垂らして着装する（図2.9）．色や縁かがりのデザイン，巻き方が着用者の階層に応じて定められた．

2) Ⅱ型の成立と発達

Ⅱ型に属する身体をゆるやかに覆う形式の衣服

図2.7 シャンティ（紀元前13世紀）（Hunefer の死者の書〔部分〕），（図2.7-2.9 ©Trustees of the British Museum, London）

図2.8 ペプロス（紀元前420年）（エレクティオン神殿の女人像柱）　　図2.9 トガ（1世紀ごろ）（巻物を持つ男性像）

は地域によって異なる展開をしている．後にヨーロッパ中世服の基礎となったとされているのは，ビザンティン帝国（395-1453年）のダルマティカ（dalmatica）である．帝国の首都ビザンティウムは，地中海文化圏とオリエント文化圏を結ぶ交通の要所として繁栄した．ダルマティカは古代ローマで下着として着用されたT字型の簡単な衣服トゥニカ（tunica）から変化したもので，幅広でゆったりしている．貴族・僧侶はダルマティカの上に半円形のマントを重ねることもあった．これらは当時の織物・刺しゅう技術を集結して製作された金襴や紋織の豪華なものであった．この衣服形式や染織技術はロマネスク時代（9-12世紀）にも受け継がれていった（図2.10）．

図 2.10 ダルマティカを着たキリストと天使（イタリア・ラヴェンナ，サン・ヴィターレ聖堂のモザイク画，547年）

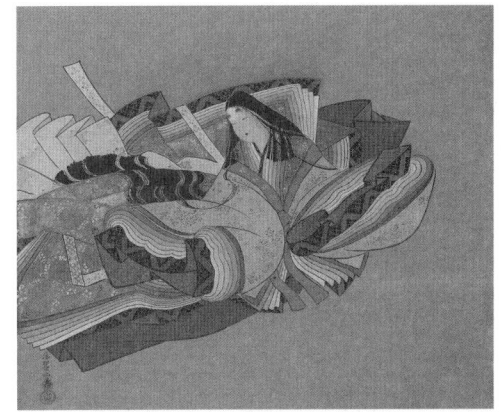

図 2.11 五つ衣唐衣裳姿（新三十六歌仙図帖）（江戸時代，東京国立博物館蔵，Image：TNM Image Archives）

一方，東方のペルシャや古代中国では，前開型で丈が長く，ゆるやかな衣服が着用されていた．これは中国の漢時代（紀元前206-220年）には深衣，唐時代（618-907年）には袍と呼ばれた衣服で，前で左右の身頃を重ねて着装した．日本では奈良時代（710-794年）に唐を模倣した服制を採用し，唐と同様の袍を着用していた．

日本の衣服が中国文化の影響下から脱却して独自の発展をみせるのは平安時代（794-1192年）中期ごろからである．以下に民族服としての和服が成立するまでの過程を述べる．

平安時代には貴族の衣服として束帯，五つ衣唐衣裳という独特の形式が完成した．五つ衣唐衣裳は俗に十二単と呼ばれ，小袖，袴，単，五つ衣，打衣，表着，裳，唐衣の順に着装する．単，五つ衣，打衣，表着はどれも同じ形態の衣服で，何枚も重ねて着用することにより，衿や袖口に現れる配色の変化（かさねの色目）を楽しんだ．（図2.11）．

鎌倉時代（1192-1333年）に入り，武士が政権を取ると，武士と公家の文化が融合して，衣服に変化が表れた．活動的な衣服形式を求めて，男性は直垂を着用し，女性の唐衣裳は次第に簡素化された．室町時代（1338-1573年）には，それまで下着として着用していた小袖が表衣となり，女性は打掛姿で小袖を重ねて着用するようになった．表衣となった初期の小袖は身幅と袖幅の比率が2：1で，袖幅が狭かったが，江戸時代（1603-1867年）にはほぼ1：1となった[5]．現在の和服に

図 2.12 白練緯地松皮菱竹模様小袖（桃山時代，東京国立博物館蔵，Image：TNM Image Archives）

近い形が成立したのは江戸時代の中期以降である．小袖の場合には，衣服を1枚の画布に見立てた文様構成に重点が置かれた．文様構成は時代によって流行がみられ，慶長文様（図2.12），寛文文様，元禄文様，総模様，裾模様，褄模様などが生み出された．日本各地で発達した染織技術の粋を集めて，花鳥風月をデザインした華麗な小袖がつくられ，独自のきもの文化が育まれた．

3）III型の成立と発達

身体への密着度の高いヨーロッパの衣服の起源とされるのは，西ゴートに始まるゲルマン人の大移動（375年〜）によってもたらされた北方型の二部式衣服である．これは獣皮と粗毛ウールを素材とする短袖つき上衣とパンツまたはスカートで構成され，狩猟や牧畜を生活手段とする民族に適

2. アパレルの機能と形式の推移

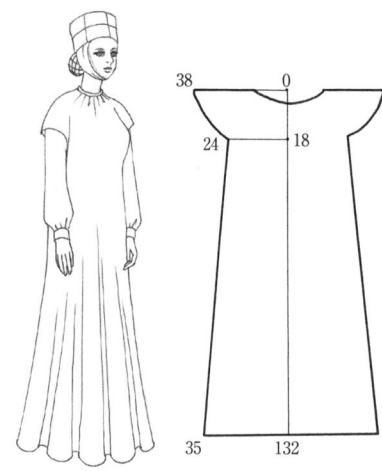

13世紀，ドイツの女性用ドレス

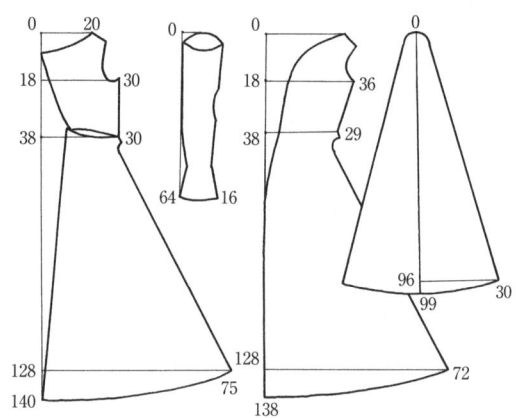

15世紀，イタリアのブロケード製ドレス

図 2.13　女性用ドレスの裁断図の変化[7]

した衣服であった．一方，すでに紀元前2000年ころのクレタ文明においても，ぴったりした胴衣にベル型のスカートの組み合わせという，立体構成的な服装が認められる．Ⅲ型の衣服は，ダルマティカのようなⅡ型のゆるやかな衣服に，密着度の高い衣服の要素を加味して，裁断・縫製技術の進歩とともに成立してきたと考えられる．

　Ⅲ型の衣服の基本形態は14世紀ごろにみられる．図2.13は女子服における裁断図の変化例をあげたものである．12-13世紀ごろまでの衣服は，コット（cotte）と呼ばれるT字型の単純な裁断によるドレスが男女ともに着用された．14世紀になると，袖が身頃から独立して裁断され，袖山，袖ぐりという構造上のプランが示された．また，スカートの部分にはまちを入れて，サーキュラースカート風のシルエットを出したドレスも現れた．カッティングも巧妙になり，上肢の動きやすさを追求できるようになった．以上の点から，この時期に立体構成の裁断法がほぼ完成したと考えられる．13世紀にフランスで裁断師（タイユール）と裁縫師（クチュリエ）が分業化していること[6]からも，技術面の発達がわかる．さらに，16世紀には胴衣部分とスカート部分を別に裁断する手法が生み出され，より複雑なデザインを生んだ．

　15世紀から16世紀には，ルネサンスの影響を受けて，人間の身体を補助具によって人工的に強調した造形がされるようになった．大航海時代の

図 2.14　スペイン・モード（クラーナハ「ザクセン選帝候妃シビラ」1548年ごろ）（©Trustees of the British Museum, London）

到来とともに海外へ市場を求め，国力を増強した西欧各国では，高価な素材を使い，装飾に技巧をこらした贅沢な宮廷モードが広がった．16世紀に強国となったスペインでは，胴着のバスキーヌ（basquine），下半身にはヴェルチュガダン（vertugadin）を用い，上下2個の円錐形で構成されたモードが流行し，各国に広まった（図2.14）．

　18世紀のフランスでは，コルセットとパニエ（panier）を用いた優美なモードが流行した．貴族階級の女性は胴を極端に細く締め付け，スカートを不自然に広げ，女性の肉体の人為的な強調に美を求めたのである（図2.15）．

　フランス革命（1789）により絶対王政が崩壊し，

図2.15 フランス風宮廷衣装（1770年代）（©Victoria and Albert Museum, London）

図2.16 バッスル・スタイル（1884年）（『Journal Illustre des Dames』）

図2.17 ポール・ポワレのドレス（『Les robes de Paul Poiret』, 1908年）（文化学園大学図書館所蔵）

市民社会が形成されると，一時服装は古代ギリシャの影響を受けた胴を締め付けない自然なシルエットとなった．このころイギリスでは産業革命によって，18世紀後半に紡績機や織布機が発明され，工場で安価な織物の生産が始まった．さらに，産業革命で富を得た新興富裕階級は貴族階級と同様の贅沢な服装をすることができるようになった．19世紀にはクリノリン（crinoline），バッスル（bustle）（図2.16）などの下着が発明され，スカートを自在に広げることができるようになった．コルセットによりウエストは再び細く締め上げられ，18世紀までの貴族階級と同じようなシルエットが流行した．

2.4.3 現代の服装

20世紀は人体と衣服の関係を大きく変えた時代である．19世紀までの女性の衣服は人工的造形が主流で，コルセットによるウエストの極端な圧迫は健康上の弊害を生んだ．しかし，女性の社会進出が進むにつれて，服装にも機能性が求められるようになった．また，織物工業の進歩，ナイロンやポリエステルなどの素材の開発，各種の縫製機器の進歩によって，流行は一部の階層のものではなくなった．世界的な規模での服装の流行がみられるようになり，女性の美しさへの意識も変化していった．

20世紀の服装の大きな変革はまず，1920年代を中心としたコルセットからの解放に始まった．1908年，ポール・ポワレはコルセットを使わないハイウエストのドレスを発表した（図2.17）．ポワレはドレスの支持部が肩にあることに着目して，古代ギリシャのようなゆとりのある衣服形態を，直線的な裁断を多用することによって実現した．1920年代，シャネルやヴィオネのドレスからはコルセットが完全に消滅し，スカート丈が短くなった．ローウエストで脚をみせる膝丈のドレスは，活動的な生活様式に適合するものであった．また，女性の理想像はそれまでの豊満なタイプから，すらりとした細身のシルエットへと変化した．

第二次世界大戦後，1947年から50年代までは，ディオールのニュールックを始めとして，バレンシアガ，クレージュ，ジバンシイなどのオートクチュールのデザイナーが流行をリードしていた．1960年代に入ると，大量生産・大量消費時代が到来して，戦後のベビーブーム世代が最も大きい購買層となった．若者たちはアパレルに対して独自の価値観をもち，自由な表現を生み出すようになった．ロンドンの若者に着用されていたミニ・スカートは，アンドレ・クレージュがオートクチュールに採り入れて世界的な流行となった．ファッションは次第に若者志向に転換し，古い社会の慣習を打破する若者文化からジーンズやTシャツなどの流行が生まれた．

1970年代からは日本人デザイナーがパリに進出した．三宅一生は，布とそれをまとう身体とに生まれる「間」をデザイン要素とする「一枚の布」というコンセプトを追求したデザインを展開した

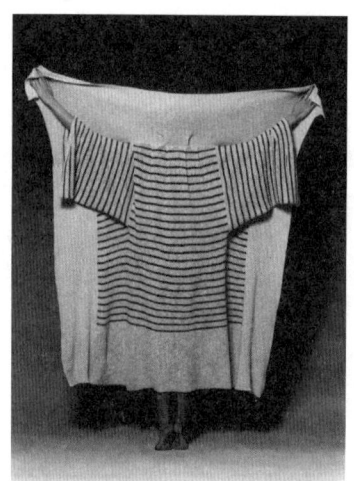

図 2.18 三宅一生「一枚の布ニット」(1976 年作, 撮影：横須賀功光, ©三宅デザイン事務所)

（図 2.18）．80 年代に川久保玲と山本耀司は黒と白を基調とした装飾を取り去った服を発表し，「黒の衝撃」と呼ばれた．これらの日本人デザイナーの提案は，従来の洋服の感覚とはまったく異なった視点からのもので，日本をものづくりのベースとすることから生まれた文化であった．パリでは「西洋の美意識への挑戦」とも受け取られた．

20 世紀は衣服の身分差，階級差，地域差などが希薄になり，国際服として洋服が普及した時代であった．コルセットの消滅から始まり，スカート丈の変化，服装のカジュアル化，性別意識の消滅などの変化が起こった．そして 21 世紀の現在では，さまざまな機能を付加したハイテク素材の開発が進む一方で，化粧，美容整形といった身体そのものへの注目も高まってきた．また，ユニバーサルデザインのように，それぞれの着用者の状況に合わせたアパレル開発が盛んに行われている．

現在，アパレルは個人が自由に選択できるものとなり，着装者の価値観を如実に表現するものとなった．私たちは歴史服の流れと形式の変遷をとらえたうえで，文化と伝統の重みをしっかりと認識し，アパレルと向き合っていきたい．

3. 日本の伝統衣装

　現代の私たちの衣生活は、ほとんど洋服を着装することにより営まれているが、近年、和服ブームが続いており、再び注目されている。また、和服だけではなく、風呂敷や手ぬぐいなどを含めた衣文化が、国内外でも見直されるようになってきた。そこで第3章では、伝統衣装の特徴やリサイクルにも関わる加工技法および和服の構成や着装に関する基本事項について述べる。それらによって日本の衣文化を振り返り、これからの私たちの衣生活における和服のあり方について考える。

3.1 日本の衣服の特徴

　今日の和服に近い形の衣服が外衣として出現したのは鎌倉時代であり、庶民層に定着したのは江戸時代からである。明治になり西洋の文化が積極的に受け入れられるようになったが、男女問わずすべての年代に洋装が定着した第二次世界大戦後までは、和服が衣生活の主流であった。すなわち、日本においては洋服を身につけるようになってからの期間より、和服を着用していた期間がはるかに長いのである。このように長い間和服を着用していた理由として、日本の自然・風土と衣服の形態との適合性があげられる。

3.1.1 日本の衣服の形態的特徴

　日本は温帯に位置し、列島は南北に長く横たわっており、沖縄や北海道では平均気温に差はあるものの、寒暑の差の程度は極端ではない。冬と夏の間には比較的温暖な期間の春と秋が存在し、四季がある。そのため、冬用衣服と夏用衣服のほかに春・秋のための合い着が必要になり、結果としてたくさんの衣服をもつことになった。またこのことが、日本の衣服の形態の要因ともなった。

　和服は洋服に比べて袖や身幅が広く、前あきである。このような形態であるため暑い夏は風通しよく、寒くなれば数枚重ね着することができ、暖まった空気を蓄えることにより寒さをしのぐことができた。このようにして、和服は四季の気候に応じた着装が可能な形態として長い間着続けられてきたのである[1]。

3.1.2 和服の前身「小袖」

　和服は、江戸時代に確立する前には「小袖」と呼ばれていた。小袖とは日本において中世末期から一般的になった衣服の形態である。奈良時代以前には、中国大陸や朝鮮半島から伝えられた衣服の形式が主流の時代もあったが、平安時代に国風文化が隆盛したのを機に、衣服の形態も次第に日本の気候風土に培われ、現代の和服の原型である小袖の形式となった。

　第2章でも述べたが、平安時代の象徴的な女性の衣裳に「五つ衣唐衣裳」(十二単)がある。華麗な宮廷衣裳であるが、唐衣や五つ衣は大袖(広袖)であり、最も下に着ている袖口の小さな下着が小袖であった。時代が進み、結果的には江戸時代までに衣服の活動性の向上、軽量化が図られ、小袖は着装上最も外側に着られるようになった。表着化することにより、布の染織技術も著しく進み、豊富な意匠が現れることとなった。

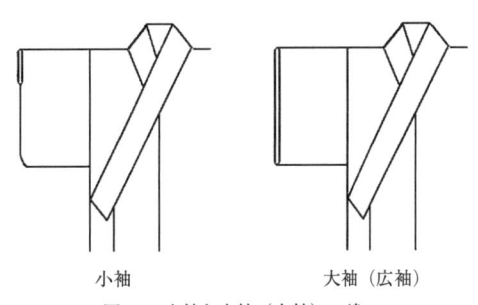

図3.1　小袖と大袖(広袖)の違い

3.1.3 和服のリサイクルと加工技法

近年,江戸時代のリサイクル事情が注目されている.衣服に関しても,当時の庶民の間では古着を購入することによって衣生活を営むことが日常であった[2)3)].また,大人用の和服を子供用和服やおむつにつくり替えたりして,布の形がなくなるまで使い尽くしていたことが広く伝えられている(図3.2).そのようなことが可能であった理由として,和服の構造上の特徴をあげることができる.

まず,和服は幅も丈も大きめにつくられているので,ある程度の範囲なら小柄な人から大柄な人まで着装できるし,着方における個人の好みもある程度許容される.また,製作の際に布をほとんど切り落とすことがなく,また縫いしろに切り込みも入れないので,仕立て直しも可能である.さらに,基本的な形は流行にも左右されない.これらのことから,1枚の和服は大切に手入れしながら複数の人々(たとえば,親子代々)で着て伝えていくことも可能であるし,他の衣服類につくり替えることも可能なのである.

また,とくに地方においては経済的にも自然条件上も厳しい生活環境の中で,衣服のリサイクルは生きるために不可欠な仕事であった.そのような苦境の中で布に関わるさまざまな加工技法が生まれた.

たとえば「刺し子」について取り上げてみる.刺し子には,第一に布の補強・補修という目的がある.山村での農業や海岸部での漁業における仕事着の保温性向上や耐久性の向上のために刺し子は行われた.はじめは,布を重ね合わせて単純に刺し縫いしたと考えられるが,その中で精緻で芸術的な美しさを伴う文様が表現されるようになってきた.とくに,東北地方には日本の「三大刺し子」と呼ばれる,津軽こぎん,南部菱刺し,庄内刺し子が現在に伝えられている.また,使い古した布を細く裂いて緯糸(よこいと)として再利用する「裂織(さきおり)」も行われてきた.

これらのほかに「寄せ裂」という技法がある.使い古した小布のほころびたり破れていないところを選び,縫い合わせながら1枚の衣服に仕立てるものである.次第に補修という目的だけではなく,色の組み合わせに工夫を施すようにもなった.この技法は子供用の「百徳きもの」にもみられる.乳児死亡率が高かった時代に,生まれて間もない子供の健やかな成長を祈るために,近所の知り合いや親類から小布をもらい,きものを仕立てることにより,その子供を守ることができると信じられてきた.

以上のように,庶民は家族の健康や幸福という願いを1枚の布や衣服に託してきた.現在では高機能な材料が開発され,寒暑から逃れることも比較的容易である.また,常に新しいファッションが生まれて,物質的な豊かさに恵まれた生活をし

津軽こぎんの例(きものの一部)

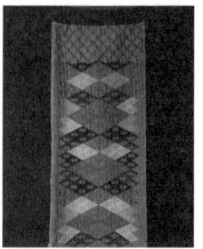

南部菱刺しの例(前掛けの一部)

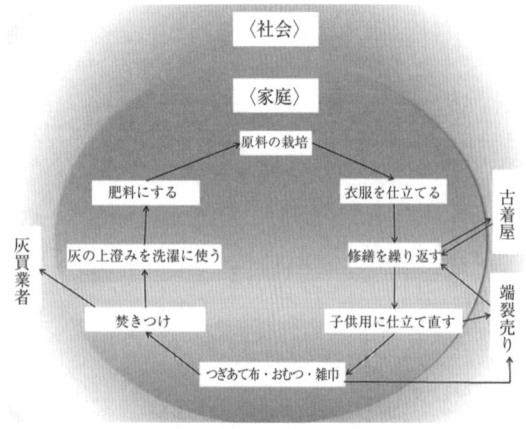

図3.2 江戸時代の衣服に関するリサイクルシステム[4)]

庄内刺し子の例(祝い刺し子ばんてんの一部)[5)]

図3.3 三大刺し子

ている．しかし，精神面ではどうであろうか．自分ではない誰かのために無心に衣服に手をかけて守ろうとする心は失われてはいないだろうか．日本の衣文化を振り返ることにより，人間と衣服の強い結びつきを問いたいものである．

3.1.4 現代に伝わる衣文化の伝統

1970年代以降，とくに高度経済成長時代以後は日本のファッションも産業として発展し，多種多様なデザインが既製服として生産され，多くの人はそれらを選択・購入することによって衣生活を営むようになった．和服は着用者が減るのに伴って次第に生産量も減ってきた．しかし，人生に関わる祭事（いわゆる通過儀礼）の習慣には，衣服が重要な役割を果たすものが多くみられ，これらのいくつかは今日までも江戸期とほとんど変わらない形で伝承されている．たとえば，七五三，また成人式の女性の振り袖，卒業式の袴などは，若者たちの伝統衣裳への興味の出発点ともいえるのではないだろうか．着装する経験を通し，さらに基礎的な和服の構成を知ることによって，衣文化への理解を深めていくことが望ましい（口絵1, 2参照）．

3.2 和服の構成

和服は平面構成であり，平面な布を直線裁ちして縫合し，人が着装することによって立体化する．形がほとんど定形なので重ねて着ることができ，また，平らにたたむことができ収納しやすい．そこで，和服の製作や着装において必須ともいえる成人女子向けの大裁ち女物単衣長着（長着：着丈がくるぶしまであるきもの）を中心に解説する．

3.2.1 和服の名称と形態

和服は，着る対象や季節によって構成方法が異なり，それらは名称に表される．表3.1に和服名称の分類について示す．

「大裁ち」とは成人用のきものであり，和服用の反物を1反使用する．「中裁ち」は，3, 4歳から12, 13歳位までの子供用のきものであり，普通1/2から2/3反使用する．「小裁ち」は，新生児から3, 4歳位までの乳幼児が着るきものであり，およそ1/3反使用する．

仕立てについては単衣，袷，綿入れがあり，それぞれ四季の移り変わりに合わせて，区別して着用されてきた．大裁ち女物単衣長着は，以上のように布の使用量・着用者の性別・仕立て方・着丈を示していることになる．

単衣と袷の構成の違いは，表地1枚のみか，裏地を付けるかという点であり，袖口や裾に構成の違いがある．具体的に例をあげると，単衣では縫い代をそのまま折って仕上げるが，袷は，ふきと称して裏地が表から少しのぞくような仕立て方をする．また，袷の場合，女物は胴裏と裾回しの2種類の裏地を用いるが，男物の場合は，一般的に通し裏といって裏全体を1種類の布で仕上げる．

図3.4　裂織（夜着）（青森）[6]

図3.5　百徳きもの（江戸後期，金沢）[6]

表3.1　和服の名称の分類

大きさ	着用者	仕立て
大裁ち（成人用）	男性（男物） 女性（女物）	単衣（裏なし）
中裁ち（子供用）		袷（裏付き）
小裁ち（乳幼児用）		綿入れ

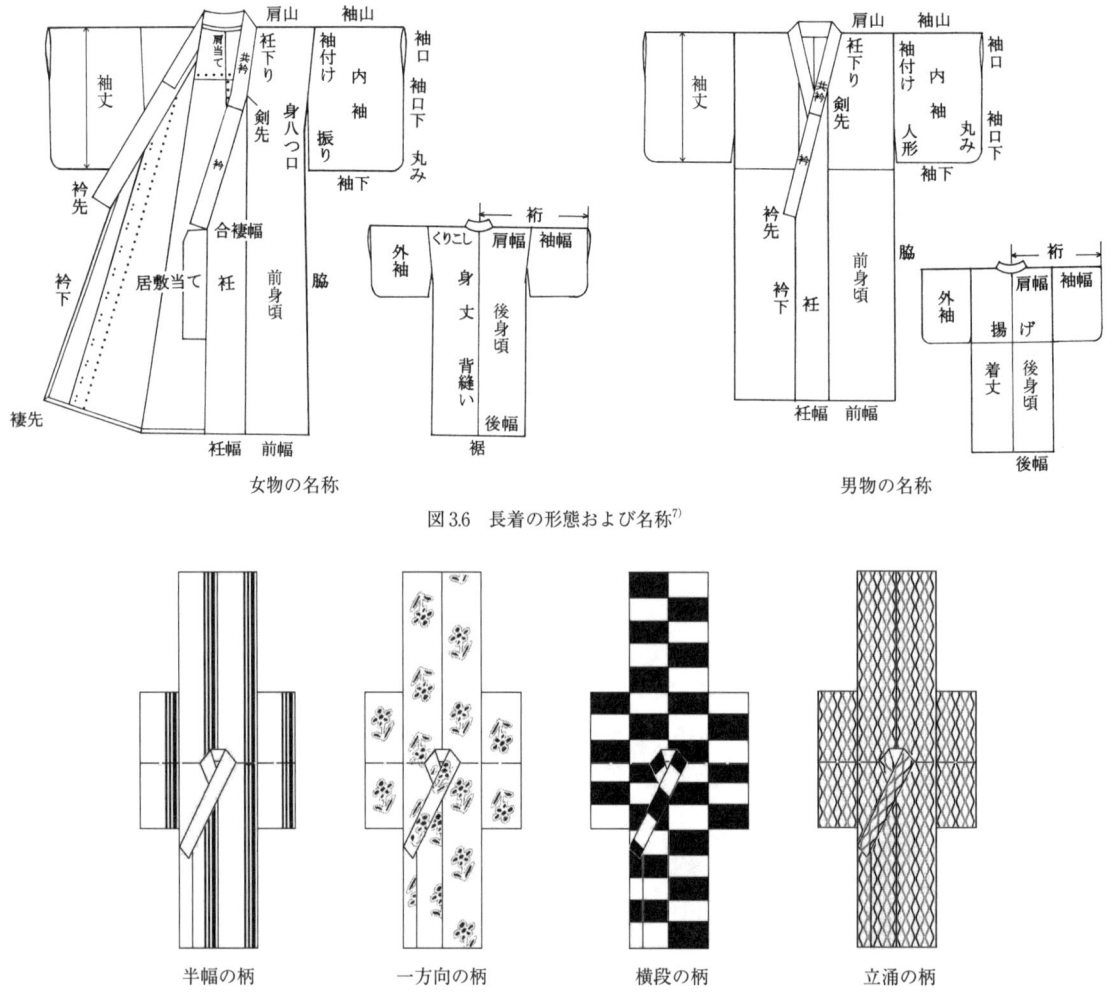

図3.6 長着の形態および名称[7]

図3.7 柄合わせの例

図3.6に女物と男物の長着の形態および名称を示す．男女ともに，袖2枚，身頃2枚，衽2枚，衿1枚，共衿1枚の布で構成されている．男女の違う点をみると，女物の場合お端折りを含んだ身長に近似する寸法に仕立てるのに対し，男物の場合には，丈の調整分を揚げとして処理し，対丈（着丈）に仕立てる．袖は，女物の場合，振り（袖付けから袖下までのあいた部分）があるのに対し，男物の場合は，振り部分を袋状に縫い合わせて構成する．この袋状の部分を人形という．袖付け寸法は，帯を締める位置の関係で，男物の方が長く仕立てられる．

3.2.2 用尺

成人用の長着1着に要する反物（1反に仕上げている織物）を着尺といい，長着1着には並幅1反を使用する．並幅1反は，幅36cmで長さが12m前後の布のことである．最近では，日本人の体格の向上に合うように，幅が広く，丈も長いものが多く出回るようになった．

3.2.3 柄合わせ

和服は形態が一定であり，洋服のようにシルエットや形が変えられないので布の柄の配置や色の合わせ方が構成上重要なポイントである．柄の合わせ方次第で着用した姿を引き立て，体型もカバーできるので，着装上どの位置にどの柄を置くか十分考慮しなければならない．図3.7に柄合わせの例を示す．半幅の柄については，無地と柄を交互に配置するとすっきりする．柄を中央に寄せる

と幅が感じられ，細い人に向いている．一方方向の柄では，上前衽と片袖の柄を上向きにし，同柄が並ばないようにするとよい．横段の柄は，一直線に合わせると太さを感じさせるので，ずらすとすっきりする．立涌柄は背中心で合わせて１つの柄にするとよい．また，前面の大腿から膝の高さ位置の衽と前身頃の柄合わせや，顔の近くの共衿においても柄合わせには留意するとよい．

3.2.4　構成法
1) 地直し
反物は糊付けや製織時の張力などによりひずみが生じていることも多い．平面構成法は方形に仕上げることが特徴であるため，立体構成のアパレルよりも布目のひずみが入らないようにいっそう注意を払わなければならない．つれているところは伸ばし，曲がっているところは縮めて地直しする．

2) 体型をもとにした寸法設定
立体構成による洋服の寸法は，身体測定値に適切なゆとり量を加えて設定されているが，平面構成による和服の場合には，四肢，体幹部の区別なく人体を包むところから，従来，体格や体型を厳密に検討することなく，標準寸法により仕立てられてきた．和服は江戸時代にその基礎を確立し，元禄時代に裁縫書が公刊され，定寸ともいえる仕上げ寸法が生まれたと推測される．この江戸時代に生まれた寸法が大きな変化もなく，明治・大正・昭和・平成へと引き継がれ，慣習となって現代まで用いられてきている．しかし，近年では，日本人の体格が向上し，標準寸法では対応しえない箇所が生じるようになった．和服を美しく着装するためにも，また，着やすさの点からも，体型に合い，均衡のとれていることが寸法設定に重要であり，各種の割り出し法や採寸の仕方が研究されている．寸法設定に必要な計測点および計測方法を，図3.8に示す．大裁ち女物単衣長着の寸法例と割り出し方法について，表3.2に示す．算出した数値は絶対的なものではない．寸法は，着装者の個性を大切にしながら，美しさを表現することに重点をおいてよく検討して決めるようにしたい．

3) 裁ち切り寸法
裁ち切り寸法とは，縫いしろをつけた裁断寸法のことで，寸法設定後に計算する．

袖丈＝仕立て上がり寸法＋袖下縫い代（2～3cm）
身丈＝仕立て上がり寸法＋裾くけしろ（2cm）
裁ち切り衽下がり＝衽下がり－衽先縫いしろ
　　　　　　　　　　　　　　　　　（2～3cm）
衽丈＝裁ち切り身丈－裁ち切り衽下がり
総丈＝（裁ち切り袖丈×4）＋（裁ち切り身丈×4）
　　　＋（裁ち切り衽丈×2）

4) 積もり方，裁ち方
裁ち切り寸法により布の総丈を計算し，裁ち方を考えることを「積もる」「見積もる」という．布の総丈と実際の反物の総計を測って比べ，過不足について調べることが大切である．

大裁ち女物単衣長着の裁ち方は，図3.11に示すように１反の布に袖や身頃など必要な用布を無駄なく配置するところに特徴がある．柄合わせ裁

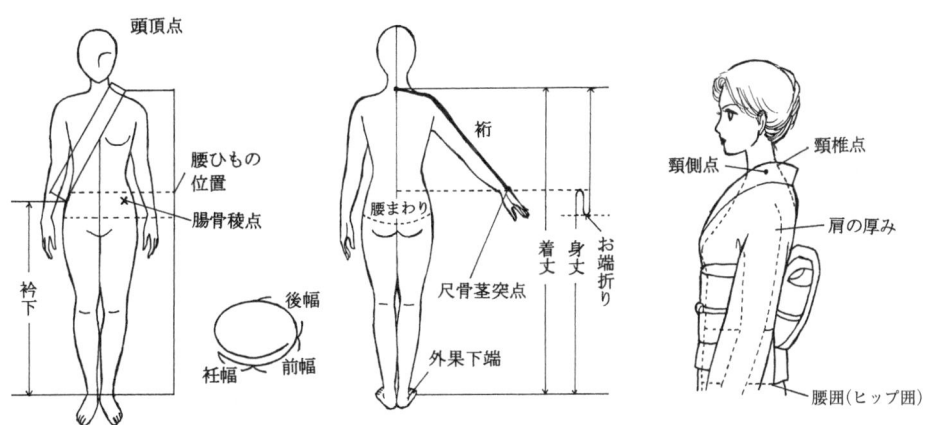

図3.8　計測点および計測方法

表 3.2 大裁ち女物単衣長着の寸法例と割り出し方法

項　目	寸法例（cm）	割り出し方法
着　丈	133	長着を着たときの肩山から裾までの長さ．頸側点を通り，体表に沿って前後の床面まで測った長さの1/2．
身　丈	158	長着の仕立て上がりの寸法のこと．着丈にお端折り分（20-30cm）を加えたものが身丈である．これは〔身長－（頸椎高－外果下端高）〕とほぼ等しいため，身丈は身長と考えればよい．
裄	65	背縫いから袖口までの長さのことで，肩幅と袖幅を加えた長さである．立位で上肢を水平側挙し，そこから45°下げた状態で頸椎点から尺骨茎突点までを測る．
袖　丈	50内外	図3.6に示す，袖山から袖下までの長さのことである．着用者の年齢やT.P.O.によって変化させる．図3.9は袖の種類による長さの違いを示している．ほぼ身長の1/3に近似する．
袖　口	20～23	袖丈により加減する．
袖付け	19～23	帯の高さにより加減する．
袖丸み	2～8	年齢・好みによる（若い人は，丸みを大きめにする）．
衽　下	78～80	衽下は，腸骨稜高から外果下端高を引いた長さで決める．これは，身長/2から身長/2 + 2cmに相当する．
肩幅と袖幅	肩幅：31.5 袖幅：33.5	肩幅と袖幅は裄から割り出す．肩幅より袖幅を2～3cm長くするとバランスがよいとされ，肩幅は（裄×1/2 − 1）cm，袖幅は（裄×1/2 + 1）cmとする．しかし，裄が長い場合は肩幅と袖幅を同寸にする（着尺の布幅は並幅で一定であり，調整には限界があるため）．
身幅 （後ろ幅，前幅，衽幅）	後ろ幅：29～30 前幅：23～24 衽幅：15	ヒップ囲をもとに決める．身幅は，｛ヒップ囲＋前打ち合わせ（36cm）＋ゆとり（8～10cm）｝/2であり，これを後ろ幅：前幅：衽幅＝15：12：8で分割する．それぞれの関係を図3.10に示す．
合褄幅	13.5	衽幅 − 1.5
衿肩明き	8.5	頸椎点と頸側点間距離と考えられ，頸付け根囲/4に相当する．
繰り越し	2～3	和服は衿を抜いて着るので，衿肩明きを後ろ身頃へずらす．このずらす部分を繰り越しという．肩の厚みや着方にもよるが，頸側点と頸椎点の前後径を基本として考える．
衽下がり	23	身頃の肩山から剣先までのことをいう．頸側点から乳頭までの長さ − 2～3cmとする．バストが大きい場合には短くするとよいが，短すぎると野暮ったくなる．
身八つ口	13～15	（背丈 − 約2cm）− 袖付け寸法
衿　幅	5.5	女物の衿は「ばち衿」である．ばち衿は三味線をひくときのばちのような形をしており，背中心から衿先にかけて自然に広くなる（背中心での衿幅：5.5cm，衿先の衿幅：7.5cm）．

袂袖（約50cm）

中振袖（一般的）
（約87～106cm）

振袖（約114cm）

図3.9　袖の長さ

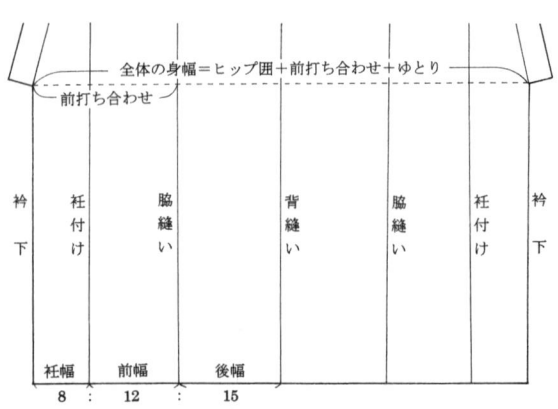

図3.10　身幅[7]

ちの場合は，反物の両端を合わせて2つ折りし，柄の配置を確認した後，裁断する．

5) たたみ方

　平面裁ち，平面構成された和服は，たたんで平面にすることができ，何枚も重ねられ，場所をとることなく収納できる利点がある．たたんだきものは，たとう紙に入れて収納する．大裁ちの長着のたたみ方（本だたみ）を図3.12に示す．

3.3 和服の着装

3.3.1 着装法

　和服は，素材，色彩，模様などによって，衣桁にかけただけで，キャンバスに描いた絵のような美しさが表現されるが，人体に着装されることによって美しさがいっそう増すものである．そのためには，着付け（和服を形よく着ること）の技術が必要となる．

　ここでは，大裁ち女物単衣長着の着付け（図3.13）と半幅帯の結び方（図3.14）を示す．まず気をつけなくてはいけないことがある．それは，前の合わせ方である．和服の場合は，男女の違いにかかわらず，着たときに自分の右側の身頃が下で，左側の身頃が上になる．（つまり，他者が向き合って見ると，向かって右側の着用者の身頃が手前にみえる．）女性の場合，洋服の打ち合わせと逆になるので注意が必要である．

　実際には長着を着る前に，肌襦袢，裾除けを付け，長襦袢を着る．その上から長着をはおる．女物の場合は身体に合わせて着丈を合わせる．次に前身頃を合わせて幅を調節し，腰ひもにより身体に固定させる．これによってお端折りの分量が決まる．お端折りを整え，後ろの衿（衣紋）の抜きと前の衿合わせとを調節しながら，ひもで整える．図3.15のように衿の抜き方によって前合わせの表情が異なってくる．きものは，身体の輪郭が現れやすい洋服とは異なり，体型を筒状に整える方が着崩れが少なく，美しいといわれる．着付けが悪い場合は，着くずれが起こり，美しさが損なわれる．また，着くずれを防ぐためには，立ち居振る舞いにも気をつけなくてはならない．

3.3.2 着装のための付属品

　和服の着装は，長着と帯，帯締め，帯揚げ，半衿などの付属のものが調和して美しさが得られる．和服の名称と着装に必要な付属品の名称を図3.16に示す．帯は，長着の丈を上下に2分するも

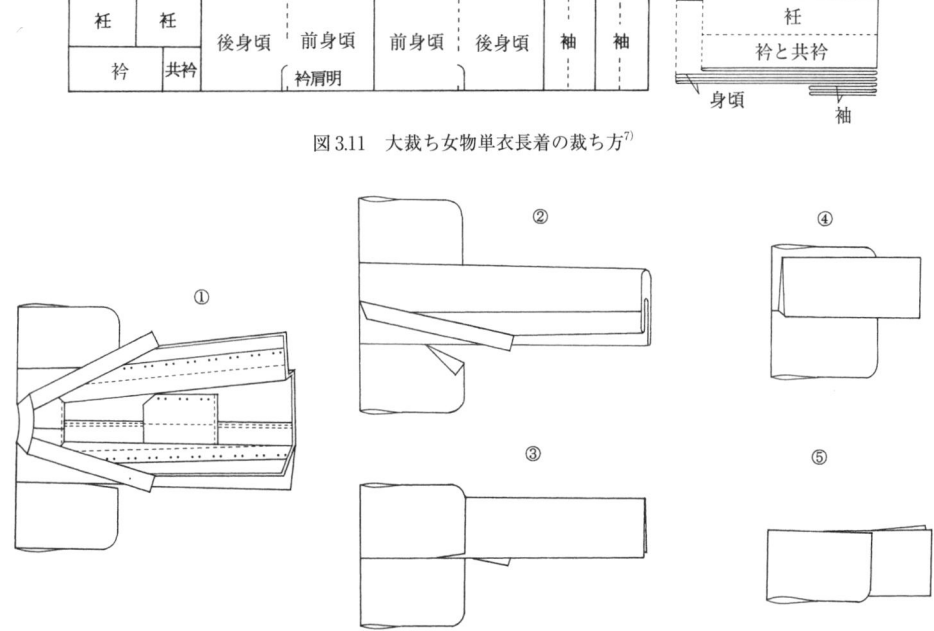

図3.11　大裁ち女物単衣長着の裁ち方[7]

図3.12　大裁ちの長着のたたみ方（本だたみ）[7]

①  左右の衿先をもちながら，裾が下がらないようにして，前身頃を合わせる．褄先を床から6〜7cm引き上げる．

②  上前をおさえたまま，腰ひもを腰骨より少し上にあてて，後ろで交差させる．

③  腰ひもを2回まわし，右寄りで片結びにし，ひもの先を腰ひもにはさみ込む．

④   身八口から両手を入れて，まず後ろのお端折りを整える．続いて，前のお端折りを重なるように整える．

⑤  前・後見頃の余分なしわを両脇に寄せて整えながらひもをしめる．

図3.13 大裁ち女物単衣長着の着付け

① 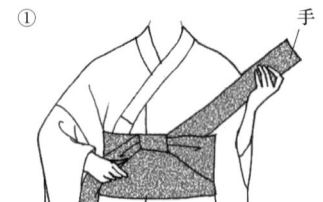 帯を二巻きして，手を上にして一結びする．

②  垂れの先から肩幅くらいの長さで，内側に折りたたんで羽根をつくる．

③  羽根の中央を4つに折ってひだをつくる．

④  肩にあずけておいた手で垂れのひだをくるんで一巻きする．

⑤  もう1度，かぶせて引きしめて，残った手を帯の間に差し込む．

⑥  左右に羽根を広げて整えて，右回しにして出来上がり．

図3.14 半幅帯の結び方の例（文庫結び）

図3.15 後ろ衿（衣紋）の抜き方と前合わせ[7]

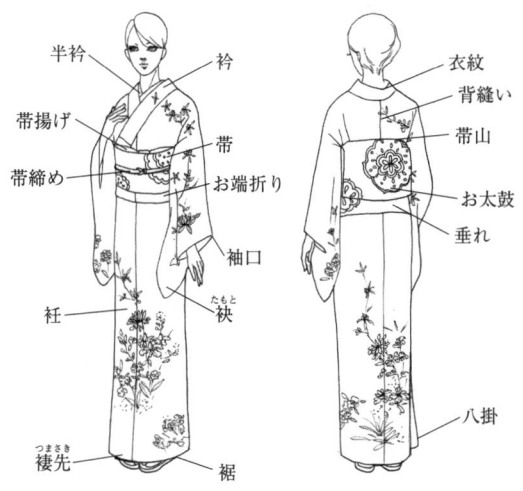

図3.16 和服の名称と着装に必要な付属品の名称

のであり，長着と調和させることは大切である．帯締めは帯の中央に位置し，調和された長着と帯を引き締める．帯揚げは，長着と帯をより調和させる．半衿は，長襦袢の汚れを防ぐとともに装飾的な役割もある．これらの付属品は，長着に対して小さな部分ではあるが，全体との調和を十分に考慮しなければならない．

3.4 和服のこれまでとこれから

近年，カジュアルウェア企業が安価な既製品の浴衣を販売したことや諸外国から日本の文化が見直されることによって，浴衣ブームが続いている．また環境問題対策の一環としてレジ袋の廃止が進み，和服に通じる風呂敷を見直す動きや手ぬぐいのアート性に関心がもたれるようになってきた．一方，大正時代や昭和初期のレトロ感覚の古着の和服を楽しむ女性たちも増加してきている．このような傾向は，とくに若者を中心に高まりつつあるが，日常生活では洋服を着ることがほとんどであり，浴衣ブームといえども非日常性の上に成り立っている．

和服が私たちの日常生活から消えていった理由は，明治時代になってからの急激な社会や生活環境の欧米化によるところが大きい．そして，それから第二次世界大戦後の1950年代以降に男女問わず，すべての年代に洋服が定着するようになるまでの間の，和服のありようによる影響が大きい．

江戸から明治時代に確立した和服，いわゆる小袖の着装は，衿元が緩やかで，裾を引きずるようなものであったが，西洋文明を受け入れたことにより，人前で肌を見せないのがエチケットとされ，和服の衿を引き締めて，お端折りを整えて裾を引きずることがないように幅の広い帯をしめるものとなり，身体に緊密な着装が求められるようになった[8]．

そのような状況の中で，2度の戦争が起こり，女性の和服は都市部や農・漁村を問わず活動性の向上を目指して，洋服の利点を導入しながらさまざまな改良が試みられた．しかし，結果的には改良された和服の着装はそれほど多くの人々に広がらず，活動性や着装の容易な洋服を日常生活で着る人が増えていった．それに伴い，和服の着装は次第に行事などの，いわゆるハレの場にかなり限定されるようになってきたのである．

しかし，先にも述べたように和服は若い世代に見直されてきている．これを契機に，自由な発想の着装が現れてもよいのではないだろうか．現代では和服の着装や形におよそ流行は認められないが，和服が確立した江戸時代には，現代よりはるかに多様なデザインや着装の仕方が存在し，その時々で流行したスタイルがあった．その現象は，まさに現代のファッションにも通じるものがある．私たちも，和服のよき伝統を受け入れつつ，和服との新しい関わりを模索することを始めてみよう．

4. 着衣する人体

快適なアパレルの条件として，体型に適合し，日常動作や基本的な生理機能を妨げないことが第一にあげられる．そこで，その着衣基体となる人体の体型や生理等の基礎的な知識を得ることが必要となる．複雑な立体である人体はどのように形づくられているのか，その構造を把握するとともに，実際に人体の形態を数値化する方法を学び，性差，年齢差，動作等に伴う体型変異量について検討する．また，アパレルを最も身近な環境としてとらえ，人間とアパレルとの快適な関係を追求する第一歩としたい．

4.1 人体の構造

アパレルは，非常に複雑な立体である人体を包むものであり，いかに体型に適応しているかが，着用時の快適性に大きく関わる．したがって，着衣基体である人体の形をとらえることがアパレル構成の第一歩となる．人体は，まず，骨格が軸となり，筋肉によって文字どおり肉付けされ，さらにこれらを皮下脂肪と皮膚が覆うことによって形づくられる．これらの構造をアパレル構成の視点からとらえることとする．

4.1.1 骨　格

図4.1は骨格図である．全身の骨格は200数個の骨によって構成され，体幹の骨格と体肢の骨格とに大別される．前者は約80個の骨の集まりで，頭蓋，脊柱，胸骨および肋骨などが含まれる．後者はそれぞれ60余りの上肢骨および下肢骨からなる．骨格は人体の外形を保持するための支柱となるとともに，筋肉の収縮によって骨の連結部で互いに動かされて，受動的運動器官としての役割を果たす．

1) 体幹の骨格

① 脊　柱　　脊柱は人体の中軸となる骨格であり，32-34個の椎骨が連結して構成されている．重力方向にあるのが他の動物とは異なる特徴であり，重い体を支えやすいように，右側方からみるとゆるやかなS字形を描いている（図4.2）．この彎曲は人種，性別，年齢等によって異なる．椎骨

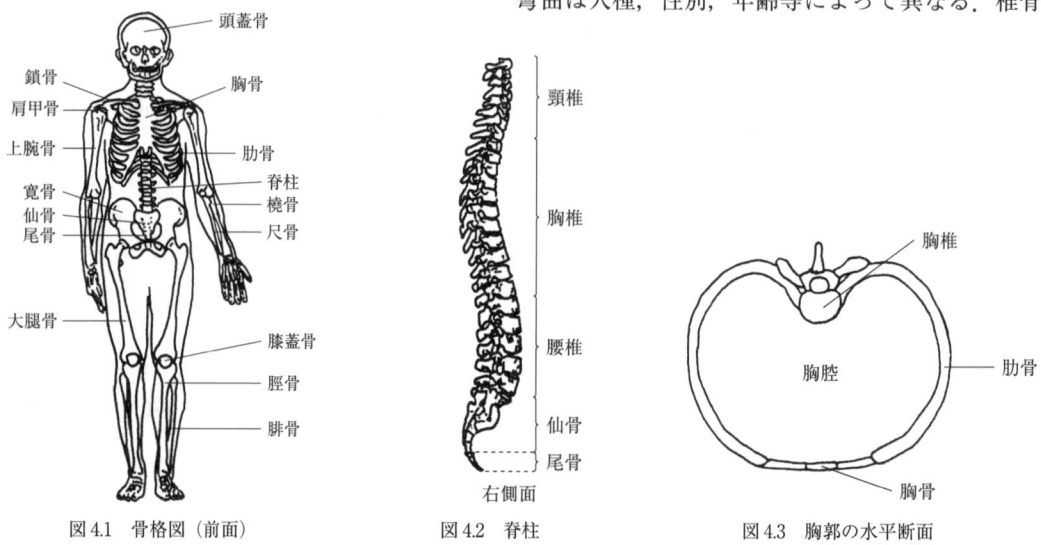

図4.1　骨格図（前面）　　　　図4.2　脊柱　　　　図4.3　胸郭の水平断面

のうち，第七頸椎の突起点は，頸椎点としてアパレル構成上重要な基準点の1つとなる．美しく装うためには脊柱を正すことが大切である．
② 胸郭　胸郭は，脊柱の一部である12個の胸椎と肋骨および胸骨によって形成されるかご状の骨格であり，体幹部の幅や厚みを形づくるもととなっている．内側には，肺や心臓などの重要な臓器を収めている．図4.3は水平断面であり，その形状には年齢差や性差がみられる．成人では左右径が前後径よりも大となる長円形である．また，女性では男性に比べて円形に近く，高齢者も同様に丸みを帯びてくるといわれている．図4.4は呼吸時の胸郭の動きを示しており，吸気時には上部へ大きく可動し，可動範囲は下位の肋骨ほど大きいことがわかる．この動きによって，胸囲寸法に3-5cmの差を生じる．

2) 体肢の骨格
① 上肢の骨格　上肢骨は，脊柱と上肢との連結部分である上肢帯（肩甲骨・鎖骨）と，これに連なる上腕骨・前腕骨および手骨より構成されている．肩甲骨は図4.5のように三角形で背面形態に関連しており，上腕上挙に伴って下角が弧を描くように側方へスライドする．鎖骨は前頸付根付近の表面形態に関与する．前腕には橈骨と尺骨が平行に並んでいる．
② 下肢の骨格　下肢骨は，脊柱とつながる下肢帯（寛骨）と，これに続く大腿骨・下腿骨および足骨よりなる．下腿では脛骨と腓骨が平行に並んでいる．
③ 骨盤　左右の寛骨が仙骨や恥骨とともに1つの腔をつくっており，これを骨盤という．骨盤は骨格の中で最も顕著に性差が現れる部位である．図4.6のように，女性の骨盤は男性と比べて幅が広く，恥骨下角も大きく，全体的に平べったい．前壁が低く，骨盤上口（骨盤入口）が長円形（男性はハート形）で，骨盤の内腔が広い．また，骨が薄弱で繊細である．

3) 関節
2つ以上の骨の可動性結合が関節であり，一方の骨は凸面で関節頭をなし，他方が凹面で関節窩をなす．代表的な関節の内部構造を図4.7に示した．関節はその形状により，球関節，楕円関節，蝶番関節等に分類され，肩関節や股関節は球関節の例である．いずれの関節も動きが顕著で，図4.8のように可動域が大きいため，アパレル構成上の配慮が必要となる．

4.1.2　筋

筋の数は一個体で400以上にも及び，人体の全重量の36-40%を占めている．筋には，意志とは関係なく自立的に動く不随意筋と，意志に従って収縮する随意筋とがあり，前者は内臓・血管壁を構成している．後者は，所在によって骨格筋，皮筋，関節筋に分類される．筋の付着のうち，収

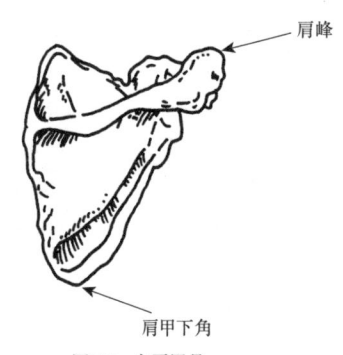

図4.5　右肩甲骨

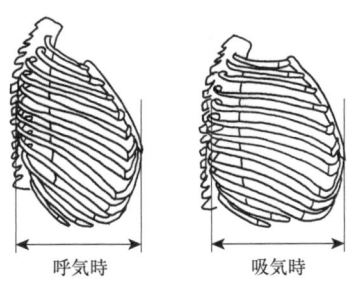

図4.4　胸郭の動き[1]（MOLLIERをもとにして）

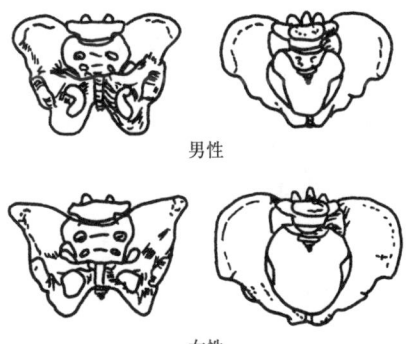

図4.6　男女骨盤の比較（左は前面，右は上前面）

縮時に移動する方を停止，固定している方を起始といい，起始および停止がともに骨であるのが骨格筋で，大部分の筋はこれに属する．

1) 骨格筋の働き

骨格に肉付けするのが骨格筋であり，人体曲面形態に深く関わっている．人体表面に近い浅い部分にある筋を浅層筋といい，深部に位置する筋を深層筋という．

筋は収縮することにより骨と骨とを接近させて動作・運動を行わせる（図4.9）．すなわち，骨格が受動的運動器官であるのに対して，筋は能動的運動器官であり，人体のすべての動作・運動は筋によって行われている．

2) 骨格筋の構成

背部の浅層には僧帽筋・広背筋などがあり，上腕骨頭または肩甲骨に付いていることが多く，主として上肢を背中側に引いたり上げたりする作用に携わっている．図4.10のように，僧帽筋，広背筋はいずれも大きな三角形の筋で，体表から観察でき，背面形態に関わっている．なかでも，僧帽筋は左右を合わせると大きな菱形を呈し，うなじから肩部，背部への美しさを形成する．

胸部の筋は上腕の運動や呼吸運動に関係する．胸部の表面近く胸壁の大部分を覆っているのは大胸筋である．強大な三角形の筋で，女性では，乳房の基底部にあたる．上部は上腕骨の上端前面に付き，下縁は上腕と胸の間で盛り上がり腋窩をつくっている．

腹部の筋は前腹筋・側腹筋および後腹筋に分類され，それぞれ腹腔の前・側および後壁をつくり，脊柱を曲げる．前腹筋には腹部前面中央を縦に走る腹直筋が含まれ，腹部のシルエットに影響を及ぼす．

上肢の筋は上肢帯筋・上腕筋・前腕筋および手筋よりなる．上肢帯筋には三角筋や大円筋などが含まれ，上腕の運動を司る．三角筋は肩を包むような形で位置する三角形の大筋で，肩の膨隆をつくっている．上腕筋にはいわゆる力こぶをつくる上腕二頭筋が含まれ，肘関節を曲げる．逆に肘関節を伸ばす筋には上腕三頭筋がある．

下肢の筋は下肢帯筋・大腿筋・下腿筋および足筋からなり，直立姿勢を保ったり，歩行に関与する．下肢帯筋は骨盤筋ともいわれ，大殿筋などが含まれる．大殿筋は下肢帯の動きに関与し，臀部の高まりを形成している強大な筋である．人体の後面最突出点が位置しており，女性では厚い脂肪に覆われている．下腿筋の中で一番大きなものは，腓腹筋とヒラメ筋とからなる下腿三頭筋であ

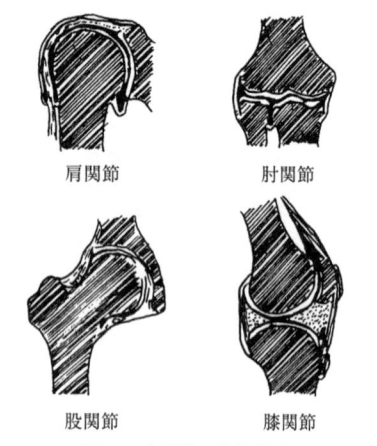

図4.7　各関節の内部構造

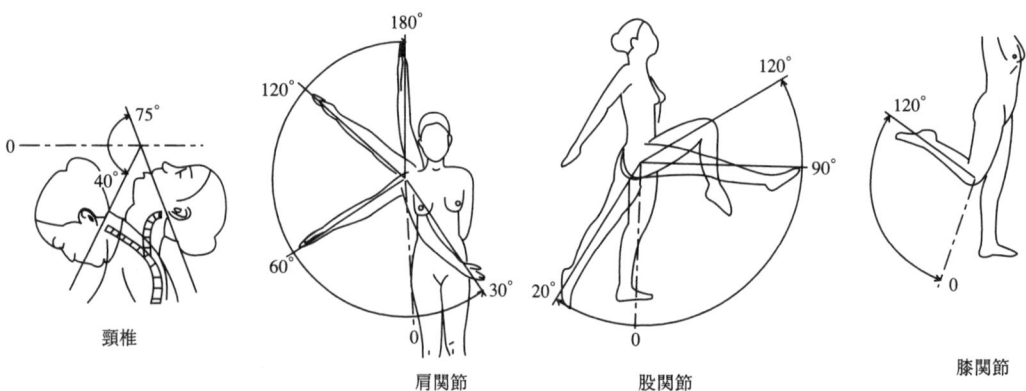

図4.8　各関節の可動域[2)]

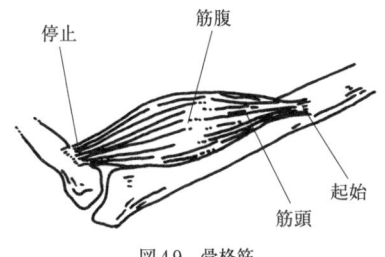

図4.9 骨格筋

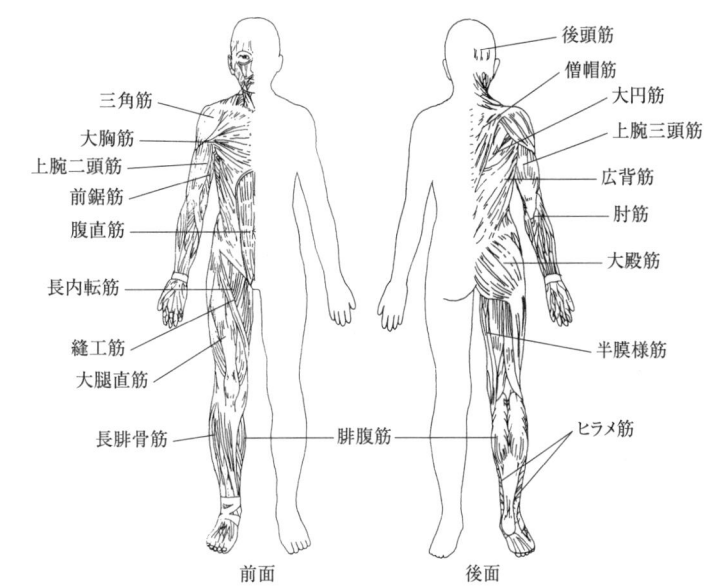

図4.10 全身の筋

る．腓腹筋はふくらはぎをつくる強大な筋で，スポーツ選手ではこの筋が非常に発達している．

4.1.3 皮下脂肪と皮膚

骨格と筋によってからだの形がほぼ形成され，皮膚が覆うことによって完成される．皮膚の下には脂肪を貯えた皮下組織がある．皮下脂肪の沈着は局所的であり，沈着が多い部位はふっくらと豊かな形態となっている．一般には，図4.11のように臀部→腰部→腹部→乳房→大腿→肩甲骨および上腕部→下腿の順に脂肪の沈着は進む[3]．逆に皮下脂肪の少ない部位は，関節の直上，頭部などである．各部の脂肪の沈着度が個々の体型と深く関わる．一般に，男性より女性の方が皮下脂肪は豊富であり，女性の豊かでなめらかな曲面形態に関与している．

4.1.4 シルエットとプロポーション

1) シルエットによる体型分類

以上のようにして形づくられた人体形態を，表面に現れたシルエットにより分類することは適合度の高いアパレル構成に役立つ．シルエット的分類法としては，長身でやせ型，短身でやや肥満型，上半身反身で下半身が大，体幹の屈曲率大，大腿部の張りが大，などと，体幹・体肢，上半身・下半身各々のシルエットの特徴に基づく場合

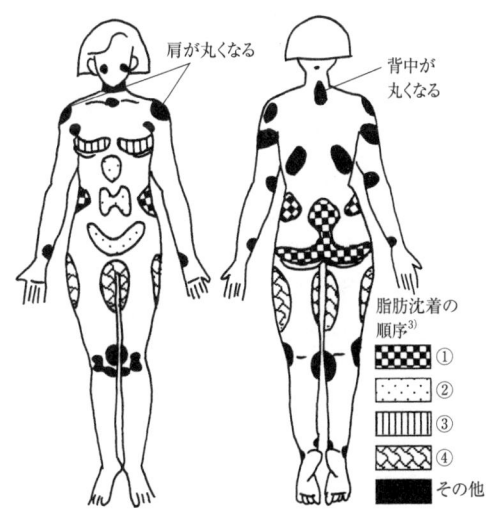

図4.11 皮下脂肪の多い部位[3]

が多い．

また，全身の形態とは別に，部分的体型の分類が有用な場合がある．たとえば，ブラジャーの設計には女性の乳房形態，靴の設計には足部形態の分類が必要となる．

2) プロポーション

プロポーションとは，一般に「比例」や「釣り合い」といわれるもので，身体各部の長さの比によって体型的特徴を表す．たとえば，身長に対する下肢長の比などは長さ方向の比例であり，厚みと幅との比から水平断面形状を推測することもで

きる．形態を論ずるうえでの美的な比例関係については古くから研究され，時代によって変遷を繰り返してきた．基準となるべき比例尺度を定め，身体各部の比を求めた例を以下に示す．

①横矢示数　胸部，胴部，腰部などにおいて，(厚径／横径)×100で求められる示数である．厚径は人体を側面からみた投影長で，横径は前面からみた投影長であることから，その比により，それぞれの部位における水平断面の形状を推し量ることができる．この示数が大きく100に近いほど断面は円形に近く，小さいほど扁平であると推測できる．ダーツの位置や分量など，アパレル設計に深く関わる．また，同一人体でも，各部の横矢示数が同様の傾向を示すとは限らず，人体形態の複雑さを表している．

②頭身示数　身長を全頭高（頭頂点からオトガイ点までの垂直距離）で割った数を頭身示数といい，最も一般的な比例尺度である．8頭身は，古くギリシャ時代から理想のプロポーションとされている．20-29歳日本女性の平均身長を平均全頭高[4]で割った値は7.33である．

③黄金比　黄金比については第5章で詳細に述べるが，長さを2分するとき，大部分と小部分の比率が全体と大部分の比に等しくなるよう分割することによって得られる比率である．小部分：大部分が0.618：1となる．線や面を分割する際に美しいバランスが得られるとされており，ドイツの美学者ツァイジングはへその位置によって黄金分割された身体が美しいとした．20-29歳日本女性の体型データ[4]をもとに算出すると，0.705：1となり，多少，下半身の割合が理想よりも小であることがわかる．図4.12のように，複雑な曲面をもつ身体が，鉛直方向に多くの黄金比に近い比率で構成されている．このことは，アパレル設計に応用され，ドレスの切替え線や上衣とスカート丈の比率などに黄金比を用いることにより，理想的なプロポーションが得られる．

4.2　アパレルのための体型情報

アパレル設計の基本として最も重要な条件は，体型への適合性がよいことであり，運動や作業に適応する機能性を備えていることである．そのう

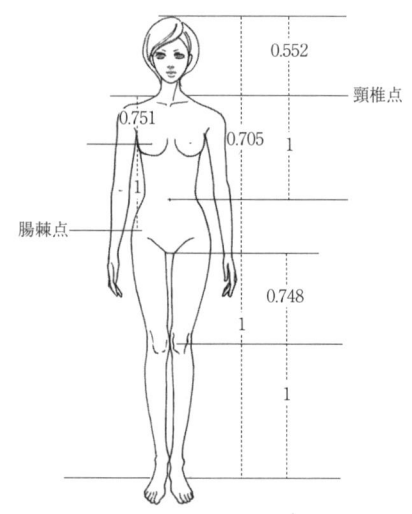

図4.12　人体の黄金比

えで，美しく表現することを考えねばならない．ことに，立体的に構成されている洋服が日本人の日常着として定着し，大部分が既製衣料を利用している今日，不特定多数の人々に適合し，機能性と合理性を備えたアパレルを設計・製作するためには，多角的な体型情報が不可欠である．つまり，体型情報としては，体表長や2点間距離ばかりでなく，人体の縦断・横断形状，さらに，3次元立体としての形態把握も重要である．

また，アパレルは人体の複製物ではないから，人体とアパレルの間に空隙が必要である．この空隙は，快適な衣服内気候を形成するために不可欠であり，運動や作業に適応するための機能量として，なくてはならないものである．この空隙量は，人体と環境との熱収支の側面からも検討する必要があるが，熱収支の算出には人体表面積が基本となる．また，運動や作業に適応するために必要なゆとり量は，人体表面の形状変化・面積変化から検討しなければならない．

4.2.1　人体計測の重要性

人体計測とは，人体の形質を客観的な数値で表すことを目的として行われるもので，人類学などの基礎的な研究から，医学，栄養学，人間工学，被服構成学などの応用的な研究まで広く利用されている．人体計測方法や計測部位は，利用する専門分野や目的によって若干の相違もみられるが，個人または集団の形態特性を的確に把握するため

には，系統的に規準化された人体計測を行う必要がある．

人間は，生きるために必要なモノの大きさや量について，自分自身の手，からだ，動きで測定してきた．そして，今なお人体の大きさを基本尺度とした測度が用いられている．人体を測ることが，すなわち人体の大きさと形を知ることであり，アパレルの大きさや形を決定することである．したがって，人体の計測には，科学的かつ綿密で，精度の高い方法を適用する必要がある．そして，得られたデータの統計処理や集団間の比較や実用化のためには，統一された用語，器具，測定基準点，測定部位，測定方法が必要である．

また，アパレルを設計段階で視覚的に評価できるカバー率の高いボディーを作成する技術，コンピュータの中にデジタルなボディーを再現して安価に速くカスタマイズする技術を開発するための基盤としても人体計測の役割は重要である．

ことに近年は，高齢化社会，ライフスタイルの多様化に伴い，衣服への意識も多様化している．グローバリゼーションにより多様な国籍の着用者への対応も視野に入れる必要がある．このような着用者のニーズを満たすためには，人体の寸法や形状をデータベース化することも必要である．企業がものづくりに取り組むための社会的インフラの1つとして，日本，韓国，欧州，アメリカ等多くの国で，国が中心になって人体寸法や人体形状データの整備を進めている．規模の大小はあるにせよ，多くの国が自国の人体寸法データを保有している．ISO/TC159（Ergonomics）専門委員会においても，継続的に人体計測手法に関する国際標準の見直しが行われている[5]．

4.2.2 人体計測の方法

人体計測の方法には，直接人体に触れながら計測を行う直接法と，光学的手法により人体に触れることなく形態を記録して計測する間接法とがある．

アパレル設計では，人体の大きさに関わる寸法，すなわち高径，幅径，厚径（矢状径），周径，体表長などが必要であり，生体計測（somatometry）が行われる．一般的には，後述するマルチン法を基本に，既製衣料の寸法基準作成を目的として設定された計測箇所や方法が適用されている（付表1参照）．

日本における大規模な人体計測事業・データベースの最新のものとして，（社）人間生活工学研究センターが中心となって実施した「size-JPN 2004–2006」[6]がある．人体各部位の寸法を簡便に計測する手法が確立されていない現状より，マルチン法によるマニュアル計測と人体の3次元形状計測装置を用いた光学的な形状計測が実施された[5]．

以下に，アパレル設計のために多く用いられている人体計測法について概説する．

1）直接法

①マルチン法　マルチン法は，1928年に人類学者 Rudolf Martin が開発し，国際的に共通の人体計測法として整備され，広く活用されている．マルチン法に用いられる計測器は，身長計（anthropometer），杵状計（large sliding caliper），触角計（spreading caliper），滑動計（siding caliper），巻尺（measuring tape）などである（図4.13）．これらの測度を規定するため，皮膚の上から触れることができる骨の突起や骨端，筋肉の走行，皮膚の溝や窪みなどの解剖学的な特徴点を基準点に定め，2点間の直線距離（投影長）や体表に沿った長さ（実長）などが測られる（図4.14）．測度の種類は，高径，長径，幅径，厚径（矢状径），周径などがある．

また，計測姿勢として，立位・耳眼水平・上肢

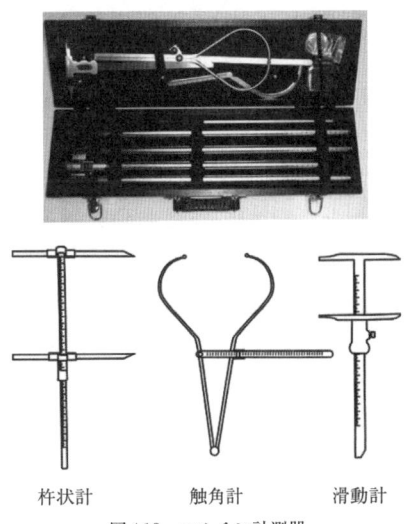

杵状計　　触角計　　滑動計

図4.13　マルチン計測器

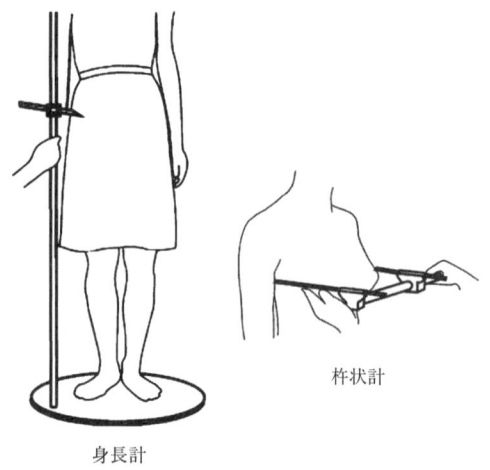
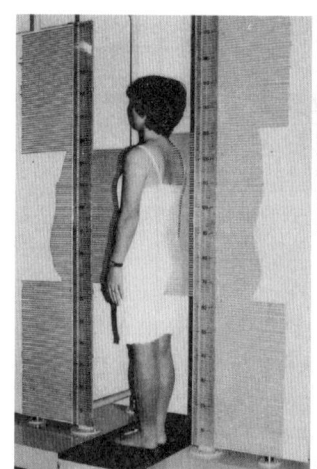
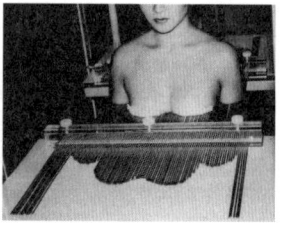

横断面形状採取

縦断面形状採取

図4.14 マルチン計測法　　　　　図4.15 スライディングゲージ法

自然下垂の状態が基本とされている．
②スライディングゲージ法　スライディングゲージ法は，人体外側の多方向から，一定長多数の触棒先を体長に当て，体表に当たっていない触棒端が示す形状を記録用紙に写し，体表断面形状を採取する方法である（図4.15）．触棒をスライドさせることによって，身体各部位の縦断，横断形状を得ることができる．
③レプリカ法　レプリカとは「写し」「複製」を意味し，3次元立体としての人体や体表面の形状を再現することをいう．
　a. 人体模型作製法　人体模型作製法には，石膏法とアルギン酸ソーダ法とがある．これは材料の違いのみで，元型に対して外型（雌型）をとり，元型をはずして外型に囲まれた隙間を石膏で埋めて内型（雄型）をとる方法である（図4.16）．
　いずれの方法も，人体の不要部分はカットでき，半永久的な保存が可能である．必要なときに人体の形態について分析できる利点がある．
　b. 体表シェル法　体表シェル法は，人体に直接和紙，ドラフティングテープ，ガムテープ，フィルム，石膏包帯などを貼付して体表シェルを採取する方法である．計測基準線で切断して平面に展開すれば，パターン設計に必要な資料を直接得ることができる．
2) 間接法
①シルエッター法　シルエッター撮影機を用い，人体の1/10に縮尺したシルエットを直接印画紙に映し出す方法である（図4.17）．人体の正

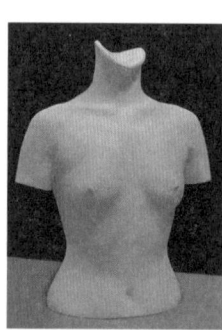
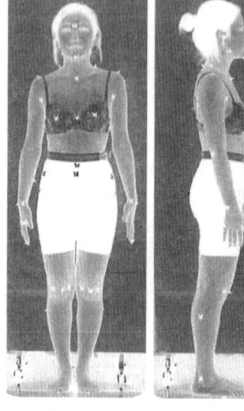

図4.16 石膏法　　　　図4.17 シルエッター法

面，後面，側面を撮影することによって，シルエット，プロポーション，姿勢などが観察でき，シルエット角度，高径，幅径，厚径などを計測することが可能である．大掛かりなシルエッター装置を使用するかわりにデジタルカメラを用いて撮影し，身体寸法，角度，スプライン長などをコンピュータで容易に計測するシステムも開発されている．
②モアレ法[7]　モアレとはフランス語で「波形をつけた」という意味をもち，2枚のすだれの重なった部分に生じる複雑な揺れ動く縞模様を指し，2つの曲（直）線群を重ね合わせたときの交点の軌跡として現れる．この現象を光学的に設定して体表面上に等高線状のモアレ縞を発生させて写真撮影し，その様相から定性的に体表面の特徴を観察するとともに，縞深さの計算によって体表

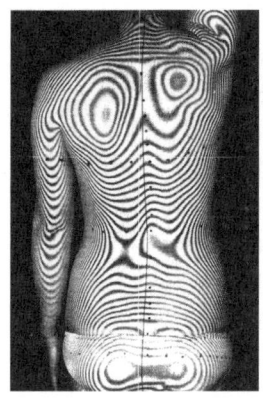

図 4.18 モアレ法

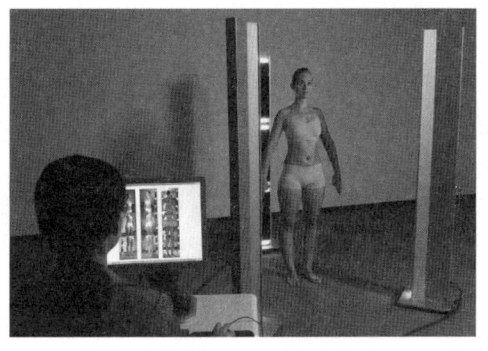

スペースビジョン社製「Cartesia 3D Body Scanner」(スペースビジョン社提供)
図 4.19 形状スキャナの例

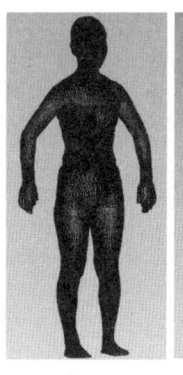

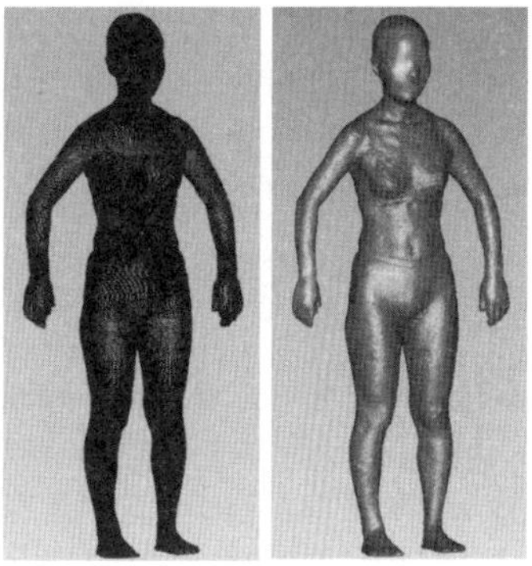

点群データ　　ポリゴンデータ
図 4.20 人体の 3 次元形状データ[9]

の起伏を数値化することができる．また，多方面から同時撮影したデータを解析することにより，任意の断面形状が得られる（図 4.18）．

③**アクティブステレオ法**[8]　レーザーのスリット光やパターン光を身体に投影し，被写体表面からの反射光を CCD イメージセンサーで受け，その受光位置を三角法により計測する方法である．

このうち光切断法と呼ばれる方法では，複数の光源で平面状のスリット光をつくり，その平面スリット光で人体を切断したときの断面形状を撮影し，その断面で全身を走査することで全体形状を得る．ほかに，縞状のパターン光を何通りか撮影して白黒のコードで縞を識別する方法，正弦波状の輝度分布をもったパターン光をずらしながら何通りか投影する方法などがある．計測装置は光で身体を走査（スキャン）するため，形状スキャナと呼ばれる．5–10 秒程度の短い計測時間で，全身の形状を 1–2 mm 程度の緻密さで生体計測できる．

図 4.19 は，国内で販売されている形状スキャナの一例である．

計測した画像データは点群のデータであり，そのまま人体の形状を分析することは難しい．広く定量的な応用が可能なように，任意のモデルの体表同士を，解剖学的な特徴点などを基準に，同一点数，同一位相の幾何構造になるようにモデル化して解析する．人体の 3 次元形状の点群データおよびこれを多面体として表現したポリゴンデータの例を図 4.20 に，体幹部の 3 次元形状をモデル化した例を図 4.21 に示す．

日本人女性 63 名の足部の 3 次元形状をモデル

図 4.21 モデル化の例[10]

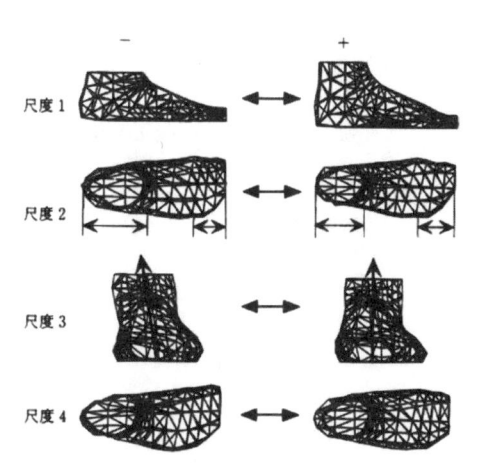

図 4.22 足部の 3 次元形態特性[11]

化して統計的に解析することにより，足部の 3 次元形態特性を調べた例を図 4.22 に示す．尺度 1 は甲が高い足と低い足を対比する軸，尺度 2 は足の前後方向のプロポーションを表す軸，尺度 3 は足首の内側への傾きの程度を表す軸，尺度 4 はつま先の形状を表す軸である．これらの 4 軸で寸法のみからはわからなかった日本人女性の足の形態特性の 81% を説明することができた．

4.2.3 計測値の活用

直接法，間接法，いずれの人体計測法を利用するにしても，まず，選出されたサンプルが対象母集団の体型を代表できることを確認する必要がある．また，すでに発表されている人体計測データを利用する場合は，人種，性，年齢，測定年代などに留意することも重要である．人体計測データの精度は，計測者の熟練度と計測対象者数に依存し，対象者数が増すにつれて高くなる．計測項目は，目的に合わせて設定されるが，既存データとの比較ができるような配慮も必要である．人体計測によって得られたデータは，統計処理を行い，一般的な体型の表現には，平均値（M），標準偏差（S.D.：standard deviation），最小値（MIN），最大値（MAX），パーセンタイル値（%tile）などが用いられる．パーセンタイル値とは，計測値の統計的分布の上で，小さい方から数えて何％目の値は，どれくらいかという見方をする統計的表示法である．また，プロポーションを表すためには，示数計算が行われる．

標本集団と基準集団，集団における個の体型特性を抽出するため，各計測項目のデータによりモリソンの関係偏差折線を描出し，考察することもできる．

なお，関係偏差（R.D.：relative deviation）は次式にて求められる．

$$\text{R.D.} = \frac{M_2 - M_1}{\sigma}$$

ここに，M_1：基準集団の平均値，
　　　　M_2：比較集団の平均値，
　　　　σ：基準集団の標準偏差．

4.2.4 体　型

体型・体格は，指紋や血液型と同じように個人を特定することができる形態的特性である．「体格」は，ヒトの外観的形状（からだつき）を包括的に表す一般的な用語として用いられ，「体型」は，遺伝的・体質的な素質および栄養，疾病などの環境の影響を受けて出来上がった身体の外形と定義されている．集団および個の体型は，人体計測によって得られる数量的・形状的データによって表現される．

体型は，人種，性，年齢，地域，職業などによって，また，同一の人種，性，年齢であっても個人差があり，同一人であっても左右差がある．さらに同一個体であっても，成長過程で身体各部の不統一な増大がみられる．成長は，子供の体型がそのまま拡大されるのではなく，年齢ごとにそれぞれの特徴を表出する．身長の伸びが止まり成人となっても，中年以降になると加齢による変化が著しくなり，体型をいっそう多種多様なものとする．さらに，高齢になると脊柱の後彎，四肢の関節の彎曲など，骨格の変形も併せて現れ，そのうえ，姿勢の要素も加わり，体型の変化を大きくしている．図4.23は1人の女性の0歳から80歳の間を7つのライフステージに分け，頭高によるプロポーションおよび体型の変化を示したものである．

アパレル設計では，こうした種々の体型変化の様相を定量的に明らかにしておくことが重要である．このことによって，アパレルサイズの年齢区分，体型区分，高齢者向け配慮などの情報を得ることができる．

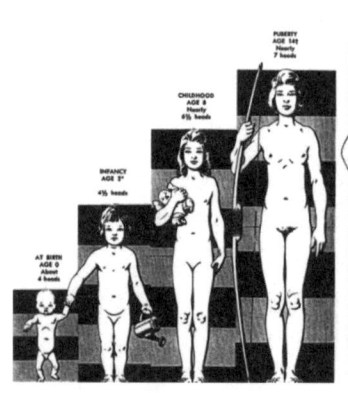

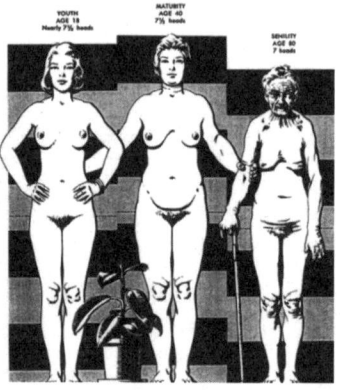

図4.23　女性のプロポーションと体型の変化[12]

1）体型の観察と分類

体型形成の主な要素は骨格と筋肉であるが，最終的な形を決定しているのは皮下脂肪と皮膚である．皮下脂肪の沈着度は全身一様ではなく，多い部分と少ない部分に個人差があって体型を多様化している（図4.11参照）．

人のからだつき，すなわち体格を表す指標として大柄，小柄という表現があり，肥っている，痩せているという概念がある．これは，身体の脂肪組織量が過剰に増加・減少した状態を指し，体格指数値によって肥痩度を判定する試みがなされている．代表例を次にあげる．ボディマス指数（BMI）について，日本肥満学会ではBMI 22を標準体重とし，BMI 18.5以上25未満を普通の体重としている[13]．

$$\text{ボディマス指数（BMI）} = \{体重(\text{kg}) / 身長^2(\text{m})\}$$
$$\text{ローレル指数} = \{体重(\text{kg}) / 身長^3(\text{cm})\} \times 10^7$$
$$\text{ベルベック指数} = [\{体重(\text{kg}) + 胸囲(\text{cm})\} / 身長(\text{cm})] \times 100$$

このほか，標準体重（身長別）との比較や身長から一定値（たとえば100とか105）を引いた値と実体重との差異から肥痩度をみる方法，皮下脂肪厚や体脂肪率によって判定する方法もある．幼児の体型の肥満度を評価する指数としてはカウプ指数が用いられ，成長段階に応じて判断基準が異なる．カウプ指数の算出方法はBMIと同様である．

アパレル設計においては，パターンとの関わりを考えた体型観察が必要であり，定量的かつ客観的な分類を行う必要がある．

2）体型の変異

体型の変異とは，体型の違いのことで，いくつもの要因が複雑に絡み合って生じる．人種，性が同じであっても加齢に伴い変化するので，年齢ごとに変化の様相を観察し，その傾向を把握しなければならない．また，運動や作業によっても，どの部位が，どの方向にどれだけ変化するかを寸法的あるいは形態的に測定する必要がある．

体型の変異には，人種，性のように遺伝的要因が強く働き，その決定が容易にかわらないものと，生理的要因による成長期の変化や成人体型の加齢に伴う変化などがあげられる．また，体型の時代的変化，肥痩度，姿勢，左右差などもあり，これらは生活様式，栄養，疾病など後天的な要因が強いと考えられる．

① **人種差**[14]　人種とは皮膚の色，骨格などの生物学的特徴で分類した人類の種別を意味し，これは基本的に異なっていることを前提としている．人間は，長い年月，地球上の自然環境に適応して居住する結果，独特のからだつきと大きさを形成した．一般に南方系では，北方系よりも脂肪組織の発達が少なく，アジア系人種は，欧米系人種よりも小柄であるといわれている．

② **性差**　ヒトは染色体によって男性と女性とに分けられ生物学的に区別される．男女の体型の一般的な差異を成人体型で比較すると，女性は骨格が華奢で皮下脂肪の沈着が大きいことから，体表はゆるやかなカーブを描き，全体に丸みを帯びている．また，乳房は大きくふくらみ，骨盤の発達によってヒップ幅も広く，大腿部も太く，これが女性特有の形態となっている．男性は骨格が頑丈で，筋肉が発達しており，肩幅が広く上半身が角張っている．また，ずん胴で，骨盤が縦長であり（図4.6参照），腰部が細く骨張っているのが特徴である．

図4.24は，（社）人間生活工学研究センターの資料[15]を用いて現代の日本人における少年少女期から思春期へと移り変わる12歳および成人に達した20-24歳の青年男子と女子の体型を比較したものである．12歳女子/男子の性比は，頭部において97-100%，高径項目において100-102%，幅項目において，肩峰幅100%，乳頭間幅101%，ウエスト幅96%，ヒップ幅104%である．周径項目では，乳頭位胸囲102%，ウエスト囲96%，臀囲103%，大腿囲104%，下腿最大囲101%である．思春期初期の女子の特徴は，男子に較べて全体的に大きく，早熟なことをうかがわせる．例外的に胴部が小さいが，女性的な体型への移行期であるためである．

20-24歳の女子/男子の性比をみると，頭部は95-97%，身長をはじめ高径項目は91-94%，幅径項目では，肩峰幅90%，乳頭点間幅91%，ウエスト幅84%，ヒップ幅98%，また，周径項目では乳頭位胸囲93%，ウエスト囲86%，臀囲104%，大腿囲98%，下腿最大囲94%で，臀囲を

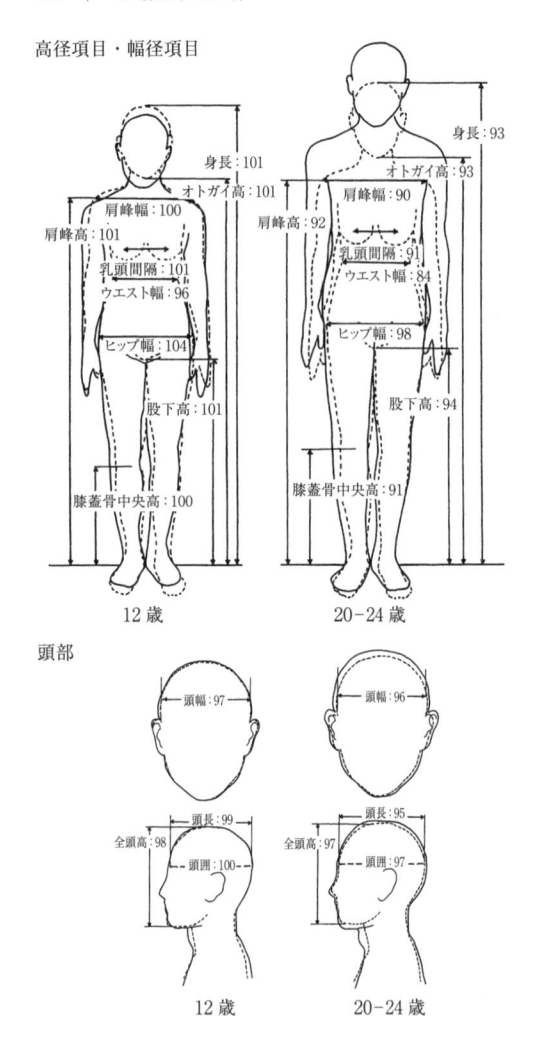

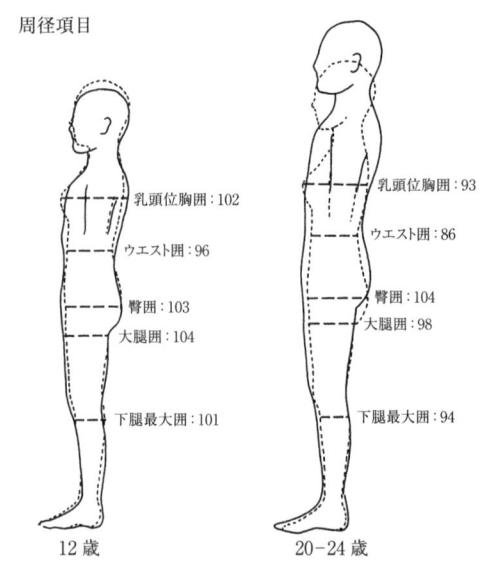

図中の数字は男子を100とした女子の比率を示す．
高径・周径項目・頭部とも，実線は男子，破線は女子を示す．
図4.24 思春期・青年期における体型の性差[16]

除きいずれの計測項目も男子が優位である．つまり，女子は男子に比較して身長が低く，胴がくびれて上半身が小さく，臀囲が大きい，いわゆる女性的な体型であることがわかる．

③年齢による変化

a. 成長期 子供の体型は，大人の縮小版でなく，独特の形態を表す．厚生労働省による平成22年乳幼児身体発育調査[17]によれば，新生児男子の平均身長は，48.7cm，女子48.3cmであり，1歳0-1月未満児では，男子74.9cm，女子73.3cmで，約1.5倍である．新生児の体重は男子2.98kg，女子2.91kgであるが，1歳0-1月未満児ではそれぞれ9kg前後となり約3倍である．出生時には頭囲が胸囲よりも大きいが，1か月で頭囲と胸囲がほぼ等しくなる．その後，成長とともに頭囲と胸囲の関係は逆転し，差が開いてい

く．生後3年くらいまでの体型変化は著しく，これを第1急増期という．

第2急増期といわれる思春期では，成長速度が急に一時的に増加する．この現象を思春期スパート（adolescent growth spurt）という．また，思春期スパートの起こる年齢とその強度を表す指標としてPHV年齢（身長の増加速度が最大になる年齢），PHV（身長の最大増加速度，peak height velocity）が用いられる[18]．図4.25は，（社）人間生活工学研究センター1992-1994年度計測データに基づく7-79歳の横断的研究資料より，年齢別平均値曲線を示したものである．身長について，男子では7歳以後直線的な増加がみられるが，11歳になるとさらに急激な増加が始まり，12-13歳で7.9cm増加し，PHVがピークとなる．そして，16歳ごろからカーブが横ばいの状態になり，18歳でほぼ成人の身長に達する．一方，女子の身長は8歳からすでに直線的で急激な増加が認められ，10-11歳で6.9cm増加し，PHVがピークとなる．その後13歳までは直線的に増加するが，それ以後漸次増量は減少し，15歳で横ばいになる．PHV年齢は女子の方が1-2年早いため，10-12歳では男子よりも女子の身長が上回る．こうした経過をたどりながら20-24歳における身長の男女差は約12cmになる．この時期

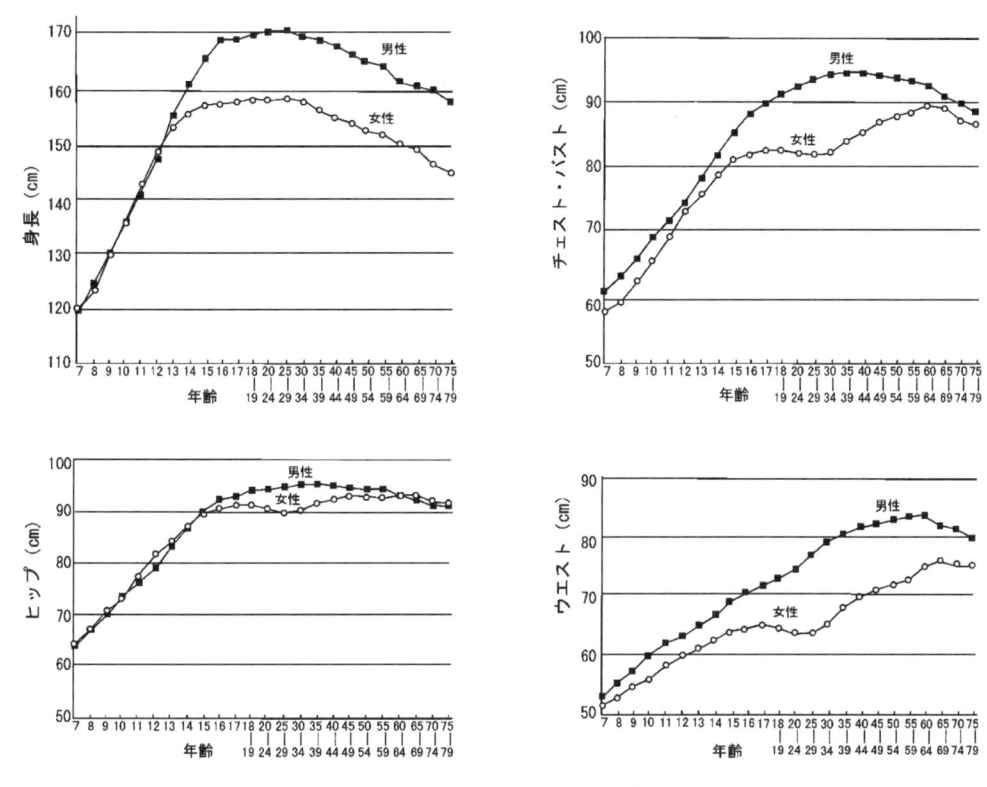

図 4.25　日本人の年齢別平均値曲線[19]の改変

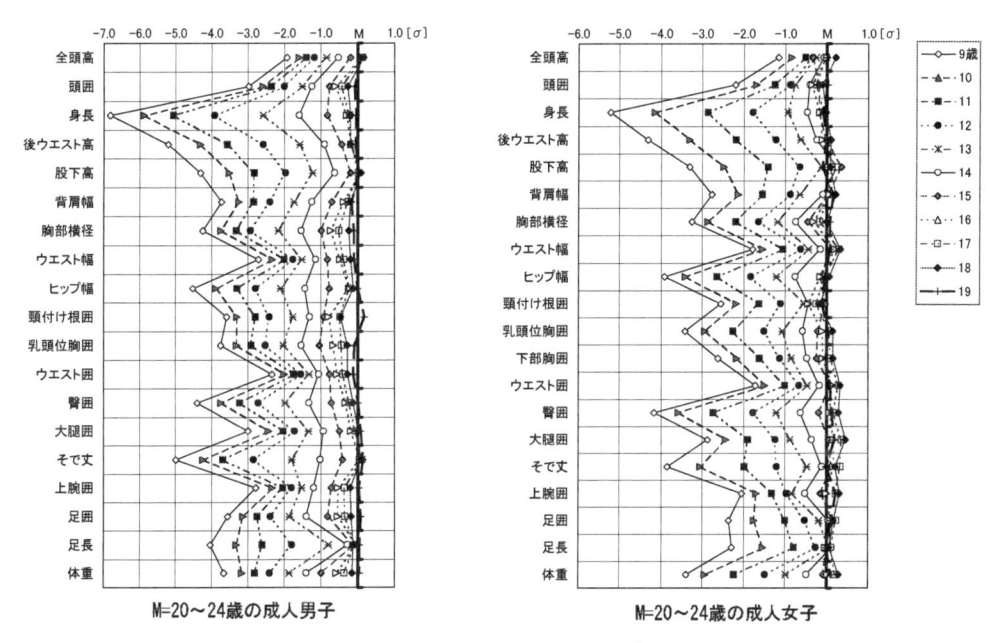

図 4.26　思春期における体型変化[20]

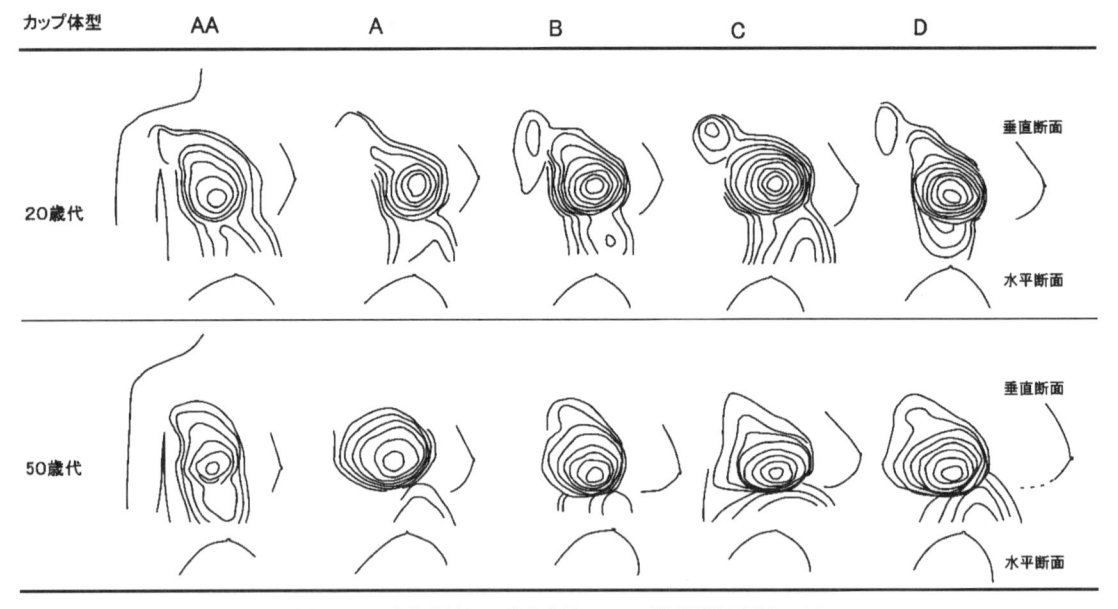

図4.27 20歳代女性と50歳代女性のカップ体型別乳房形状の例

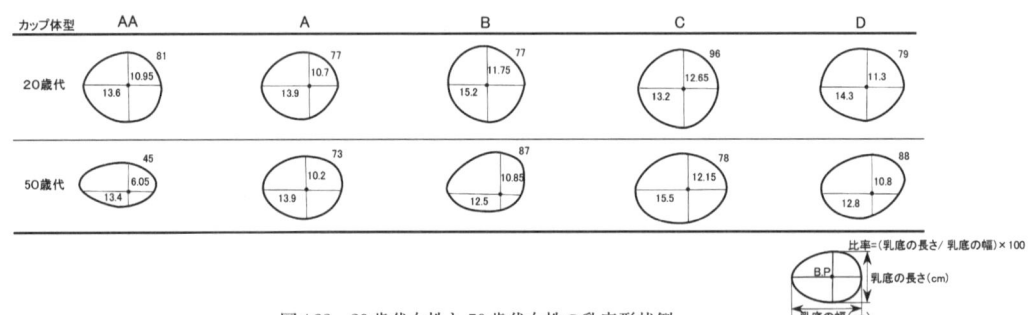

図4.28 20歳代女性と50歳代女性の乳底形状例

は，体型の変化がデリケートな時期であり，注意深く観察する必要がある．

図4.26は，主要計測項目について，男女それぞれ20-24歳の平均値を基準としてモリソンの関係偏差折線を描き，思春期から青年期に至る体型変化の様相をみたものである．男子はいずれの項目も18歳でほぼ20歳の値に達する．なかでも，全頭高，頭囲，ウエスト幅，ウエスト囲，大腿囲，上腕囲は9歳までにすでに-3σ以内にあり，成長が早い．後ウエスト高と股下高は，11-13歳の年間増加が目立ち，14歳で-1σ内に達する．身長，背肩幅，乳頭位胸囲，臀囲，袖丈は，これよりも1年遅れて12-13歳に年間増加量のピークがみられる．また，乳頭位胸囲や体重は，20-24歳の値に到達するのが遅い．

女子は，男子よりも全体的に成長が早く，全頭高は10歳で-1σ以内，足囲，足長は11歳，股下高，背肩幅，ウエスト幅，ウエスト囲は12歳，ヒップ幅，乳頭位胸囲，臀囲は14歳で-1σ内に達している．ヒップ幅，乳頭位胸囲，臀囲を除けば，13歳で各項目の関係偏差が-1σ内になり，15歳ですべての項目が成人値と近似になる．

このように，思春期においては，身体各部の成長の度合いが異なり，アパレルのサイズ設定やパターン設計が非常に難しい時期である．

b. 中年齢期 図4.25から，男子では，身長，チェスト，ヒップいずれも30歳をピークとして加齢とともに数値が減少している．平均身長では，20歳代が最も高く170cmとなっているが，30歳代以降は漸次低くなる傾向が認められる．40-44歳の平均身長は168cmであるが，10年前（1978-1981年）に行われた調査[21]では，25-29

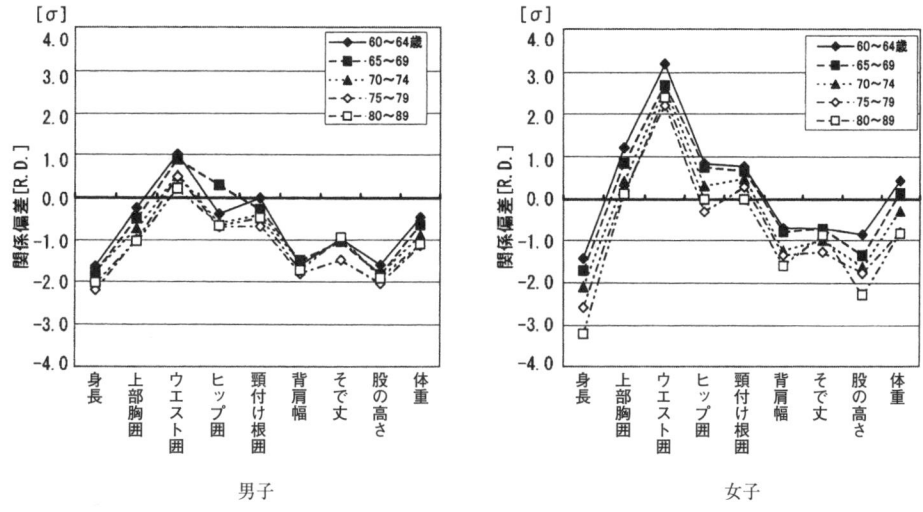

図4.29　高齢者の体型特性[23]

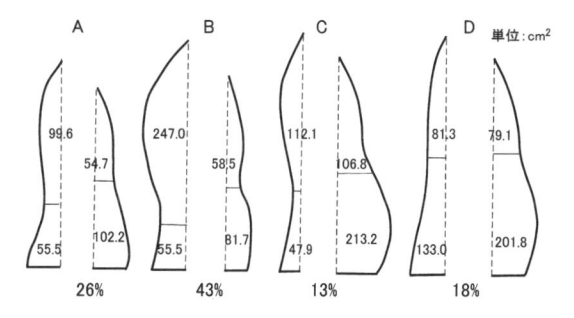

図4.30　高齢者の体幹部側面シルエット[24]

歳の平均身長が168cmであったことから，個人における変化は，この年代まではほとんどないと考えられる．ウエストは，60-64歳にピークがあり，65歳以上になると急激な減少がみられる．

女子における身長は，20歳代が158cmと最も高く，30歳代から減少傾向がみられ，最も低いのが70歳代の146cmとなっている．バスト，ウエスト，ヒップは，10歳代後半から20歳代後半まで横ばいであったものが，30歳代から急激にピークに達する変化が認められる．

アパレルでは加齢による体型変化の様相を寸法のみではなく，形態面からも理解することが重要である．ここでは女性の乳房形状の加齢による変化について，モアレ法による計測結果より観察する．図4.27は20歳代の女性と50歳代の女性のカップ体型別乳房形状の例を示したものである．同じカップ体型であっても20歳代女性の等高線は円形に近い形で等間隔に重なっているが，50歳代女性では横長の楕円型の等高線となり脇方向での間隔が広い傾向がある．

図4.28は，図4.27で示した女性の乳底形状である．20歳代の女性ではカップ体型にかかわらず円形に近いが，50歳代の女性では横長の少しゆがんだ楕円形状である．すなわち，加齢により乳房が下垂し乳房の膨らみが脇側に広がっていることがわかる．計測寸法のサイズがたとえ同じであっても，形態的には年代差があることがこれらによって理解できる．

加齢による体型変化を綿密に分析するためには，個人を縦断的に計測する必要がある．しかしながら，縦断的計測の実施には，10年，20年という長い期間，被験者はもとより熟練した計測者の確保が必要であり，事実上不可能に近い．

c. 高年齢期　総務省の人口推計[22]によると平成21年10月1日現在，わが国における65歳以上人口は総人口の22.7%である．高齢者を取り巻く環境問題は，避けて通れない状況にある．生活環境の改善や設計には，高齢者の体格や体型情報が不可欠となった．日本人においては，何歳ごろから高齢者体型の特徴がみられるようになるのかを明らかにする必要がある．図4.29は青年期の平均値を基準とした関係偏差より，高齢者の年代別体型特性を調べたものである．b.の中年齢期でも触れたが，男子においては青年期との体型の差が比較的小さい．女子においては青年期との体型差が大きく，身長など長径項目はマイナス，上部胸囲

表4.1 思春期・青年期男女の時代別計測データ

単位 mm

計測年	年齢	性	身長	後ウエスト高	腸骨棘高	股下高	背肩幅*	そで丈*	頭囲	頸付け根囲	乳頭位胸囲	ウエスト囲	ヒップ囲	上腕囲	大腿囲	体重 kg	BMI
1966-1967年	12歳	男子	1432	868	784	663	351	459	526	336	694	581	729	205	415	35.2	17.2
		女子	1453	901	796	669	375	464	528	336	708	569	766	208	432	36.6	17.3
	20歳	男子	1667	979	901	753	428	535	562	415	857	694	880	262	502	58.1	20.9
		女子	1546	941	834	686	389	498	548	371	818	609	889	252	514	50.6	21.2
1978-1981年	12歳	男子	1463		811	674	363	475	536	345	711		755	220	442	38.8	18.1
		女子	1482	919	814	684	365	476	534	343	730	586	787	221	458	39.4	18
	20-24歳	男子	1688		913	764	436	548	569	411	861		892	270	512	60.2	21.1
		女子	1559	953	843	702	387	502	548	368	815	624	879	253	516	50.3	20.7
1992-1994年	12歳	男子	1473	903	791	677	365	487	545	370	718	631	793	227	457	40.6	18.7
		女子	1485	919	806	690	369	489	546	363	735	604	819	229	474	41.2	18.7
	20-24歳	男子	1705	1028	900	760	436	569	578	442	885	747	945	279	536	64.9	22.3
		女子	1582	970	843	715	390	519	559	389	822	639	907	253	523	51.4	20.5
2004-2006年	20-24歳	男子(注)	1704	1033**	920	783	424**	578**	570**	405	868	730**	914	289	534	62.8	21.6
		女子	1583	960	845	718	373	533	546	360	816	671	910	266	535	51.0	20.4

(*1992-1994年とそれ以前とでは，若干計測方法が異なる項目)
(**2004-2006年と1992-1994年とでは，計測項目の定義が異なる項目)
注：2004-2006年20-24歳男子は細身のものが多かったことが報告されている.

表4.2 思春期・青年期男女の時代別計測データ増加率

計測年	年齢	性	身長	後ウエスト高	腸骨棘高	股下高	背肩幅	そで丈	頭囲	頸付け根囲	乳頭位胸囲	ウエスト囲	ヒップ囲	上腕囲	大腿囲	体重 kg	BMI
1978-1981年	12歳	男子	1.02		1.03	1.02	1.03	1.03	1.01	1.03	1.02		1.04	1.07	1.07	1.10	1.06
		女子	1.02	1.02	1.02	1.02	1.03	1.03	1.01	1.02	1.03	1.03	1.03	1.06	1.06	1.08	1.03
	20-24歳	男子	1.01		1.01	1.01	1.01	1.02	1.01	0.99	1.01		1.01	1.02	1.02	1.04	1.01
		女子	1.01	1.01	1.01	1.02	1.01	1.01	1.00	0.99	1.00	1.03	0.99	1.00	1.00	0.99	0.98
1992-1994年	12歳	男子	1.03	1.04	1.01	1.02	1.04	1.06	1.03	1.10	1.03	1.08	1.09	1.10	1.10	1.15	1.09
		女子	1.02	1.02	1.01	1.03	1.03	1.05	1.03	1.08	1.04	1.06	1.07	1.10	1.10	1.12	1.08
	20-24歳	男子	1.02	1.05	1.00	1.01	1.02	1.06	1.03	1.07	1.03	1.08	1.07	1.06	1.07	1.12	1.07
		女子	1.02	1.03	1.01	1.04	1.00	1.04	1.02	1.05	1.10	1.05	1.02	1.00	1.02	1.02	0.97
2004-2006年	20-24歳	男子	1.02		1.02	1.04				0.98	1.01		1.03	1.10	1.06	1.08	1.03
		女子	1.02		1.01	1.05				0.97	1.00		1.02	1.05	1.04	1.01	0.96

(*増加率は1966-1967年を基準とした)

など周径項目はプラスに大きく偏している．つまり，高齢者としてとくに体型的配慮が必要なのは女子であるといえる．

図4.30は，65-95歳の高齢女性65名のモアレ画像より描画した体幹部の側面シルエットより，代表的な4タイプを示したものである．背面の後彎が強い体型，腹部の前突が大きい体型などがみられる．

このようなデータは高齢者の衣服設計のありようを考えるための基礎資料として活用できる．

④ **時代的変化** 1966-1967年[25]，1978-1981年[21]，1992-1994年[15]，2004-2006年[6]の過去40年間に4回行われた日本人の体格調査を比較して，思春期初期の12歳児，青年期の20-24歳の男女の体型の時代的変化をみることにする（表4.1，表4.2参照）．2004-2006年の計測は20歳以上の成人を対象にした計測であったため，12歳については先の3回のデータの比較である．なお，これらの計測は，方法や部位が一致していないところもあり，厳密な比較はできないが，体型の時代的な変化を概括的に把握することが主な目的であるので取り上げた．

12歳では，1966-1967年から12年経過した1978-1981年の計測において，男女ともすべての項目で計測値が増大している．とくに上腕囲，大腿囲，体重は，5％以上の増大が認められる．これより14年経過した1992-1994年には，袖丈，頸付け根囲，ウエスト囲，ヒップ囲，上腕囲，大

腿囲，体重において5％以上の増大がみられる．これらの項目は，体幹部における周径と体重であり，現代における思春期初期の男女の体型は26年前よりも肥りぎみといえる．

20-24歳の青年期では，1966-1967年から12年経過した時点では，男子は頸付け根囲，女子は頸付け根囲，ヒップ囲，体重が減少し，その他の項目はわずかであるが増大している．とくに，男子の体重4％の増大は目立つ．さらに，14年経過した1992-1994年では，男子が腸骨棘高，女子が背肩幅を除いた全項目において増大がみられ，とくに男子では後ウエスト高，そで丈，頸付け根囲，ウエスト囲，ヒップ囲，上腕囲，大腿囲，体重，女子では，頸付け根囲，ウエスト囲において5％以上の著しい増加が認められる．

2004-2006年では，20-24歳男子の被験者集団が細身の者が多かったことが報告されている．これを勘案すると男女とも1992-1994年の体型とあまり差がないということができるが，男子の腸骨棘高と股下高，上腕囲，女子の股下高と上腕囲，大腿囲は増大傾向であった．

現代の青年男女の体格は大型化している．40年前よりも身長や下肢長が増加している．男子の体型は周径と体重の増加が目立ち，いわゆる肥満化の傾向，女子の体型はスリムでずん胴化の傾向がみられる．

日本人は，欧米人に比較して一般的に頭身指数が小さいといわれている．1978-1981年日本人体格調査成人多項目別計測値[21]によれば，青年男子は7.02，青年女子は6.88と示されているが，現代の20-24歳の頭身示数は，男子が7.39，女子が7.32であり，頭身示数は大きくなっている．

⑤ 姿　勢　「姿勢（posture）」は，一般に「構え（attitude）」と「体位（position）」の2つの概念に分けられる[26]．「構え」は身体の形としてとらえられ，身体各部位（頭部，体幹部，体肢部）の3次元的空間内における相対的位置関係を表し，「体位」は，身体の軸と地球の重力方向との幾何学的位置関係を表している．姿勢の形態的要因としては，脊柱の曲率，胸郭，骨盤の形，筋の発達状態などがあげられ，性別や年齢差が関係する．また，重心の位置も姿勢を規定する大きな要素である．姿勢は，日常生活行動において無数にある

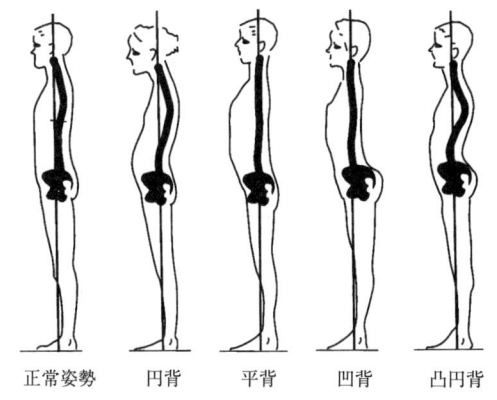

正常姿勢　円背　平背　凹背　凸円背
図4.31　姿勢の分類（スタッフルによる）

が，立位，座位，臥位に大別できる．立位とは，床や地面と主として足蹠部のみで接触して体重を支える姿勢であり，直立，歩行のほか，上肢・下肢の位置でさまざまな姿勢をつくり出している．座位は，臀部または下肢で床や椅子の座面と接触して体重を保持する姿勢であり，床に直接座る姿勢と椅子に腰掛けた姿勢との区別を明確にするため，前者を平座位，後者を椅座位ということがある．臥位は頭部，体幹部および体肢部などを床に接して保持する姿勢であり，仰臥，側臥，伏臥がある．姿勢は，空間内における身体の状態によっても分類され，静止した状態を静的姿勢，歩行などのような動的な状態を動的姿勢という．

一般的によい姿勢の基準は，力学的に安定し，疲労しない，健康的で，心理的にも安定し，外観が美しいこととされている[26]．（社）人間生活工学研究センターによる計測マニュアル[27]では立位について，「左右の踵を合わせ，足先を30°内外開く．自然なリラックスした安定姿勢を保つことが重要である．背筋と膝は正しく伸ばし，上肢を自然に下垂する．肩に力を入れてはいけない．頭部は正しく前方に向け，耳眼水平を保つ」と定義している．これも，よい姿勢の判断基準になる．

図4.31はスタッフルによる脊柱の形態による姿勢分類を示したものである（Staffel, 1889）[28]．正常姿勢と病的姿勢の中間にあるものを不良姿勢として，円背，平背，凹背，凸円背の4つに分類している．

乳児期における姿勢発達は，仰臥位や腹臥位からはいはい，つかまり立ちを経て立位基本姿勢に成長していく．成人の脊柱にはいくつかの彎曲が

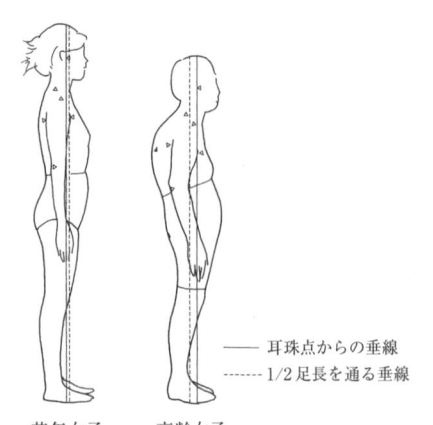

図4.32 若年女子と高齢女子の姿勢比較

――― 耳珠点からの垂線
------- 1/2足長を通る垂線

若年女子　高齢女子

認められるが、これは成長とともに形成される．

図4.32は若年女子と高齢女子の姿勢を比較したものである．図4.30で高齢女性の体幹部シルエットの特徴に触れたが、高齢者の姿勢は、胸椎の後彎が増大して円背になり、腰椎の前彎が減少し、脊柱の前傾度が増加する．また、立位時の股関節，膝関節の屈曲角度が若年者に比較して大きくなる．重心線をみると、若年女子では、耳珠点を通る垂直線が足長を2等分する垂直線（外果の約2cm前方）に近似であるが、高齢女子では、足先から1/3のあたりに位置し、前方に傾いていることを示している．

アパレル設計では、正常姿勢に対する屈身体、反身体の概念でとらえられている．屈身体とは、前かがみ姿勢で、背部と下腹部が出て、胸部と臀部が扁平な体型をいう．衣服パターン設計では、後面において背幅を広くし、背丈を長くし、肩甲骨最突点からウエストまでのダーツと肩ダーツの量を多くとる必要がある．反身体とは、胸部と臀部が突出し、背部と腹部が扁平な体型をいう．衣服パターンでは、胸幅を広く、背幅を狭く、前丈を長く、背丈を短くする設計が必要となる．

3）動作と体型変化

人間のさまざまな動作に応じて体型は変化する．アパレルは第2の皮膚といわれるように、とくに、皮膚表面の伸展方向・形状・量をとらえることが重要である．それは、アパレル設計において、ゆとりの量と設定位置の決め手となるからである．具体的には、アパレル構造と関わりの深い動作時の体表面変化を考察する必要がある．動作による体型変化は、静止時に対する形と量として把握する必要がある．また、筋収縮に伴う変形と骨の変移の確認、皮下脂肪の移動や皮膚とのずれ量など、生理的なメカニズムに立脚した解明が大切である．

①上半身　図4.33は、肩関節運動によって変化する体表をモアレ法でみたものである．上肢挙上動作における体表レリーフ変化は、多少の影響がみられるものの、胴位囲を境として上下それぞれ独立した動きをしていることが観察される．したがって、上下を分離して体表変化の状況を把握すればよいと考えられる．こうした動作による体表変化の量は、動作別、個体別に異なるが、変形部位には共通性がある．体幹上部において、前面では乳房部の位置変化と前腋点位の伸展が最も大きく、後面では肩甲骨の変移と後腋点位の伸展と肩部の収縮が著しい．側面では腋窩部の丈方向の伸展がきわめて大きい．つまり、上肢挙上動作では、アパレルの前・後面の腕付け根点周辺における幅方向へのゆとりと腋窩部の開きに対するゆとりが最も多く必要である．それと同時に、アパレ

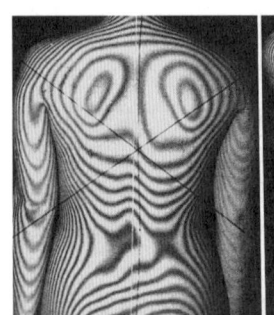

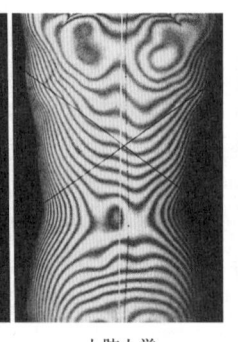

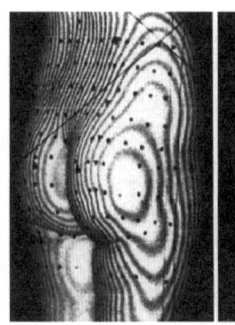

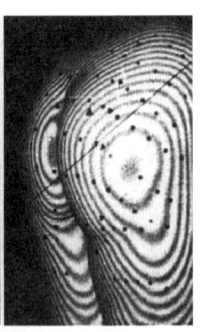

静止　　上肢前挙　　上肢上挙

図4.33 上肢挙上による体表面変化

静止　　前屈

図4.34 下肢動作による体表面変化

ル設計では，腋窩の著しい伸展に対応できる袖の形とゆとり量を見出さなければならない．

②下半身　胴囲位より下部の動作，とくに股関節・膝関節を中心とした動作による影響は，腰・腹部・臀部・大腿部・下腿部の領域にわたる．お辞儀をしたり，下にある物を取ったりするときにみられる前屈運動は，とくに臀部下縁にある臀溝の上下方向への伸展によるものである（図4.34）．したがって，体表に密着したパンツの設計では，この臀溝の開きに適応できるゆとりをどこにどれだけ入れるかが，動作的性能を左右することになる．

4.3　動きやすさとアパレル

私たちは日常生活の中で動作を営んでおり，それによって体型は常に変化している．体型の変化にアパレルが追随できない場合，圧迫・拘束によって着心地が妨げられ，生理的影響がおよぶとともに，アパレルにしわが生じ，外観を損なうこともある．

4.3.1　動作・運動に適応したアパレルの条件

動作や運動による体型の変化にアパレルが追随する方法は以下の3とおりである．
・アパレルがずれてカバーする（変移）
・ゆとりでカバーする（空間量）
・素材の伸びでカバーする（延伸）

これらの総和が体型変化量に達しない場合，緊縛感や拘束感が生じ，着心地が低下する．

アパレルのずれについては，人体とアパレル，あるいは，重ね着したアパレル間の摩擦が関わり，摩擦抵抗が小さいほど，アパレルはずれて動きやすいものとなる．裏地には，通常，すべりのよい素材が使用されており，摩擦抵抗の軽減につながる．また，アパレルの形態によっても，ずれる量は変化する（第7章参照）．

ゆとりは，アパレルと着用者の間に存在する空間のことである．アパレルが人体表面と同じ形・大きさということはありえない．先に述べたように，呼吸によっても胸囲寸法が変化するため，最低限，これに対するゆとりが必要であり，さらに動作・運動による体型変化への適応量を付加しな

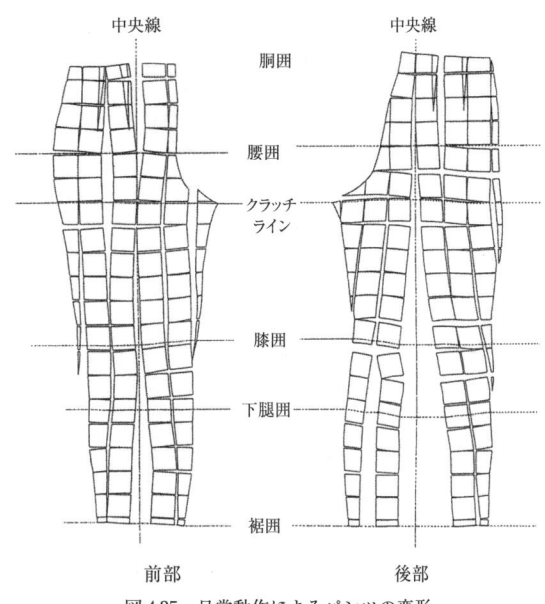

図4.35　日常動作によるパンツの変形

ければならない．

人体の中でとくに動作量が大きいのは，上肢および下肢である．下肢を包むパンツについて，あえて伸縮性の少ない素材を用いて密着型のデザインとした場合，日常動作によってどの程度のひずみが生じるのかを観察した[29]．5cmの方眼が記された布製のパンツを着用し，8時間の日常動作後，方眼の各ピースを再構成したところ，図4.35のような形状となった．各ピースのひずみにより生じた間隙が加わり，パンツは著しく変形している．とくに後部裾にかけての間隙が大きいが，これをそのままパンツのゆとりにするには，静立時での外観に問題を残すこととなる．この間隙量をウエスト部へのギャザーやタックとして取り入れるなどのデザイン上の工夫を要する．スカートのプリーツやベルスリーブなども，デザイン的要素であると同時に，ゆとりとしての働きをもつ．

デザイン上の工夫のほかに，素材の伸縮性で補うこともできる．一般的に織物よりは編物の方が，その構造上，伸縮性が大きい．また，ポリウレタン系弾性繊維（スパンデックス）は柔らかく伸び縮みし，織物でありながら伸縮性に富むストレッチ織物などに使用されている．

4.3.2　衣服圧の生理的影響

着衣による人体への拘束・圧迫を衣服圧とい

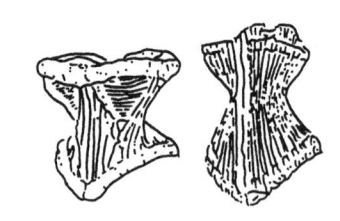

図4.36　19世紀のコルセット

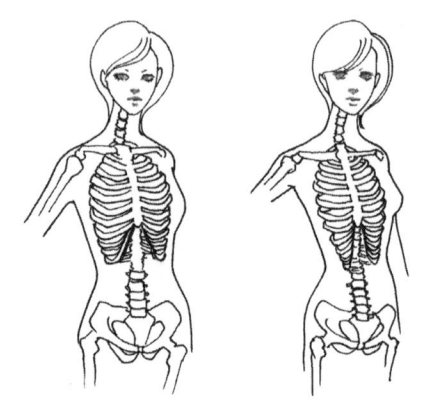

図4.37　正常な胸部（左）とコルセット着用による胸部（右）

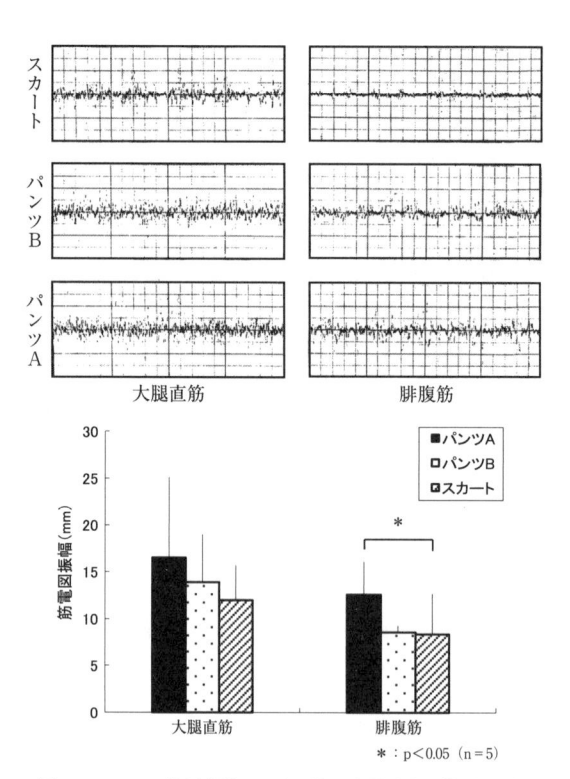

図4.38　パンツ着用実験における踏み台昇降時の筋電図振幅

う．その弊害については古くから指摘されており，図4.36に示した西洋のコルセットにその典型例をみることができる．極端にウエストを締め付けることにより，図4.37のような内臓や骨格の変形，さらには循環障害，呼吸障害等をもたらした．日本においても和服の帯圧と呼吸機能やレントゲン所見による内臓変形との関係が指摘された．近年では，ブラジャーやガードルによる同様の影響，細いジーンズによる浮腫などが問題となった．さまざまな研究により，衣服圧の身体への許容限界は，$40\,gf/cm^2$ とされてきたが，圧迫を受ける部位や面積，静止時・運動時などによっても異なる．

アパレルの拘束性を筋電図により評価した例[30]を以下に示す．図4.38は密着したパンツA，ゆとりが十分なパンツBおよび対照としてのフレアースカートを着用して，踏み台昇降を行った場合の下肢部筋肉の筋電図の結果である．密着型のパンツAでは着衣が抵抗となって筋の収縮が高まり，振幅が増大したと考えられる．このように，ゆとりが十分でない衣服着用時では，動作時の筋疲労が大となると推察される．

図4.39は，前腕部を10分間拘束した際の末梢部の皮膚温の変化である[31]．拘束側の皮膚温が低下しており，これは血流が妨げられたことによる．環境温度27℃よりも20℃においてその影響は顕著であり，もともと低環境温下では血流量が低下するため，圧迫の影響を受けやすいのである．

衣服圧の影響は，以上のような筋負担，内臓変形，血流低下などの直接的・物理的なものに加え，近年，圧受容器を介して自律神経に及ぶことが明らかにされている．たとえば，ガードルで人体を圧迫した場合，自律神経を介してノルアドレナリンが抑制されたことから，衣服圧は人体の活性化を妨げるとされている[32]．また，同じくガードルの圧迫による人体への負荷が，脳波におけるα波を抑制するという研究結果[33]もみられる（図4.40）．このように，衣服圧の影響は中枢神経系にも及んでいる．

一方，適切なストッキングの圧迫が静脈還流を促進し[34]，細身のジャケットで軽作業を行った場合，アドレナリンおよびノルアドレナリンが促進され，人体が活性化したなどの報告[35]もみられる．このように，条件によっては衣服圧が人体に効果的に作用する場合もある．

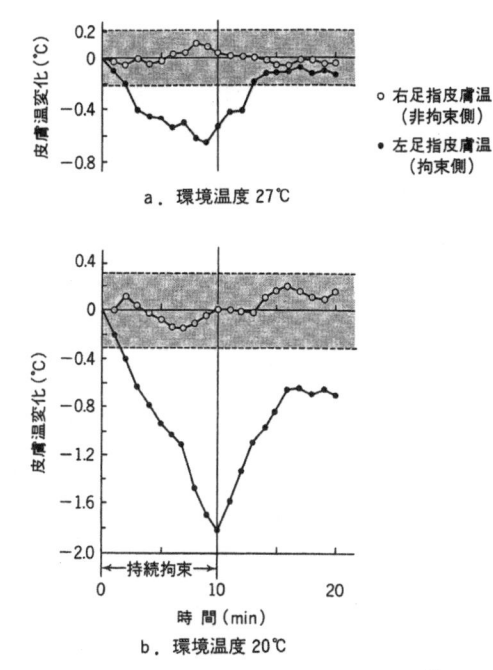

図4.39 前腕部を拘束したときの末梢部皮膚温変化[31]（破線は，基準温の標準偏差）

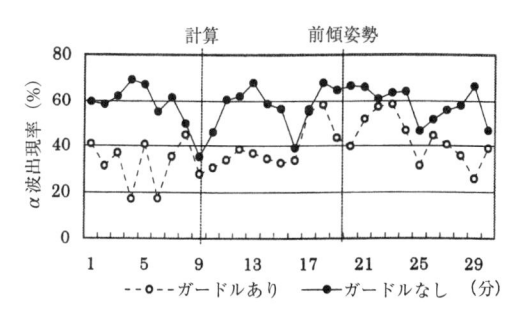

a．環境温度 27℃
b．環境温度 20℃

図4.40 ガードル着用有無による頭頂部における α 波出現率（文献[33]を訳出）

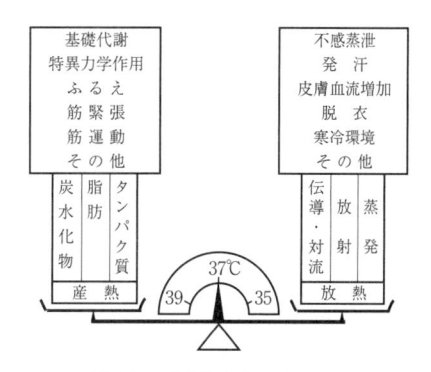

図4.41 産熱と放熱のバランス

4.4 暑さ・寒さとアパレル

人間は，温熱環境の変化に応じて体温を一定に保つ機能を備えているが，それには限界があり，環境温の変化が激しくなると，裸体では体温の調節が不十分となる．そこで，アパレルや住居などによる体温調節の必要性が生じる．近年，空調が発達しているためか，とくに若い女性の間では，季節に合わない流行がみられるようになった，たとえば寒い季節のミニスカートや薄手のスカートの着用，生足といわれる素足，暑い季節のブーツ着用などである．しかしながら，気候に適した着装は空調の必要性を最小限に抑え，地球温暖化抑制につながる．「Cool BIZ」，「Warm BIZ」の提唱は，アパレルがもつ体温調節の役割を見直そうとする動きであるとともに，あまりにデザイン優先となった衣生活に対する反省を促すものといえる．

4.4.1 人体の体温調節機能

1) 産熱と放熱のバランス

人間の体温は，ほぼ37℃の恒温に保たれている．この温度は人体内で生じるさまざまな化学反応（生命現象）に最も適しているといわれており，恒体温は健康な生活の必須条件である．

体温を維持する熱は，食物として摂取した各栄養素が体内で酸化される過程で生じ，おもに皮膚表面から放射，伝導・対流により体外へ放出される．また，皮膚表面や呼吸気道からの水分蒸発によっても放熱される．体温が一定に維持されるのは，熱の出納のバランス（図4.41）が保たれるためで，人体は，温熱環境に応じて産熱・放熱量を変化させて両者のバランスを調節している．

暑熱時には皮膚血管が拡張し，血流量の増大により皮膚温が上昇し，放射，伝導・対流による放熱が促進される．さらに発汗が起こり，蒸発によって放熱を増加させる．寒冷時には逆に，皮膚血管が収縮して放熱が抑制され，ふるえ等による産熱を増加させる．

2) 皮膚温

皮膚温は皮膚表面の温度であり，外気温との差が放射，伝導・対流による放熱量を左右する．暑熱時には上昇して放熱を促進し，寒冷時には低下して放熱を抑制する．これは皮膚血管を拡張・収縮させることによって行われる．したがって，皮

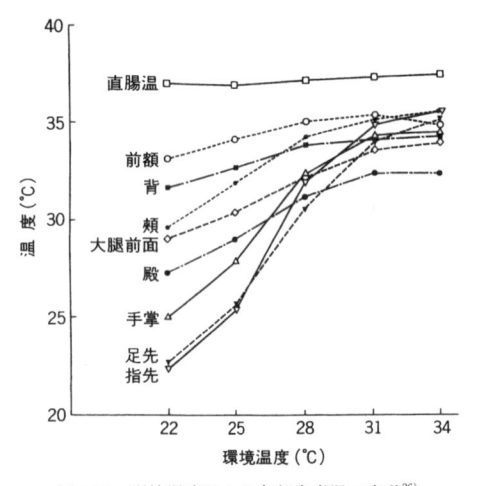

図 4.42　環境温度による各部皮膚温の変動[36]

膚温は皮膚血管状態の反映であるといえる．

　図 4.42 に示した人体各部皮膚温の変動と環境温との関係をみると，体幹部の皮膚温は変動が少ないのに対して，四肢末端部では大きく，とくに寒冷時には顕著に低下している．すなわち，放熱の調節に関わるのは主として末端部であるといえる．体幹部には重要な内臓が収められており，その恒常的な機能のために安定した温度が必要であり，また，末端部は単位体積あたりの皮膚表面積が大きいことから，皮膚温の調節が効率よく行える．

4.4.2　アパレルによる気候調節
1) 衣服気候

　人間の体温調節機能には限界があり，アパレルはこれを補うことができる．環境温に合わせて適度にアパレルを重ね，それぞれの層の温湿度を測定すると，図 4.43 に示したとおり，外界の気候とはまったく別の段階的な温度および湿度がみられる．この局所的な気候を衣服気候という．衣服気候は人間の温熱的快適感に深く関わり，図 4.44 のように衣服内の温度と湿度が作用しあってこれを左右している．快適な衣服気候とは，衣服最内層の温度が 32 ± 1℃，相対湿度 50 ± 10％，気流 25 ± 15 cm/sec で，ほとんど空気が静止している状態である．これは人間が裸体でちょうどよいと感じる気候にあたる．衣服内の相対湿度が 60％ を超えると，温度にかかわらず不快となり，逆に，温度が快適域の範囲外では，湿度にかかわら

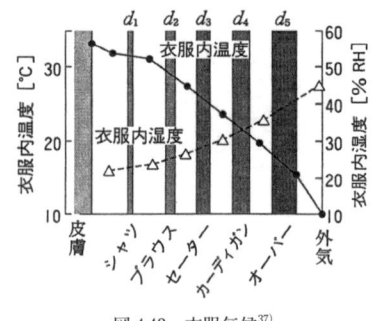

図 4.43　衣服気候[37]

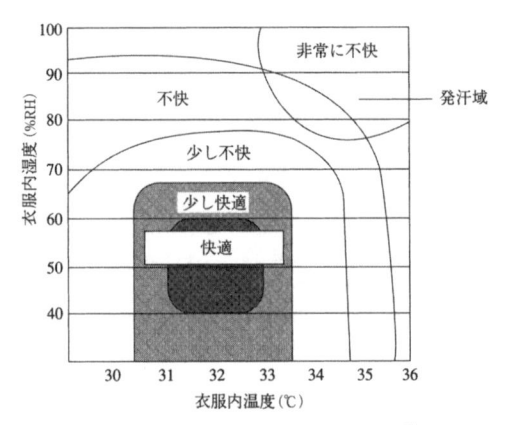

図 4.44　衣服内気候と快適さとの関係[38]

ず不快感をもたらす．温熱的な快適感を得るためには，季節に適したアパレルの組み合わせが不可欠となる．

2) 衣服気候に関わる因子

　衣服気候に関わるアパレルの条件は，素材，デザイン，着装方法である．

①アパレル素材の特性　衣服内の温度には素材の保温性が関わり，とくに，寒冷時に衣服内を暖かく保つためには，これを高める必要がある．保温性は含気性，通気性，熱伝導性などによって左右される．繊維は熱伝導率が比較的小さいが，空気はどの繊維よりも熱の不良導体であるから，含気量の大きいアパレル素材を用いると，保温性は高くなる．含気量は繊維の太さが均一なフィラメント糸より，変化のある起毛織物，添毛織物，バルキー加工糸等による織物や編物において大きい．逆に，通気性は蒸発や対流などによる放熱を促す性能であり，一般的には薄地で糸密度の粗のものは通気性能がよい．通気性が小さい素材は防風性を有する．

　衣服内の湿度には，素材の吸湿性，吸水性が大

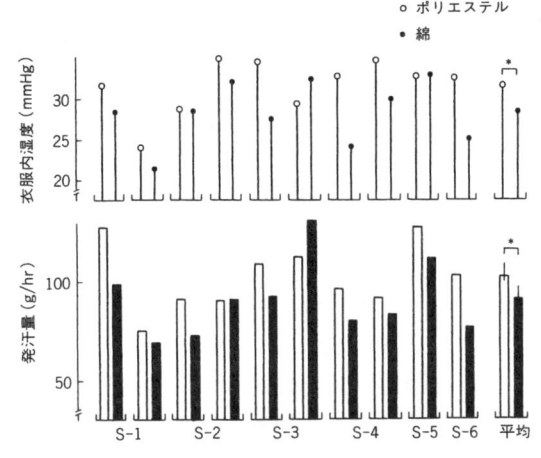

図4.45 衣服内湿度と発汗量に及ぼす素材の影響[39]

きく関わる．これらは繊維の物理的，化学的性質や布地の組織，表面形態などによる．図4.45は高温下における発汗量と衣服内湿度を，綿とポリエステルブラウス着用時で比較した例である．綿は吸湿・吸水性に優れるため汗をよく吸収し，衣服内湿度が低下している．衣服内湿度が低いと汗が蒸発しやすく，放熱に有効にはたらくため発汗量も少ない．逆に，ポリエステルでは衣服内湿度が高いため，汗が蒸発しにくい．温熱負荷が大きくなり，発汗量が増加する．湿潤感やムレ感から非常に不快であろうと推察される．

このように，発汗時には吸湿・吸水性に優れた素材が望ましいが，吸水量が一定量を超えると，衣服は肌に密着して着心地が低下するうえ，湿潤した衣服は熱の伝導度が大となり，乾燥時の3-5倍の熱量を通すといわれている．そのうえ水分蒸発の際に，熱放散の増大による保温力の低下が生じるため，体力を消耗することになり注意を要する．

最近では，「Cool BIZ」，「Warm BIZ」に対応した素材が多く開発されている．たとえば，合成繊維は一般的には吸湿・吸水性に劣るが，改質してこれらの性能を付加した吸湿・吸汗・速乾素材，接触冷感を有する素材，高通気性素材などは「Cool BIZ」対応素材である．また，繊維を中空にして保温性を高めた素材，吸湿発熱素材，遠赤外線放射素材などは「Warm BIZ」に適している．

② アパレルのデザイン・形態　アパレルによってどれだけ人体を覆うか，すなわち被覆面積はアパレルの保温性能に関わる．いうまでもなく，冬は被覆面積を大きくして保温効果を高め，夏は逆に被覆面積を小さくすべきであるが，露出面積が25%以上では露出部の面積が増加しても放熱の効果は変わらない．また，有風時には被覆面積のわずかな減少でも熱遮断性能は低下する．

えり，袖口，裾などの開口部を通じて衣服内部は外気と連なっているので，その大きさ，方向，形状および位置などは体熱の放散および保温性に影響する．たとえば，えりぐりと裾の上下の開口部については，両方を開いた場合が，最も放熱は大きく，上部のみを開く方が下部のみを開くよりはるかに大きい．これは，衣服内部で空気が暖められて比重が小となり，上方へ向かって逃げやすくなるためで，保温性を高めたい場合，えりあきの形態には注意を要する．

一方，高温多湿な気候下では，衣服内部の湿度の放散に開口部が果たす役割は大きい．逆に，湿度が低く陽射しの強い地方では，開口部を閉じ放湿を防ぐ必要がある．

③ 着装方法　適度な重ね着は空気層を形成し，保温効果を高める着装方法である．また，ウエストがしぼられていないルーズなドレスでは，着用者の動きに伴って，衣服内に対流が生じ放熱が促進されるが，ウエストにベルトを締めることにより，上半身の周囲に静止した空気層が形成され，保温効果が高まる．

3) アパレルの保温性―クロー値の提唱

身体周辺を快適な温熱条件に保つことはアパレルの基本的な役割である．先に述べたように，素材の物理的性能のみがこれに関わるのではなく，デザインや着装方法も含めた服装全体の保温力によるところが大である．Gaggeらはアパレルの保温力を表す指標としてクロー(clo)値を提唱した．1クローとは，気温21℃，相対湿度50%以下，気流10cm/secの室内で安静にしている人間が，快適で，かつ平均皮膚温を33℃に維持できるアパレルの保温力をいう．無風で中等湿度の場合，裸体で安静時の快適温度が30℃である．気温が21℃に低下した場合に，同程度の快適性を維持するために必要なアパレルの保温力が1クローということである．以下，12℃では2クロー，3℃では3クローというように，9℃の気温低下に対

表4.3 各種アパレルの組み合わせによる保温性[40]

アパレルの組み合わせ	クロー
パンティ・Tシャツ・ショートパンツ・薄地ソックス・サンダル	0.30
パンティ・ペチコート・ストッキング・袖つき薄地ドレス・サンダル	0.45
パンティ・ストッキング・半袖シャツ・スカート・サンダル	0.55
パンティ・ペチコート・ストッキング・ドレス・靴	0.70
パンティ・ペチコート・シャツ・スカート・厚手膝下ソックス・靴	0.80
パンティ・シャツ・スカート・丸首セーター・厚手膝下ソックス・靴	0.90
パンティ・シャツ・ズボン・ジャケット・ソックス・靴	1.00
パンティ・ストッキング・ブラウス・ロングスカート・ジャケット・靴	1.10
長袖長ズボン下つなぎ肌着・シャツ・ズボン・Vネックセーター・ジャケット・ソックス・靴	1.30
半袖半ズボン下つなぎ肌着・シャツ・ズボン・ベスト・ジャケット・コート・ソックス・靴	1.50

立位サーマルマネキンで測定

して1クローの保温力の衣服を重ね着すればよいこととなる．

ただし，この場合，産熱量を$50\,\mathrm{kcal/m^2/hr}$として算出されているため，産熱量の大小により，1クローのアパレル量に個人差が生じることになる．このような個人差や安静・運動など着用者の状態を考慮した種々の条件によるクロー値のデータが，サーマルマネキンを用いて測定されている．表4.3は，種々のアパレルの組み合わせによるクロー値について，サーマルマネキンを用いて測定した結果である．夏の装いを想定した組み合わせに対して，極寒に適する組み合わせでは，クロー値が5倍にも及んでいる．

4) 衣服気候と快適性

①夏を涼しく　高温多湿の日本の夏を涼しく快適に過ごすには，汗の蒸発を促進して放熱量を増加させ，衣服内湿度を低下させる工夫が求められる．具体的には，吸湿・吸水性に優れた素材を用いる，開口部を大きくとることなどがあげられる．また，衣服内の換気を促すために，ゆとりを大きく取り入れて空間をつくり，通気性のよい素材を用いる．被覆面積は小さい方が望ましいが，夏の強い陽射しを防ぐためには，逆にこれを増加させる必要性も生じる．さらに，日傘や帽子で陽射しを遮ることも効果的である．

夏のアパレル素材として，吸湿・吸水性が高いことから綿が重宝されているが，綿は速乾性に欠けるため，吸水量が多い場合は先に述べたように保温力の低下や着心地の低下を招く．とくに冷房がよく効いた場所などでの発汗時には注意を要する．このような場合，吸湿・吸水・速乾性の素材が有効である．

②冬を暖かく　冬を暖かく過ごすには，熱伝導度が小さいもので体を包むことが効果的である．アパレル素材である繊維自体も熱伝導率が低いが，空気はさらに小さい．したがって空気を着ることが暖かく着る秘訣であり，含気性のある素材を用いる，重ね着をする，開口部を閉じるなどの工夫があげられる．

暖かく着るための効果的な重ね着として，密度が粗い素材を用いた衣服を下に，密度が大きく通気性が小さいものを上に重ねる方法があげられ，より保温力を高めることができる．下に用いた素材の間隙に空気が閉じ込められるのである．

熱伝導度の低い空気層を多く着ることは保温力を高めるが，多すぎると空気の対流が生じることから効果が減少する．無風時に保温力が最大となる空気層の厚みは$8-15\,\mathrm{mm}$である．有風時には，風速が増すに従って空気層の最適な厚みは減少する．

遠赤外線放射素材や吸湿発熱素材の下着なども効果的である．

5. アパレルデザイン

アパレルの構成には種々の要素があるが，デザインの過程では，まずつくろうとするアパレルの目的，用途を考え，着用する人，場所，時期，生活環境などによる要件を検討する．次に単体としてのアパレルのみならず，人が着用した場合も考えて，機能性と審美性の両面を考え合わせた形態および色彩の設計が必要である．

そのためにはアパレルデザインと構成に関わる形態や色彩の基礎を十分把握し，それらを応用し，着用者の個性や体型を活かし，さらに流行も加味しながら美的に構成したいものである．

5.1 形態の表現

アパレルの形態は，色彩とともに非常に重要な意味をもつ．アパレル構成の基盤は造形であり，形態をいかに創造するかが重要であるが，それには形態がもつそれぞれの特性や美しさの原理を知る必要がある．

5.1.1 アパレルの形態

アパレルの形態に関わる名称には，衣服製作時に使われるものや着装した状態におけるものがある．図5.1にシャツ，ジャケット，スカートの主な部位の名称を示した．

1) 服装のシルエット（silhouette）

シルエットは，本来，影絵・輪郭などを意味するが，服飾用語としては部分的な特徴ではなく，全体的な特徴としての衣服の形態，輪郭線，立体的なアウトラインあるいは外形のことをいう．

①服装のシルエット・ライン　着装した服装の形態を最も端的に表現するのがシルエット・ラインである．図5.2に代表的な服装のシルエット・ラインを示した．上段は直線的なラインのもので，下段は曲線的なラインである．

シルエット・ラインは，ショルダーライン，ウエストライン，ヘムラインのそれぞれの幅と位置およびサイドライン（わき線）によってほとんど決定する．また，その名称の由来は，歴史服，特殊服，形状，縫製方法などからきている．

②スカート（skirt）の形態　スカートは下半身を覆う腰衣のことをいうが，コートやドレス等で

図5.1　主な部位の名称

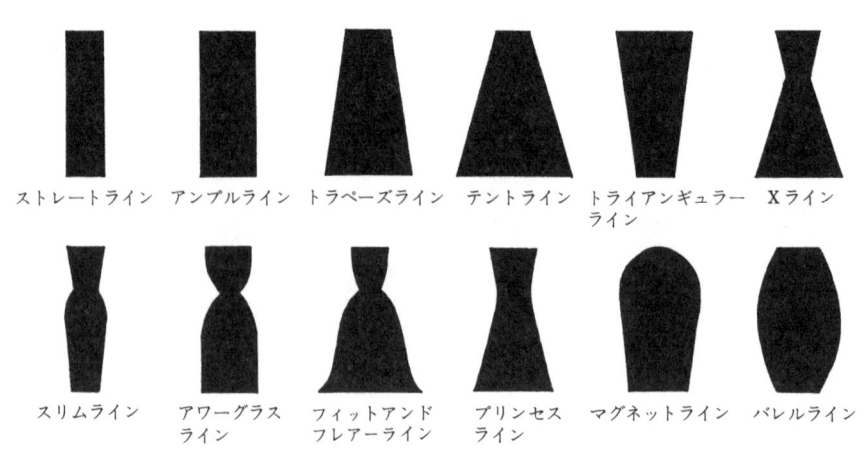

ストレートライン　アンブルライン　トラペーズライン　テントライン　トライアンギュラーライン　Xライン

スリムライン　アワーグラスライン　フィットアンドフレアーライン　プリンセスライン　マグネットライン　バレルライン

図5.2　服装のシルエット・ライン

もウエストから下の部分についてはスカートという場合もある．スカートにはミニスカート，ロングスカートなど丈による呼び名や，イブニングスカート，ライディングスカートなど目的や用途による呼び名もあるが，形態による名称を図5.3に示した．図の上段に基本のシルエットを示し，下段にギャザー，プリーツ，切替え線などの手法を用いて，シルエットを変化させたものを示した．

スカートは，形が単純なうえに上衣に比べて体積が大きいことから，とくに腰部や下肢の欠点が目立ちやすいので，デザイン，材質，ゆとり，丈などに注意が必要である．

③パンツ(pants)の形態　　パンツは両脚を別々に包む形の下衣であり，アメリカではパンタルーン（pantaloon）の略語として用い，ズボンのことを指す．日本では下着のパンツと混同されることもあったが，1970年代後半ごろからはズボンを指す言葉として用いられている．イギリスではト

タイトスカート　セミタイトスカート　ソフトプリーツスカート　フレアースカート　トランペットスカート

ペッグドスカート　インバーティドプリーツスカート　ギャザースカート　サーキュラースカート　エスカルゴスカート

バルーンスカート　ゴアードスカート　ダーンドルスカート　アコーディオンプリーツスカート　ティアードスカート

図5.3　スカートの形態による名称

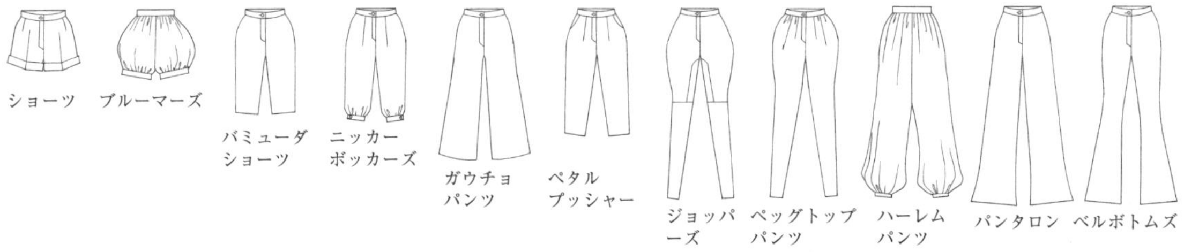

図5.4 パンツの形態による名称

ショーツ　ブルーマーズ　バミューダショーツ　ニッカーボッカーズ　ガウチョパンツ　ペタルプッシャー　ジョッパーズ　ペッグトップパンツ　ハーレムパンツ　パンタロン　ベルボトムズ

ラウザーズ，フランスではパンタロンという．パンツは図5.4に示すように，丈，裾幅，わき線の形状によって形がほぼ決まってしまうので，それらがわずかに異なるだけでイメージが大きく違ってくることに留意したい．

2) ディテール(detail)

シルエットが服装の外郭線を表すのに対してディテールは細部を表す言葉である．アパレルデザインにおいては，切替え線やダーツ等の細かい構成までをいうが，ここでは構成要素として重要なネックライン，カラー，スリーブを取り上げる．

①ネックライン(neck line)　ネックラインはえりぐり線を総称する言葉であり，くびに沿ったもの，沿わないもの，くりの大きいもの，小さいもの，形状が丸のもの，角のもの，その他特殊な形をしているものがあり，それぞれ異なった呼び方をしている．図5.5に代表的なラインをあげたが，最も基本的なものは，頸付け根線に沿ったラウンドネックラインである．

②カラー(collar)　カラーは，洋服のえりの総称であり，フランス語ではコル (col) と呼ぶ．ネックラインにつけられた衣服の一部分であり，構造的な分類としては表5.1のように，スタンドカラー，スタンドアンドフォールカラー，ロールカラー，フラットカラーに分けられる．

スタンドカラーは，ロールカラーのように折り返ったえりに対して，立っているえりを指す．また，立ったえりが帯のように見えることからバンドカラーともいわれている．スタンドアンドフォールカラーは，ワイシャツなどにみられるように台えりの付いたシャツカラー，または台えりと一続きに裁断されたカラーを指す．ロールカラーは，くびの周囲に沿って巻きつくように立つえりの総称であり，えり腰（立ち上がり分）のあるものをいう．なお，テーラードカラーなどの下段のカラーは，前面で身頃の一部が折り返った構成となっており，上段のカラーとパターン形状は異なる（第7章参照）．フラットカラーは，ロールカラーに対する呼び名で，平らな感じのえりを指す．したがって，えり腰がほとんどなく，えり付線から直接折り返っているため，くびにまとわり付かず，子供服や夏のドレスなどに適している．

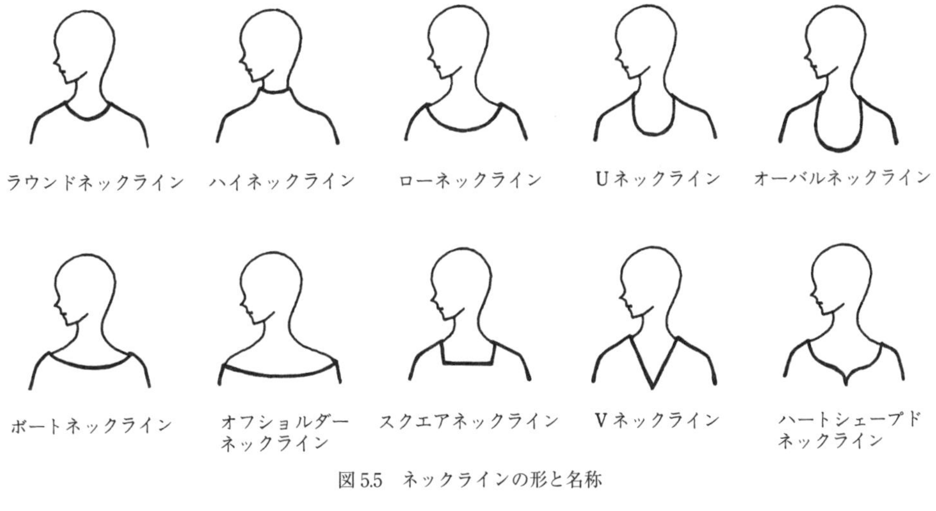

ラウンドネックライン　ハイネックライン　ローネックライン　Uネックライン　オーバルネックライン

ボートネックライン　オフショルダーネックライン　スクエアネックライン　Vネックライン　ハートシェープドネックライン

図5.5 ネックラインの形と名称

表5.1　カラーの種類と名称

分類	代表的なカラー			
スタンドカラー (stand collar)	バンドカラー	オフィサーカラー	チャイニーズカラー	タートルネックカラー
	シングルカラー	スタンドアウェイカラー	ボーカラー	チンカラー
スタンドアンド フォールカラー (stand and fall collar)	台えり付シャツカラー （ショートポイント）	（ロングポイント）	（ワイドスプレッド）	（ボタンダウン）
ロールカラー (roll collar)	ショールカラー	ポロカラー	コンバーティブルカラー	
	オブロングカラー　オープンカラー　ヘチマカラー		テーラードカラー （ノッチドラペル）	（ピークドラペル）
フラットカラー (flat collar)	ピーターパンカラー	ピューリタンカラー	セーラーカラー	ケープカラー

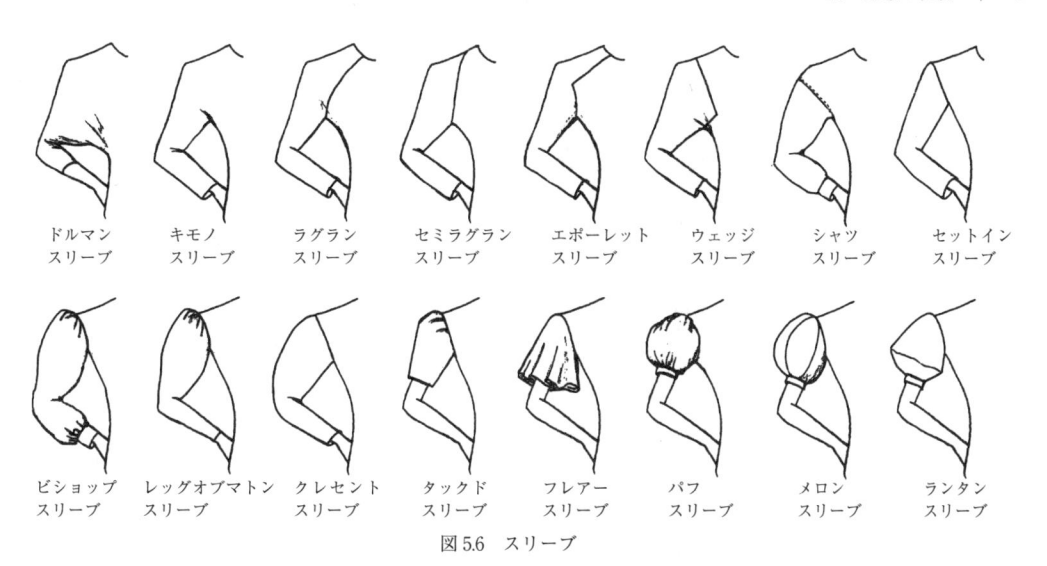

図5.6 スリーブ

（上段）ドルマンスリーブ、キモノスリーブ、ラグランスリーブ、セミラグランスリーブ、エポーレットスリーブ、ウェッジスリーブ、シャツスリーブ、セットインスリーブ

（下段）ビショップスリーブ、レッグオブマトンスリーブ、クレセントスリーブ、タックドスリーブ、フレアースリーブ、パフスリーブ、メロンスリーブ、ランタンスリーブ

③ **スリーブ**（sleeve） スリーブは，腕を通したり包んだりする部分の総称であり，一般的に袖を指す．しかし単に腕を覆うだけでなく，衣服の外観上からも目立つ箇所であるため，装飾的なものもあり，さまざまな形態がある．図5.6に代表的なスリーブを示したが，身頃から続いて裁ち出されるドルマンスリーブ，キモノスリーブ，ラグランスリーブから人体アームサイライン上に付けられるセットインスリーブまで，袖付けの位置や形態によって分類される．さらに，これらの袖のデザイン展開については第7章で詳しく説明するが，図の下段に示した袖は，袖自体の形状によって，さまざまな名称が付けられたものである．

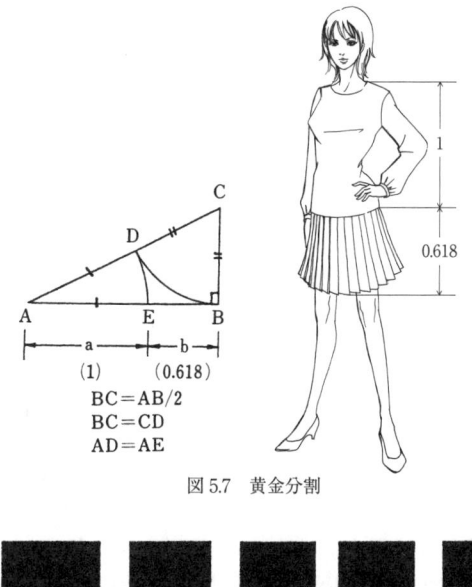

$BC = AB/2$
$BC = CD$
$AD = AE$

図5.7 黄金分割

図5.8 基本矩形 （√2矩形、黄金矩形、プラトーの矩形、√3矩形、√5矩形）

5.1.2 形態の美的因子
1）プロポーション（proportion）

美の要素としてのプロポーションは部分と部分，あるいは部分と全体の長さや面積，体積が美的である割合をいう．その代表的な比例寸法として黄金比があげられる．図5.7に黄金分割の求め方およびデザインへの応用例を示した．黄金分割とは，ある寸法を大小2分割するときの最も美しい比率といわれており，大と小の部分の比が全体と大の部分の比に等しくなる分割方法で，その比率は1.618および0.618である．また，図5.8に縦横の美しい比率として代表的な矩形を示した．しかし，アパレルに応用する場合，これらのプロポーションさえ用いれば，必ず美しいデザインになるわけではないので原則を理解したうえで上手に利用することが大切である．

2）バランス（balance）

2つ以上の量や質があるとき，相互の釣合いを考えることをバランスという．バランスにはフォーマルバランスとインフォーマルバランスがあり，フォーマルバランスの代表的なものがシンメ

図5.9 アシンメトリーバランスの例（2011−2012 秋冬コレクション〔ジャンフランコ・フェレ〕）

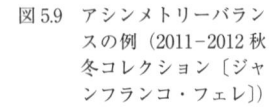

図5.10 リズムの例（2011−2012 秋冬コレクション〔マーク・ジェイコブス〕）

トリーである．人体がほぼ左右対称であるため，アパレルもフォーマルバランスのものが多く，端正なイメージを与える．

インフォーマルバランスは図5.9[1]のようにアシンメトリーなものをいい，流動的で現代的な感じを与える．また，和服の柄などもインフォーマルバランスの構成の代表的なものである．

3）リズム（rhythm）

造形上でのリズムは，視線誘導などの視覚的な効果を生む．秩序ある運動感を出すことにより，アパレルに動的な動きを盛り込むことができる．リズムは図5.10[2]のように配列の繰り返しによって生まれるものであり，視線がスムーズに動くようにデザインすることが重要である．

5.2 色彩の表現

私たちは，多種多様な色彩に囲まれて生活しており，常に色を感じることができるが，これらの色は人に対して心理的あるいは生理的な影響をおよぼす力をもっているため，それらの性質を理解して，アパレルに活用したいものである．

アパレルの色彩は，照明光の反射や透過によって生ずる色であるため周りの環境によって違った色に見える．また，肌の色や髪の色なども個人差があるので，配色の基本を十分知ったうえで，効果的にカラーコーディネートする必要がある．

5.2.1 色の表示

私たちは，日常の会話では赤や青といった色名を使用して色を伝達する場合が多いが，色名のみでは正確な色彩の伝達は難しい．アパレルの分野においても配色計画や色彩調査，さらに流行色の採用などには，ある程度色を正確に表したり，記録したりすることが必要である．

色彩は，色みをもつ有彩色と，色みのない白，黒，灰などの無彩色がある．有彩色は，色相，明度，彩度といった三属性[3]があり，無彩色は明度のみをもつ．表色系はこれらの三属性をどのように表すかによって異なり，マンセル表色系，オストワルト表色系，また，色見本としてPANTONEやDICカラーガイドなど実用的で正確な表色系も多数提案されているが，ここではアパレル関係で多く用いられている日本色研配色体系を取り上げて説明する．

日本色研配色体系（PCCS, Practical Color Coordinate System）は，1964年に日本色彩研究所が発表したシステムで，実際の配色に使いやすいように整理されているため，配色計画や調査などに多く用いられている．

図5.11に示すように，色相は，物理的3原色と心理的3原色を含む24色相に分割し，赤から順に色相番号（1−24）を与えている．また，明度と彩度を合わせて図に示すようなトーンで表す方法を採用しており，形容詞での表現であることから一般の人にも色をイメージしやすい．

5.2.2 色の性質と働き

1）大きさ感と進出・後退

同じ大きさであっても色彩によって実際より大きく見えたり，小さく見えたり，また手前に見えたり，引っ込んで見えたりする．これは色の波長が異なるために起こるもので，暖色系の色は進出して見え，寒色系の色は後退して見える．また，進出色は大きく見え，後退色は小さく見えるが，多くの研究から大きさ感には明度が大きく関与し，高明度の色が大きく見えることが明らかになっている．したがって背景色との関係もあるが，

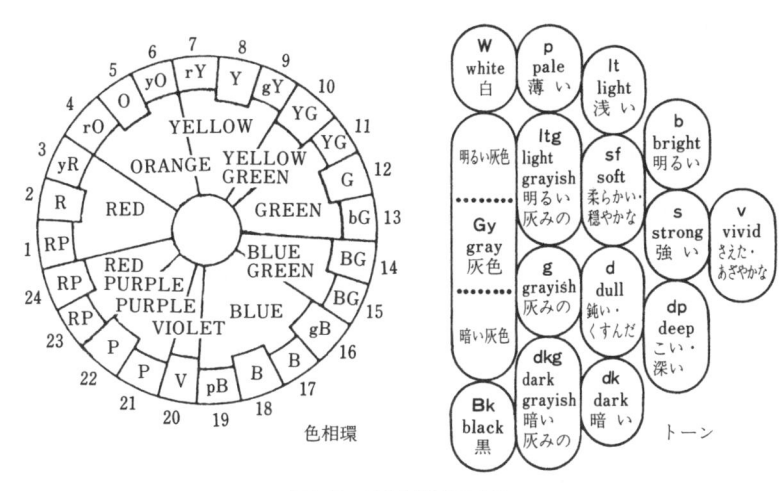

図 5.11　日本色研配色体系

一般的には暗い色の衣服の方が明るい色よりほっそり見えるといえる.

2) 重さ感

実際は,色には重さはないが,見かけ上は重さを感じさせる.色相・彩度の影響は少なく,明度が大きく影響する.軽快さを感じさせるためには明るい色を,重厚さを感じさせるためには暗い色を用いるのが一般的である.服装色においてもトップスに明るい色を,ボトムスに暗い色を用いると安定感を得ることができる.

3) 暖かさ感

色には温度感覚があり,暖色,寒色,中性色の3つに分けることができる.色相環(図 5.11)において赤から橙(色相番号 1-6)までを暖色,青緑から青紫まで(色相番号 13-19)を寒色,その間の色を中性色としている.また,無彩色にも暖かさ感はあり,白や明るい灰色は寒色,黒や暗い灰色は暖色といえる[4].

アパレルの温度感は,素材だけでなく視覚的には色彩も影響するので,とくにクールビズやウォームビズでは服装色の配慮も必要である.

4) 派手・地味感

色の派手・地味感には彩度が影響し,彩度の高いあざやかな色は派手,彩度の低い灰みがかった色は地味と感じられる.派手な色には躍動感があり,スポーツのユニフォームや子供服に,地味な色は落ち着いた服装に適している.

5) 対比現象と同化現象

私たちが色を見る場合,1色のみが目に入ることはほとんどまれで,常に同時に複数の色彩が目に入る.これらの色が互いに影響し合って,実際の色と違って見える現象がある.ここでは代表的な現象として対比現象と同化現象を取り上げる.

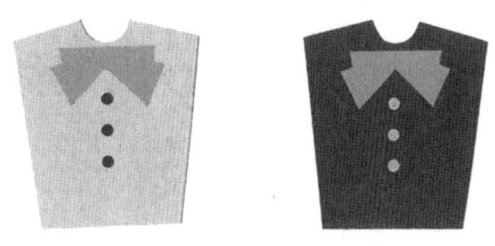

図 5.12　明度対比

①色相対比　背景に色相の異なる色を配置すると中の色の色相がずれたように感じる現象が起きる.この現象を色相対比という.色相対比は背景色の補色(図 5.11 の色相環の向かい合った色相)が残像として中の色に加法混色されたように見える現象である.たとえば黄を赤の背景に置いた場合,背景である赤の補色の緑が黄に混色され,黄の色相が黄緑にずれて見える.

②明度対比　図 5.12 のリボンの色はまったく同じ色である.しかし,白の中に位置する灰色はやや暗く,黒の中の灰色は同じ灰色でもやや明るく見える.このように同じ色でも背景色の影響で実際の色より明るく見えたり,暗く見えたりする現象を明度対比という.服装では暗い色の服装の方が明るい色の服装より顔色が明るく見える.

③彩度対比　同じ色でも背景の色の彩度が高いと中の色はくすんで見え,彩度の低い背景の中で

図 5.13　同化現象

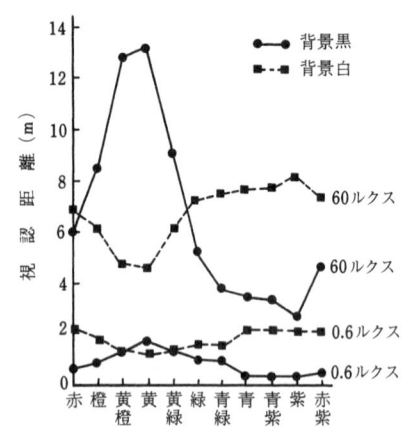

図 5.14　表面色の視認性

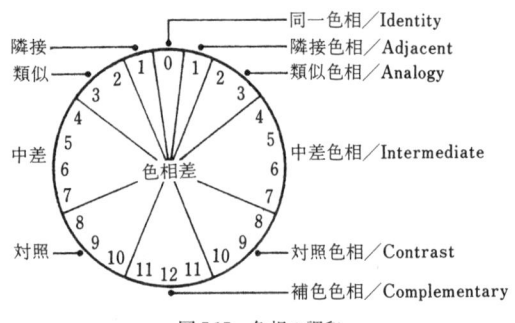

図 5.15　色相の調和

はあざやかに見える．このように背景色の彩度の影響であざやかさが異なって見えることを彩度対比という．したがって，顔色の悪い人が顔面近くに高彩度の色を配すると，顔色はさらにくすんで見える場合があるので配慮が必要である．

④同化現象　対比現象とは逆に，背景の色彩とそこに配置された色彩が同化して見える現象を同化現象という．図 5.13 では，黒の格子の灰色は，白の格子の灰色より暗く見える．このように細かい模様や，細い線で囲まれた場合，また色相がかなり近い場合に同化現象は生じやすい．服装ではチュールレースやメッシュなどは背景色が線や糸の色に近づいて見えることが多い．

6）視認性と誘目性

視認性は，見ている方向における対象そのものの存在の発見しやすさ，認めやすさをいう．図 5.14[5)]は，照度 60 ルクスと 0.6 ルクスの条件で背景が黒の場合と白の場合の視認距離を測定したものである．どの照度においても背景が黒の場合は，黄や黄橙が視認されやすいが，背景が白になると逆に紫や青紫の方が見えやすいという結果が得られており，背景との明度差が大きいことが視認性を高めるといえる．

一方，誘目性には多分に心理的要素が含まれ，十分視認できる距離での色の目立ちを意味する．視認性とは異なり，背景が白の場合も，黒の場合も黄赤・赤・黄などが目立つ．これらの結果は，子供や老人を交通事故から守るという意味においてアパレルにも役立てたい性質である．

5.2.3　色彩の調和と配色

配色の良否の判断は個人の嗜好によって異なるが，多くの人が好感をもつ配色が調和しているといえる．色彩調和の理論は多くの研究者によって報告されているが，ここでは PCCS のカラーハーモニックチャートについて説明する．

1）2色配色

2色配色における色相の調和は，図 5.15 に示すように色相環上で近くに位置するか，遠くに位置するかによって配色の分類を行っている．同一色相の配色調和とは，たとえば明るい赤と暗い赤の組み合わせのように同じ色相の配色をいう．したがって，色相は同じであるためトーンの変化によって配色が決まり，トーンの近いものを組み合わせたカマイユ配色やトーンの離れた組み合わせのトーン・オン・トーンも同一色相の色彩調和といえる．色相差 1-3 の類似色相の配色も調和し，その中で色相差 1 の組み合わせを隣接色相，色相差 2-3 を類似色相と呼んでいる．また，色相差 4-7 は中差色相で曖昧であるため調和しにくい領域である．色相差 8-12 は対照色相でよく調和し，とくに色相差 11-12 は補色色相として，活発な，派手なイメージがあるため，目立つ配色に用いられる．

また，図 5.16 にトーンの組み合わせを示した

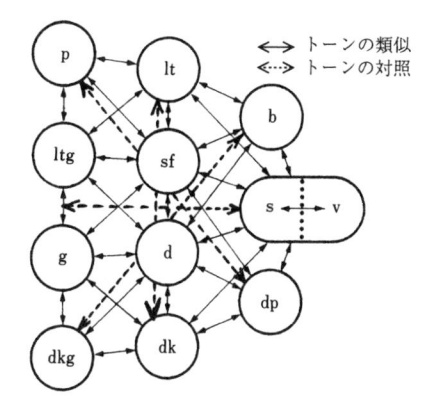

図 5.16 トーンの調和

↔ トーンの類似
⇠⇢ トーンの対照

が，色相と同様に同一のトーン，および実線で示した類似のトーン，破線で示した対照のトーンが調和しやすいといわれている．実際に服装色に応用する場合は，色相が同一または類似の関係にある配色では，トーンに変化をもたせ，色相が対照の関係にある場合はトーンを同系や類似にして統一を図るとよい．

2) 3色配色・4色配色の基本

表 5.2 に 3 色配色および 4 色配色の色相における基本構成を示した．古くから色彩調和論では幾何学的に説明のつく形にすると調和しやすいといわれており，図に示したような色相環上の各点をとることによって調和した配色が得られやすい．たとえば同一色相の構成のドミナントカラー，トーン・オン・トーン，グラデーション，同一トーンのドミナントトーン，トーンの近いトーン・イン・トーン，明快なトリコロールカラーなどさまざまな調和配色があげられる．

表 5.2 3色配色・4色配色の基本構成

構　成	3色配色	4色配色
等　色　相		
1色のみ異色相 残りは等色相		
2色ずつ等色相		
等　間　隔		
2対が類似色相 (等間隔)		
2対が対照色相 残りが類似色相		
2対が対照色相 (等間隔)		

（円は日本色研配色体系における色相環）

3) 嗜好色

色彩の好みは，その生活環境や文化が大きく関わっているが，表 5.3 に国別の嗜好色と，スーツ，セーターにおける着用頻度の高い色彩について千々岩が調査した結果[6]を示した．嗜好色では

表 5.3　国別嗜好色およびスーツ・セーターの着用色（女性）

国　名	嗜好色 1位	スーツ 1位	スーツ 2位	スーツ 3位	セーター 1位	セーター 2位	セーター 3位
東日本	さえた青紫	黒	灰色	暗い青紫	黒	白	灰色
西日本	さえた青紫	黒	灰色	暗い青紫	黒	白	明るい灰色
中国	白	黒	明るいオレンジ	暗いオレンジ	白	さえた赤	黒
韓国	さえた青紫	黒	暗いオレンジ	灰色	暗い青紫	白	黒
アメリカ	さえた青紫	黒	暗い青紫	暗いオレンジ	黒	さえた赤	暗い青紫
カナダ	さえた青紫	黒	暗い青紫	暗いオレンジ	黒	さえた赤	暗い青紫
オーストラリア	さえた青紫	黒	暗い青紫	灰色	黒	暗い赤紫	暗い青紫
ロシア	黒	黒	灰色	明るいオレンジ	黒	明るいオレンジ	ごくうすいオレンジ
ドイツ	さえた青紫	黒	暗い青紫	暗い青	黒	さえた青紫	さえたオレンジ
フランス	さえた青紫	黒	灰色	暗いオレンジ	黒	さえた赤	さえたオレンジ
イタリア	さえた赤	黒	灰色	暗い青紫	黒	暗い青紫	灰色

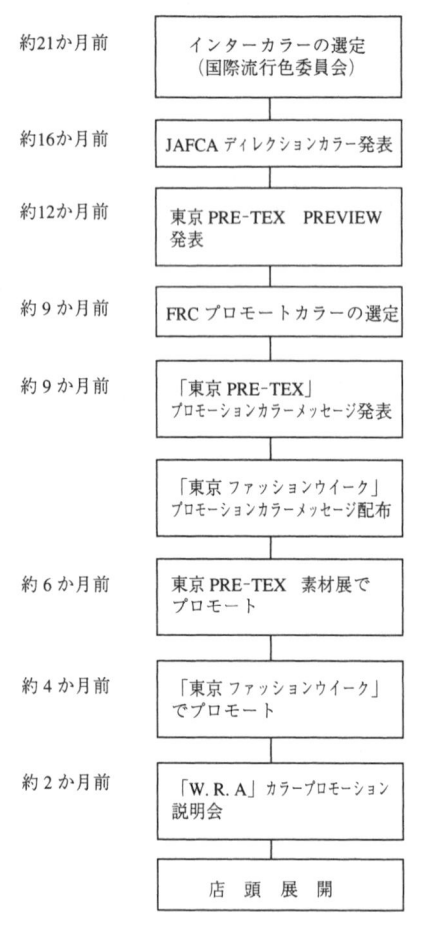

図5.17 アパレルメーカーのカラープロモーション例

約21か月前　インターカラーの選定（国際流行色委員会）
約16か月前　JAFCA ディレクションカラー発表
約12か月前　東京 PRE-TEX PREVIEW 発表
約9か月前　FRC プロモートカラーの選定
約9か月前　「東京 PRE-TEX」プロモーションカラーメッセージ発表
　　　　　　「東京 ファッションウイーク」プロモーションカラーメッセージ配布
約6か月前　東京 PRE-TEX 素材展でプロモート
約4か月前　「東京 ファッションウイーク」でプロモート
約2か月前　「W.R.A」カラープロモーション説明会
　　　　　　店頭展開

表5.4 顔型とネックライン

顔型	調和するネック	調和しないネック
丸		
四角		
菱形		
縦長		

さえた青紫が最も多いが，スーツ，セーターでは世界的に黒が多く着用されており，必ずしも嗜好色が着用されるとは限らない．

4) 流行色

アパレルの色彩は，嗜好色だけでなく，流行色という形で世界的にファッション業界全体を巻き込み，シーズンごとにプロモートされる．図5.17にアパレルメーカーのカラープロモーションの例を示した．先シーズンに向けた最初の流行色情報は約24-18か月前に国際流行色委員会によってインターカラー決定色が発表される．このインターカラーをうけて，日本流行色協会により，日本のファッション市場状況を踏まえて選定された流行予測色が「JAFCA ディレクションカラー」として発表される．この後，種々の予測情報が流され，展示会やショーが国内外で展開され，最終的にわれわれ消費者の手元に届けられる．

5.3 身体因子とアパレルデザイン

アパレルは人が着用するものであり，いかにデザインが優れていても，一般的にはその価値は着装者に適合してはじめて評価される．したがって，アパレルデザインの要件としては着装者のもっている諸因子を理解し，その中で長所を伸ばし，欠点を隠し，より美的に見せることが重要である．ここでは顔および体型の諸因子とデザインとの関係について取り上げる．

5.3.1 顔の因子とデザイン

1) 顔型とネックライン

若い女性の顔面を測定し，顔型の分類を行い，種々のネックラインおよびカラーとの適合度についての官能検査を行った結果を表5.4に示した．顔型だけでなく，くびの長さや太さの影響もあるが，ネックラインやカラーは衣服の中で最も顔面に近いディテールであるので，着用者の顔を引き立てるデザインを選択したいものである．

2) 顔のイメージと服装色

私たちは，よく服装の色が似合うとか似合わないとか口にするが，それらは顔面の形態や顔色に服装色が調和しているかどうかの評価である．表5.5に若い女性の顔面の各部分を測定し，顔面の

表 5.5　顔面のイメージと服装色

顔面の評価	顔面の形態因子	調和しやすい服装色
強い	眉角度大・眼角度大・眼の面積大	高彩度・低明度の色
弱い	眉角度小・眼角度小・眼の面積小	高明度の色
整っている	眼の面積大	白およびその他の色
整っていない	眼の面積小・眼角度小・鼻幅大	白・高彩度の色以外

イメージに関与する形態因子の検討を行った結果[7]を示した．その結果，顔面の印象を決定する重要な因子として「強い―弱い」，「整っている―整っていない」の2因子が抽出され，このイメージには顔の形態の中で眼の大きさや眉の角度が大きく関与することが明らかになった．さらに実験結果から各々の人物に調和しやすい服装色も示した．

着装者の嗜好色やその時代の流行色との関係もあるので一概にはいえないが，自分に合った服装色を選定したいものである．

5.3.2　体型とデザイン
1）下肢形状とスカート丈

女性にとって下肢が太いとか細いという問題はいつの時代も気になることであるが，スカート丈は流行により目まぐるしく変化している．

そこで若い女性の下肢形状の測定値をもとに類型化を行い，代表的な下肢の被験者を選出し，5cmごとに8段階の丈の異なるスカートを着用させ，その審美性を5段階評価で検討した[8]．その結果，すべての被験者において，膝丈は高い評価が得られ，この結果は3年後も同様であったことから流行に関係なく調和する丈であるといえる．

また，ふくらはぎ周辺はわずかな丈の違いで評価が大きく変動し，図5.18のようにどの被験者も内側頭最突点位（ふくらはぎの内側に最も突出している位置）にスカートの裾が位置すると，調和しないことが判明した．この結果はタイトスカートもフレアースカート[9]も同様であったことから，デザインだけでなく下肢形状との関係も配慮して丈を決定する必要があるといえる．

2）体型と切替え線

服装の分割線には前端線，切替え線，上衣裾線等があるが，こうした分割線は見かけ上のシルエットを変化させて見せるので錯視を上手に利用したいものである．まず，着装面の大きさを長方形の基本形に置き換え，図5.19[10]のように垂直線と水平線を種々の比例関係にあてはめて実験してみると，明らかに長方形の大きさが異なって見える．この基本的な錯視現象をアパレルデザインに応用するとよい．下段は長方形の分割線をアパレルに応用した例であるが，アパレルデザインの美的要素としては他の要因も関わってくるので総合的にとらえる必要がある．

3）縞柄の効果

縞柄は，縞幅や縞の方向によって視覚的に大きさが異なって見える．図5.20に同じデザインの縦縞と横縞を示したが，大きさの錯視量の測定実験を行った結果[11]，縦縞，横縞とも縦方向も横方

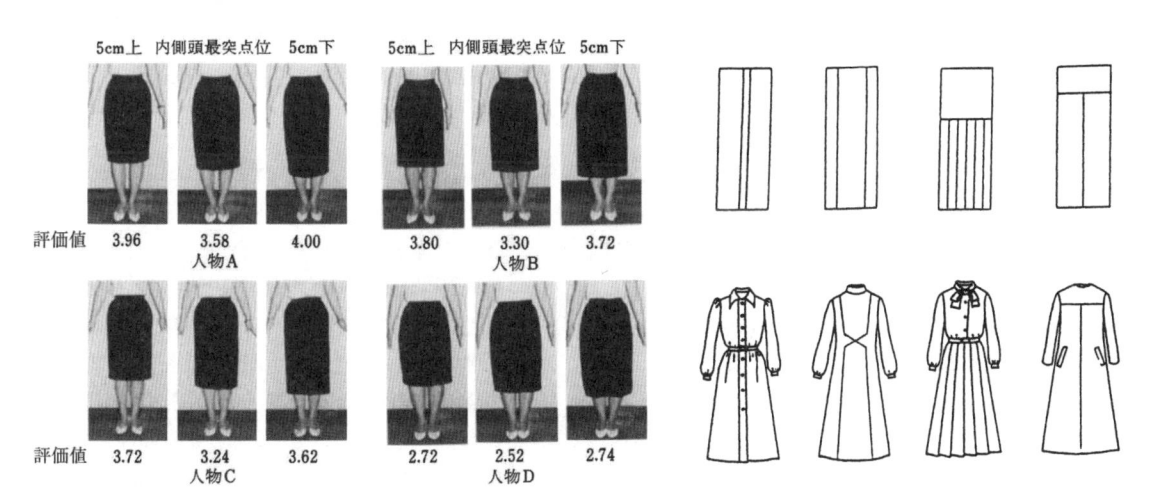

図5.18　スカート丈の違いによる着装評価

図5.19　アパレルにおける分割線の錯視応用例

図5.20 アパレルにおける縞柄の効果

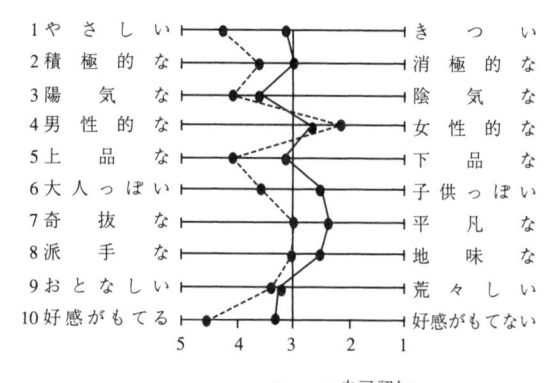

図5.21 性格の自己認知と他者から見られたい性格
● ― ● 自己認知
● --- ● 他人からみられたい性格

向も黒無地や白無地より過大視された．また縞の色彩によっても錯視量は大きく異なる[12)]ため，縞柄の着用にあたっては体型に合ったものを選ぶことが望ましい．

5.3.3 着装とデザイン
1) 着装による自己表現

人は，体型や容貌，肌や髪の色などの外見が異なるだけでなく，話し方，動作，表情，服装なども異なり，この世の中には一人として同じ人間は存在しない．また，服装自体も一着一着がさまざまなイメージをもっており，そのイメージが着装者の個性と調和することが望ましい．

図5.21に151名の女子大生による性格の「自己認知」と「他人からどのように見られたいか」をSD法（semantic differential method）により5段階評定で調査した結果[13)]を示した．これらの調査対象者の平均は自分を「陽気な」「子供っぽい」「平凡な」「地味な」と自己認知しており，他人からは「やさしい」「積極的な」「陽気な」「女性的な」「上品な」「大人っぽい」「好感がもてる」と評価されたいと考えている．なお，他人から見られたい性格は，各自の性格の自己認知が異なっていてもほとんど変わらないという結果であった．アパレルの着装は，これら見られたい性格に近づけることも可能であり，さらに，自分にない個性を演出したり，別のイメージを加味したりすることから，新しい自分らしさを見つけ出すこともあるので，着装の機会を通して工夫してみることが望ましい．

2) 被服と対人認知

私たちは，初対面の人物に対して予備知識がまったくなく，さらに一度も会話したことがない場合，顔面の印象や体型，または着用しているアパレル等を手掛かりとして対人認知を行っている．性格と服装との関連性を明らかにするために，性格特性別に服装特性を求めたものを表5.6[14)]に示した．第Ⅰ群の「オーソドックス」「ブランドにこだわらない」「地味」といった服装特性には「親しみやすい」「鈍感な」「自信のない」などの性格特性が関係し，第Ⅱ群の「平凡」「小柄な模様」

表5.6 服装特性と性格特性の相互関係

群	服装特性	性格特性
第Ⅰ群	オーソドックス ブランドにこだわらない 地味	親しみやすい 鈍感 自信のない
第Ⅱ群	平凡　　小柄な模様 中間色　花柄 ひかえめ	保守的 内向的 おとなしい
第Ⅲ群	寒色系　　シンプル 無地　　　暗い色	知的　　冷静 まじめ　陰気
第Ⅳ群	フェミニン かたぐるしい ドレッシィ タイトなシルエット	服従的
第Ⅴ群	ラフ　　スポーティ ビッグなシルエット	陽気
第Ⅵ群	暖色系　柄物 装飾的　明るい色	感情的 知的でない
第Ⅶ群	マニッシュ　　縞柄 大柄な模様	支配的　活発 ふまじめ
第Ⅷ群	原色　　　個性的 大胆　　　派手 ファッショナブル ブランド指向の強い	敏感　進歩的 外交的　自信の強い 親しみにくい

図5.22 ピンワークの例　　図5.23 ハンガーイラストの例

「中間色」などの服装特性には「保守的」「内向的」などの性格特性が関係している.

　また，顔面の印象において性格が異なると判定された6名の人物に，イメージの異なる9種の衣服を着用させ，顔面の印象と着装時のイメージの違いについて検討した結果[15]，同じ衣服を着装すると，各着装者のイメージはかなり近似し，とくに着用する衣服に特徴があると，どの着装者も同じイメージになってしまうという結果が得られた.したがって，初対面時の印象が重要な機会には，より見られたいイメージをもつ服装を選択するなど，着装するアパレルに十分配慮する必要がある.

5.4 デザインの表現

　ものを形づくるとき，自分の意図するものをあらかじめ何らかの方法で表現し，それを検討してから製作に着手しなければならない.デザインを表現する方法はいろいろあるが，言葉や文字によって表現するより，画に描いてその考えを具現化する方が見る者にとって直接的かつ，確実である.

　図5.22のピンワークなどもその一例である.アパレル製作にあたっても，自分の考えている衣服の形態はもちろん，色彩，材質なども含めて表現しなければならない.これをスタイル画，またはデザイン画と呼び，デザインされた衣服を人体に着せ，ポーズをつけて，画紙の上に表現する.

図5.24 モード画の例

5.4.1 スタイル画法

　スタイル画法には，アパレル産業の大量生産の生産過程で仕様書や企画書などに用いられる図5.23に示したようなハンガーイラストと，図5.24のようなモード画と呼ばれる感覚的なイメージを重視するものの2種類があり，使用目的によって描き分けられている.ハンガーイラストは和製英語で，洋服をハンガーに掛けたときの状態のイラストのことをいい，ダーツやステッチなども確実に描かれ，設計図的な役割を果たす.いずれにしても，まず，人体のプロポーションや人体とアパレルとの関係を理解したうえで美しさを的確に表現する力を養うことが大切である.

　スタイル画における人体のプロポーションは，最近では8.5頭身や9頭身で描かれることもあるが，通常は8頭身で描かれる.その基準をフリッチ，メンケルの脊椎長を尺度にとったものや，ツァイジングの黄金分割比を適用したものなどがあるが，容易に描ける方法を図5.25に示した.これはモデルの身長を8等分し，頭頂を0としてそれぞれの水平線に身体の主要な位置を決めていく.

　そして，1/8の中へ頭部（頭頂から顎先）を卵型に描いて「眼線」の位置で顔幅を出し，身体各部位の幅を決定する.こうした8頭身の基準ができると，人体構造を模式化した基本組立線ができる.

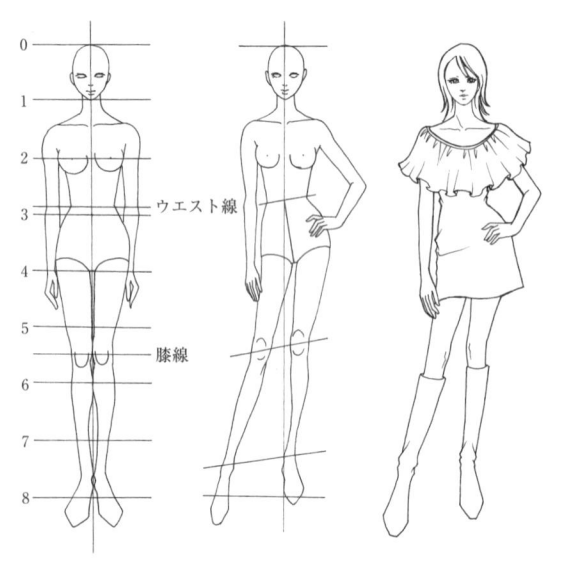

図5.25 スタイル画法

スタイル画では正中線が床面に対して垂直に落ちる直立の姿勢はあまり用いられず，図のように偏立と称して人体の左右対称性をくずしてポーズをつけ，服装美をさらに引き立たせるように描く．

人体の基本プロポーションが把握できればアパレルによって隠れる人体は描かなくても，アパレルそのものを描くことによって着装時の姿態美を描くことができる．着装の表現では，まず人体の正中線と衣服の中心線が原則的に一致することに注意する．したがって，ボタンがある場合などは衣服の中央線上にあるように描かなければならない．そしてアパレル材料がもつドレープ性や硬，柔，透，厚などの特性および縫製による衣服の立体性を線で描き分けられるように訓練する．

また，スタイル画はアパレルの構造をしっかり把握したうえで描かれることが要求され，平面が立体になるとき，逆に立体が平面展開図となるときの見通しが必要である．そのうえで，えり，袖，ポケットなどがアパレルの部分として正確な形や比率で表現できる能力を養わなくてはならない．

表現のための材料は，絵具，墨，パステル，また実際の布地なども使われるが，自分の描くイメージがそのまま表されることが大切である．

なお，平面に描いたスタイル画を実際に作製して，出来上がった作品を発表するファッションショーなどは，アパレルデザインの具体的かつ，完成された形のデザイン表現であるといえる．

5.4.2 CGによる表現

最近では，コンピュータを用いて好みの人体に自由に各種のアパレルを着せつけ，色彩はもちろん材質（模様柄，織柄）も操作1つで次々に変化させ，図5.26のようにマッピングなども画面上でレイアウトし，プレゼンテーション資料を作成することが可能になっている．

また，デジタルカメラで撮影した実物の顔面や生地，アクセサリーなども画面上に取り込み，それらのアイテムを3次元でバーチャルファッションコーディネートできるようなソフトも開発され，アパレル業界や教育の現場にも導入されている．図5.27にそのコーディネートの一例をあげたが，感覚訓練にはこうしたソフトをうまく活用することも大切である．

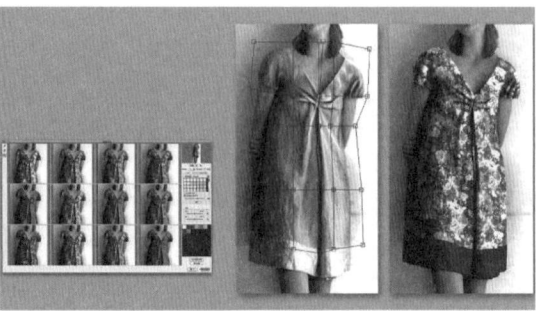

図5.26　CGによるマッピングの例
（資料提供：トヨシマビジネスシステム株式会社）

図5.27　CGによるバーチャルファッションコーディネート例

6. アパレル素材と造形性能

　私たちは，アパレルに対して審美性，機能性，形態安定性などの多くの性能を求める．これらの性能は，アパレル素材の性能と密接な関わりをもつ．アパレルデザインはシルエットや色彩によってとらえられがちであるが，素材の外観性能や造形性能は，デザインの要素として重要な役割を果たしている．アパレルの設計・生産においては，素材の性能を把握して目的に合う素材を選択し，素材に適した縫製加工を行わなければならない．

6.1 アパレル素材

　アパレルの構成に用いられる表地，裏地，芯地，縫糸，ボタン，ファスナー，装飾素材などの付属品をすべて含めてアパレル素材という．素材の種類を材料，構成状態により分類すると，表6.1のようになる．大部分が繊維製品であり，これらはおもにアパレルの主素材である表地や副素材の裏地，芯地に用いられる．繊維製品には，構成単位が糸である紡織編製品，繊維である集合製品のほか，布とわた，ウレタンフォームなどを接合して布を形成する複合製品がある．その他，皮革製品や付属品の材料として多くの材料が使われている．

6.1.1 繊維と糸

　アパレル素材に使用される繊維の種類と性能を表6.2に示す．繊維は，天然繊維と化学繊維に大別され，化学繊維はさらに再生繊維，半合成繊維，合成繊維に分類される．綿，麻，毛，絹などの天然繊維は，アパレルに要求される性能や風合いを備え，今日までアパレル素材として親しまれている．合成繊維は，加工によって天然繊維の外観や性能を模倣する時代を経て，現在は，合成繊維独自の付加価値の高い外観や性能を発現するまでに至っている．

　布地の多くは糸から構成される．糸は，製造方法により紡績糸，フィラメント糸，複合糸，意匠糸，加工糸に分類される．混紡糸や混繊糸は，2

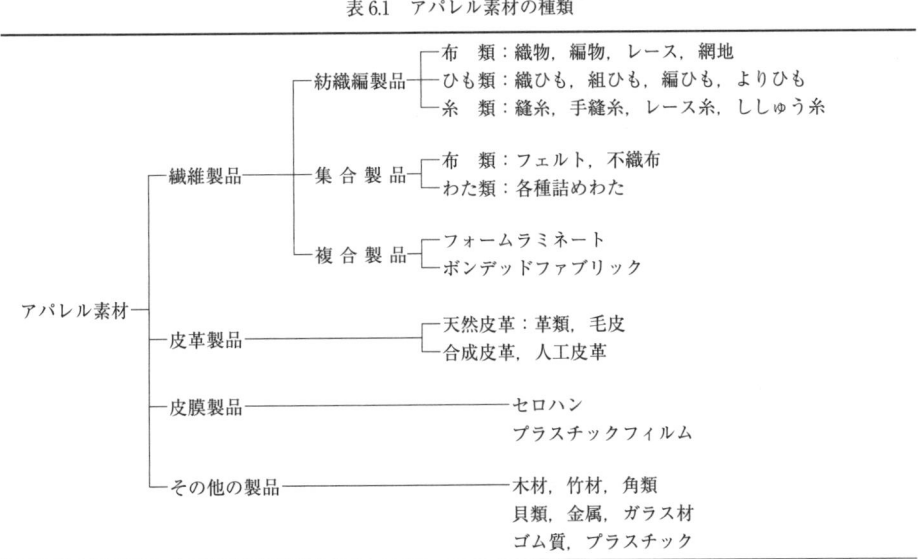

表6.1　アパレル素材の種類

```
アパレル素材 ─┬─ 繊維製品 ──┬─ 紡織編製品 ──┬─ 布　類：織物，編物，レース，網地
　　　　　　　│　　　　　　　│　　　　　　　├─ ひも類：織ひも，組ひも，編ひも，よりひも
　　　　　　　│　　　　　　　│　　　　　　　└─ 糸　類：縫糸，手縫糸，レース糸，ししゅう糸
　　　　　　　│　　　　　　　├─ 集合製品 ──┬─ 布　類：フェルト，不織布
　　　　　　　│　　　　　　　│　　　　　　　└─ わた類：各種詰めわた
　　　　　　　│　　　　　　　└─ 複合製品 ──┬─ フォームラミネート
　　　　　　　│　　　　　　　　　　　　　　　└─ ボンデッドファブリック
　　　　　　　├─ 皮革製品 ───────────────┬─ 天然皮革：革類，毛皮
　　　　　　　│　　　　　　　　　　　　　　└─ 合成皮革，人工皮革
　　　　　　　├─ 皮膜製品 ───────────────┬─ セロハン
　　　　　　　│　　　　　　　　　　　　　　└─ プラスチックフィルム
　　　　　　　└─ その他の製品 ─────────── 木材，竹材，角類
　　　　　　　　　　　　　　　　　　　　　　　貝類，金属，ガラス材
　　　　　　　　　　　　　　　　　　　　　　　ゴム質，プラスチック
```

表6.2 アパレル素材に用いられる繊維の種類と性能

分類		種類	性能	用途
天然繊維	植物繊維	綿	吸湿性に富む．湿潤時の強力大．しわになりやすい．洗濯収縮率大．熱に強い．	シャツ地，服地，肌着，和服地，糸，芯地
		麻	綿と似た性質をもつ．手触りが粗硬．熱伝導性，吸湿性，放湿性に優れ，夏物衣料に適する．	シャツ地，服地，肌着，和服地，芯地
	動物繊維	毛	適度な伸びや圧縮性に富み，回復性は大きく，しわになりにくい．保湿性，吸湿性に富む．フェルト化しやすい．熱水下では著しい可塑性を有する．	服地，コート地，ズボン地，毛布，和服地
		絹	吸湿性に富む．しなやかな感触で光沢に富む．	和服地，高級服地，糸
化学繊維	再生繊維	レーヨン	吸湿性に富む．引張強度が小さい．滑らかで腰がない．しわになりやすい．濡れると硬くなり収縮する．寸法安定性が悪い．	服地，裏地，作業服，芯地，カーテン地
		ポリノジック	レーヨンに似た性能をもつが，強度は乾湿ともに大きい．寸法安定性がよい．	シャツ地，ブラウス地，肌着，芯地
		キュプラ	レーヨンに似た性能をもつ．優雅な光沢があり，耐摩耗性が大きい．腰がしなやかで表地になじみやすい．	服地，裏地
	半合成繊維	アセテート	絹のような感触と光沢をもつ．伸びが大きい．熱可塑性がある．吸湿性にやや劣る．	服地，和服地
	合成繊維	ポリエステル	引張強度，摩耗強度が大きい．伸長性が高く，伸長回復性も高い．寸法安定性がよい．熱可塑性があり，耐熱性はナイロンより高い．吸湿性が低く，静電気を帯びやすい．W&W性がある．	シャツ地，ブラウス地，服地，レインコート地，糸，芯地
		ナイロン	引張強度，摩耗強度が大きい．伸長性が高く，伸長回復性も高い．寸法安定性がよい．熱可塑性があり，溶融温度が低い．吸湿性が低い．黄変しやすい．	ランジェリー，靴下，服地，糸，芯地
		アクリル	かさ高で保温性に富む．毛玉が発生しやすい．吸湿性が小さい．耐熱性が低い．	服地，ニット地，下着，毛布，ふとんわた
		ビニロン	引張・摩擦強度は大きいが，伸長性とその回復性が悪く，しわになりやすい．ポリエステルに比べ吸収性はよい．温熱に弱いので，アイロンをかける時は水分を与えない．	学生服，ワーキングウェア，メリヤス類，寝衣類
		ポリプロピレン	軽く，引張強度が大きい．耐摩耗性が高い．熱に弱い．	レーヨン，綿と混紡して実用着
		ポリウレタン（スパンデックス）	比重が小さい．耐摩耗性，耐光性が高い．伸縮性に富む．	ファンデーション，水着，スポーツウェア．他繊維と混紡して実用着

種類以上の繊維を混合した紡績糸やフィラメント糸のことである．複合糸は，紡績糸とフィラメント糸を混合した糸のことをいい，コアスパンヤーン，カバードヤーンのほか，現在，多様な糸がつくられている．加工糸は，繊維にけん縮（クリンプ）を付加したかさ高加工糸が代表的である（図6.1）．糸の製造法の進歩により，さまざまな特徴をもった糸がつくられるようになり，これらの糸でつくられた布地の外観および性能は変化に富む．糸の性質は，使用されている繊維素材の性質やよりなどによって決まる．2本以上の片より糸（フィラメント繊維を引きそろえ，よりをかけた糸）や単糸（紡績糸）を引きそろえ，逆のよりをかけたもろより糸が多く用いられている．より数の少ない糸を甘より糸，よりが強い糸を強ねん糸と呼ぶ．一般に，織物のよこ糸や編糸には甘より

(a) 意匠糸

杢糸

ノップ
ノップヤーン

壁糸

鎖糸

輪奈
ループヤーン

ネップヤーン

スラブヤーン

(b) 複合糸
コアスパンヤーン

カバードヤーン

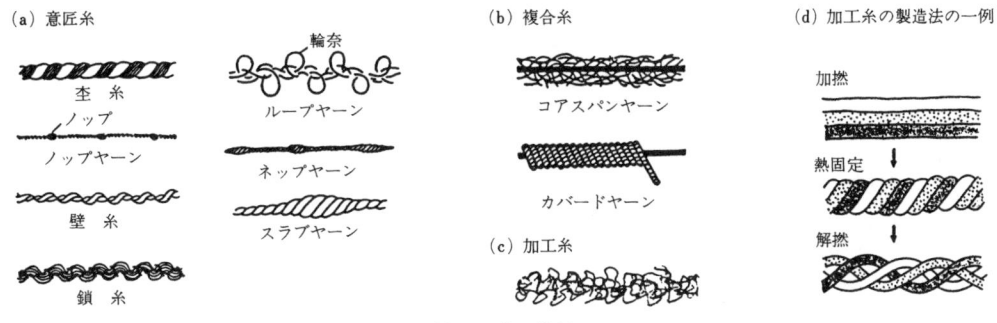

(c) 加工糸

(d) 加工糸の製造法の一例
加撚

熱固定

解撚

図 6.1 糸の種類

糸, クレープやジョーゼットには強ねん糸が用いられている.

6.1.2 主素材
1) 主素材の種類

ここでは, アパレルの表地に用いられる主素材の種類について述べる.

① **織物** 織物は, たて糸とよこ糸が直角に交差して形成される布地である. 織物は, 用いられる繊維や糸, 組織の種類, 織り密度, 染色加工の方法によってさまざまな外観や性能を示す. 表6.3は織物組織の種類を表している. 一重組織は, たて糸, よこ糸1本ずつが重なる一般的な組織のことである. 三原組織とは, 平織, 斜文織, 朱子織をいい, 一重組織の最も基本的な組織のことである. 原組織から誘導されてできた変化組織, 原組織と変化組織を混合した混合組織, どの組織にも分類されにくい特別組織がある. 重ね組織は, たて糸, よこ糸のいずれか, または両方の糸が2本以上重ねられている組織で, 表裏2面を構成し, 厚手の布地が形成される. パイル組織（添毛組織）は, 地組織にループまたはカットパイルとなる糸を同時に織り込む組織である. からみ組織は, たて糸2本が1組となり絡み合い, よこ糸と交差する組織である. 紋織組織は, 各種組織を組み合わせて紋模様をつくる組織で, ジャガード織機が用いられる（付表2参照）.

織物の幅は, 織機によって決まり, シングル幅織物とダブル幅織物がある. シングル幅とは, 幅が約74cm（29インチ）または92cm（36インチ）の織物で, 綿織物, 絹織物, 合繊織物に多い. 最近110−115cm幅の織物もみられる. ダブル幅は148−156cm程度の織物をいい, 毛織物, 加工織

表 6.3 織物の組織

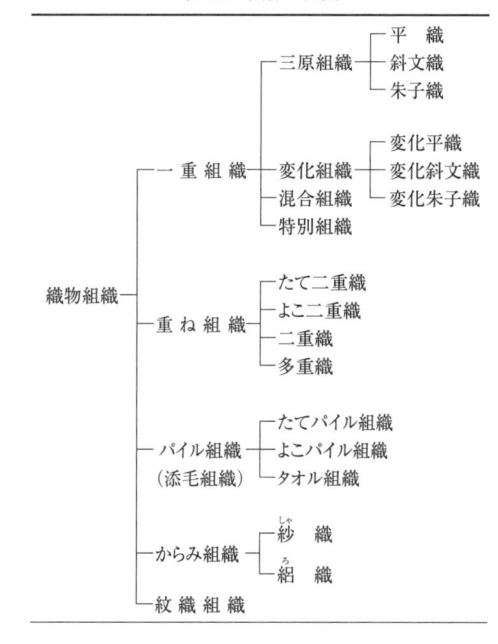

織物組織
- 一重組織
  - 三原組織
    - 平織
    - 斜文織
    - 朱子織
  - 変化組織
    - 変化平織
    - 変化斜文織
    - 変化朱子織
  - 混合組織
  - 特別組織
- 重ね組織
  - たて二重織
  - よこ二重織
  - 二重織
  - 多重織
- パイル組織（添毛組織）
  - たてパイル組織
  - よこパイル組織
  - タオル組織
- からみ組織
  - 紗織
  - 絽織
- 紋織組織

表 6.4 織物の表面の判別

- 耳ネーム（商標, メーカー名）が正しく読める
- 染めや光沢が美しい
- 織り柄やプリント柄が明瞭で美しい
- 起毛織物は毛並がそろっている
- パイル織物はパイルが出ている
- 斜文織物の場合, 一般的には斜文線が右上がり, 綿織物は逆が多い
- 糸の継ぎ目, 節などが目立たない
- 耳の幅出し機のピンの跡が凹である
- ダブル幅の反物の内側, シングル幅の反物の外側

物に多い.

織物の表裏の一般的な見分け方を表6.4に示す.

② **編物** 編物は, ループが連結して形成された布地であり, 編成方法によってよこ編みとたて

表 6.5　編物の組織

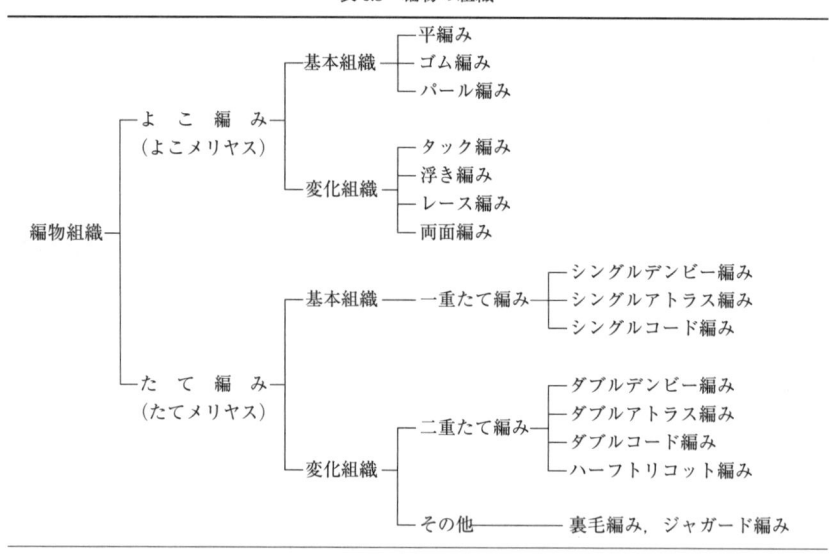

```
編物組織─┬─よこ編み────┬─基本組織────┬─平編み
         │ (よこメリヤス) │           ├─ゴム編み
         │             │             └─パール編み
         │             │
         │             └─変化組織────┬─タック編み
         │                           ├─浮き編み
         │                           ├─レース編み
         │                           └─両面編み
         │
         └─たて編み────┬─基本組織──一重たて編み─┬─シングルデンビー編み
           (たてメリヤス)│                        ├─シングルアトラス編み
                       │                        └─シングルコード編み
                       │
                       ├─変化組織──二重たて編み─┬─ダブルデンビー編み
                       │                        ├─ダブルアトラス編み
                       │                        ├─ダブルコード編み
                       │                        └─ハーフトリコット編み
                       │
                       └─その他────裏毛編み，ジャガード編み
```

編みに分かれる．よこ編みは，よこ方向にループを形成し，1段ずつ編成する．編み機には，1方向に編み進める円型編み機と，往復しながら編成する平型編み機がある．たて編みは，複数枚の平行に並んだおさの運動によりたて糸が編針に絡み，たて方向に編み目を編成する．

表6.5は，編物組織を示している．よこ編みの基本組織には，平編み，ゴム編み，パール編みがある．基本組織にタック，ウェルト（手編みの引き上げ編み，浮き目に相当），目移し等の編み方を組み合わせて，多くの変化組織がつくられている．たて編みの基本組織は，1枚おさでつくられる一重組織で，これらの組織は実用性がなく，多くのたて編地は，2枚おさかそれ以上のおさによってつくられる変化組織である．一般に使用されているトリコット編みの編み機の標準機は2枚おさである．

編地は，シングルニットとダブルニットに分かれるが，これは編み機の針床（編針が挿入されている床）の数によって決められる．シングルニットは1列針床，ダブルニットは2列針床で編成された編地をいう．よこ編みは，ゴム編みおよび両面編みを基本とするダブルニットに分類される組織が多く，シングルニットはおもに平編みとその変化組織である．たて編みは，大部分の組織がシングルニットである（付表2参照）．

編物製品は，裁断縫製によるものと成形製品に

表 6.6　織物と対比した編物の性能

長所となる性能	・伸縮性が大きく，身体への適合性がよい ・ドレープ性が高い ・軽くて柔軟性があり，表面がしなやかである ・多孔性のため保温性，通気性が高い ・しわになりにくく，アイロンの必要性が小さい ・成形製品を作ることができる
欠点となる性能	・腰，張りがなく，寸法安定性が乏しい ・機械的強度が小さい ・ピリングや毛羽立ちが発生しやすい ・ラン，耳まくれが起こりやすく，裁断縫製しにくい

大別される．成形製品は成形編み機（よこ編み機）で生産され，裁断工程の省略，布地ロスの節約といった織物にない利点がある．代表的な製品に肌着，Tシャツ，セーター，靴下，手袋がある．

表6.6に編物の性能を織物と対比して示す．編物は保形性，寸法安定性の低さが欠点であるが，たて編地は，織物とよこ編地の中間の伸長性を有し，よこ編みと比べ寸法変化が小さく，肌着のほか，主素材，副素材用布地（裏地，芯地）として使用されている．たて編地は，裁断端がほつれにくく切り放しの仕立てが可能である．また，形態安定性の付加の目的で，よこ糸挿入たて編地やたて糸挿入よこ編地などが実用化されている．

③レース　透かし模様のある布地をレースといい，糸を編み進めてレースとしたもの，布に刺しゅうを施して透かし模様をつくりレースとしたもの，さらに両者を組み合わせたレースがある．レ

表 6.7 レースの分類[4]

```
                ┌─ 布地レース ─┬─ ダーンドネッチング
                │              ├─ カットワーク
                │              ├─ ドロンワーク
    手工レース ─┤              └─ ししゅうレース
                │
                └─ 糸レース ───┬─ マクラメレース
                                ├─ ボビンレース
                                └─ クロッシェレース

                ┌─ 刺しゅうレース ─┬─ エンブロイダリーレース
                │                  └─ ケミカルレース
                │
    機械レース ─┼─ 編みレース ─────┬─ ラッセルレース
                │                    └─ カーテンレース
                │
                └─ ボビンレース ───┬─ リバーレース
                                    └─ トーションレース
```

表 6.8 皮革製品の製作上の注意点

- デザイン：ダーツや切り替え線，いせの少ないものにする．
- 裁　　断：毛並の方向に注意する．
- 縫　　製：皮革専用針，テフロン押えを使用する．針穴傷が残るので仮縫いは別布で行う．
- アイロン，プレス：高温は避ける．

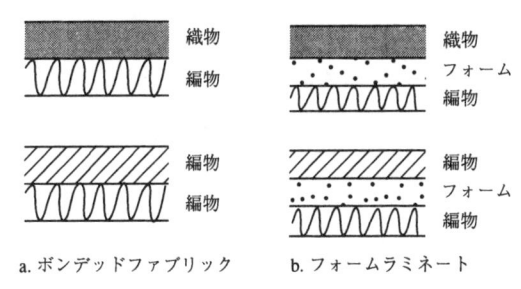

図 6.2 複合製品の種類
a. ボンデッドファブリック　　b. フォームラミネート

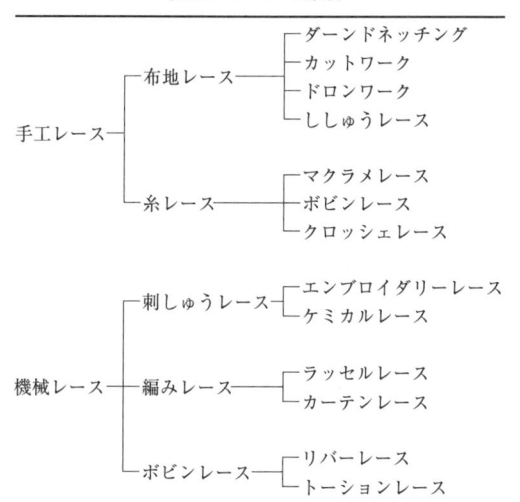

ースはその美しく幻想的な外観から古くから好んで用いられてきた．既製服からイブニングドレスやウェディングドレスの素材として，またえりや縁飾りなどのアパレルの装飾品として用いられている．

レースは，製法，糸の種類，用途，加工法，布幅等で分類できるが，一般には，表6.7に示すように手工レースと機械レースに大別される．機械レースの刺しゅうレースは布レースであり，編みレースは，各種メリヤス機械でつくられる孔編地の総称である．ボビンレースは，ビーム状またはボビンにより引き出されたたて糸に他の糸がからみ合ったレースである（付表2参照）．

④皮革製品　皮革製品は，天然皮革と人工皮革，合成皮革に分類される．天然皮革は毛皮と皮革に分けられ，皮革は動物の毛を除去したものをいう．天然皮革は優れた風合いと吸湿性を有し着心地はよいが，価格が高く，生産性や取り扱い性に難点がある．

人工皮革は，天然皮革に近似した風合いを有し，天然皮革にない優れた性能をもつ．天然皮革の主成分であるコラーゲン繊維に似た極細繊維を製造する技術が，人工皮革の生産を可能にした．表面加工や起毛を行い，銀面調およびスエード調の人工皮革がつくられている．合成皮革は，織物や編物の基布表面にナイロン樹脂やポリウレタン樹脂をコーティングしたものである．性能，着心地ともに人工皮革の方が優れている．人工毛皮（フェイクファー）は，織物や編物の基布にカットパイルを植え込んだ布地である（付表2参照）．皮革製品を製作するうえで注意する点を表6.8に示す．

⑤複合製品　2種類の布地を接着した布地をボンデッドファブリック，ウレタンフォームの両面に2種類の布地を貼り合わせた布地をフォームラミネートと呼ぶ．布地の組み合わせの例を図6.2に示す．ボンデッドファブリックは，リバーシブル効果を得ることができ，寸法安定性，保温性に優れる．フォームラミネートは，含気率が高いため軽くて保温性に優れ，防寒用材料に用いられるが，可縫性が低く，ドライクリーニングによる接着剤のはく離に注意を要する．

2) 主素材の性能

表6.9は，繊維製品に対する品質要求項目をまとめたものである．ここでは，アパレルを構成するにあたり，とくに重要と考えられるアパレル素材の外観性能，形態安定性能，着用上の性能について取り上げる．

①外観上の性能　アパレル素材の外観は，表6.10に示す素材を構成するさまざまな要因の組み合わせによって形成されている．主素材の外観が表す質感の効果は，アパレルデザインを考えるうえで重要な要素となる．表6.11にアパレルの主な質感とその質感効果をもつ布地を示す．

a. 平面感，立体感　表面が滑らかな布地と立

表 6.9 繊維製品に対する品質要求項目[8]

品質要求項目		品質要求項目	
A. 外観	1. 形 2. ドレープ 3. 色彩 4. 色のもち 5. 汚れ 6. ピリング		17. 保温性 18. 吸湿性 19. 吸水性 20. 帯電性
		F. 対生物性	21. 防かび性 22. 防虫性
B. 着心地	7. 手ざわり 8. 感じ	G. 理化学的抵抗	23. 耐熱性 24. 耐光性 25. 耐汗性 26. 耐薬品性
C. 取り扱いやすさ	9. 洗たくの難易 10. アイロン仕上げの難易 11. 縫いやすさ		
D. 形態的安定性	12. 伸縮 13. しわ 14. 圧縮	H. 機械的性質	27. 引張強力 28. 引裂強力 29. 破裂強力 30. 衝撃強力 31. 耐摩耗性 32. 耐疲労性
E. 衛生的機能	15. 目方 16. 通気性		

表 6.10 素材の外観を決定する要因

繊維	糸	布地	加工
繊維の種類 断面形態 表面状態 番手 繊維長	スパン糸, フィラメント糸 番手 合糸数 より数, より方向 加工糸 意匠糸	組織 密度 厚さ, 質量 表面状態（毛羽・凹凸の状態, 均一性, 光沢） 柔軟性, ドレープ性 曲げ特性	シルケット加工 減量加工 起毛 ワッシャー加工 フェルト加工 その他

表 6.11 布地の質感と布地の種類[9]

質感	イメージ用語	代表的な布地
重い （ヘビー）	重い, 重目の, どっしりした, だらっとした	コーデュロイ, ギャバジン, ダブルジャージィ, ホームスパン
軽い （ライト）	軽い, 軽目の, ひらひらした	ジョーゼット, ローン, トリコット
硬い （ハード）	硬い, 張りがある, 腰がある, しっかりした, パリパリした	デニム, ギャバジン, メルトン, カルゼ, コードレーン, タフタ
柔らかい （ソフト）	柔らかい, しなやかな, ふわっとした	デシン, フェイクファー
粗い （ラスティック）	粗い, でこぼこした, ざらざらした, ざっくりした, ごつごつした	ワッシャー, サッカー, コーデュロイ, カルゼ, ツイード, ホームスパン
平ら （フラット）	平らな, 密な, 滑らかな, つるつるした, すべすべした	ドスキン, タフタ, フラノ, サテン
厚い （シック）	厚い, 厚手の, 分厚い, もこもこした, かさのある	シャギー, ベルベット, ツイード, メルトン, フェイクファー, キルティング
薄い （シン）	薄い, 薄手の, ごく薄い, すけた	オーガンジー, デシン, ファイユ, タフタ, ボイル, 羽二重, チュール

体感（凸凹感）のある布地の質感をいい，視覚的感覚である．糸の種類や太さ，表面仕上げなどが関係する．立体感のある布地のアパレルデザインは，質感が引き立つようにシンプルにし，平面的な布地は，装飾性を加えることによりデザイン効果を高める．

b. 光沢感 布地の光沢には，絹やビロード，上質な仕上げの織物にみられる優雅で上品な光沢と，舞台衣装，パーティードレスに用いられる豪華で派手な光沢がある．アパレルデザインは，シンプルにして光沢の美しさを強調する場合と，ドレープやギャザーの技術を取り入れてさらに布地の質感効果を高める場合がある．

c. 軽快感，重厚感 軽い質感からは軽快な若々しさを，重い質感からは重厚な落ち着いた感覚を受ける．糸の太さや布地の厚さ，表面状態が関与する．アパレルのデザインは，布地の質感を生かす場合と逆の効果をねらう場合がある．たとえば，軽やかな布地にギャザーやタックを入れ，布地をたっぷり使うことにより，落ち着いた感覚を与えることができる．

d. 寒暖感 視覚的，触感的温・冷感覚である．素材の種類，厚さ，かさ高さ，表面の毛羽や間隙の有無などが関係する．布地の保温性，通気性に直接関係する質感である．一般には，用途や季節によって使い分けられているが，大きい体格の人の場合，かさ高な布地は体格を強調することがあるので注意を要する．

e. 硬軟感 張りや腰のある布地と，逆にソフトな形態依存性の高い布地の質感をいい，布地の曲げ特性や厚さが関係する．保形性を必要とするジャケットやコートには前者の布地が，ドレープやフレア，ギャザーなどの技巧を取り入れたデザインのドレスには後者の布地が適する．

②形態安定性能 アパレル素材の形態安定性能は，寸法の安定性と形状の安定性に分けて考えることができる．ともに製品の品質や寿命に結びつく内容であるため，この性能に対する消費者の要求は高い．

a. 寸法安定性 布地の寸法変化には，図6.3にみられるような代表的な布地の特性がある．まず，緩和収縮は，製造されたすべての布地に潜在するもので，これは製造工程において加えられた

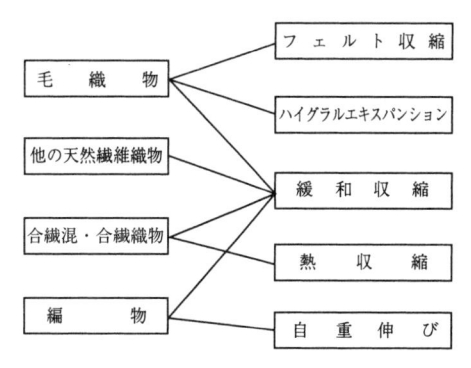

図6.3 布地の寸法変化機構

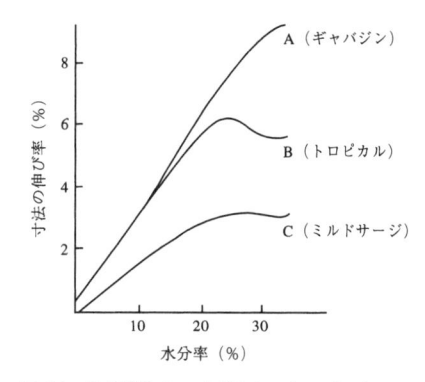

図6.4 そ毛織物のハイグラルエキスパンションカーブ（たて方向）[10]

ひずみ（おもに引張ひずみ）が水分や熱によって緩和されて生ずる収縮である．

羊毛製品特有の寸法変化にハイグラルエキスパンション（H.E.）とフェルト収縮がある．H.E.とは，羊毛繊維の水分率の変化による伸縮挙動のことで，これは可逆的寸法変化である．H.E.の機構は次のようである．羊毛繊維は水分を吸収すると直径方向に膨潤する．糸の直径も増加するためクリンプの半径は増大し，糸の長さ方向に伸長して布地の長さを変化させる．図6.4は，そ毛織物の代表的な H.E. カーブを示したグラフである．H.E. による寸法変化量は，羊毛繊維の種類，クリンプの形状および織物密度の影響を受ける．縫製加工は布地が安定した標準状態で行うことが必要である．フェルト収縮は，羊毛繊維表面のスケールが指向性摩擦を受けて発生する収縮である．合成繊維のような熱可塑性繊維にみられる熱収縮は，フェルト収縮とともに不可逆的収縮で，いったん収縮すると復元できないため注意を要する．プレス時の温度が紡糸時の熱延伸温度より高温の

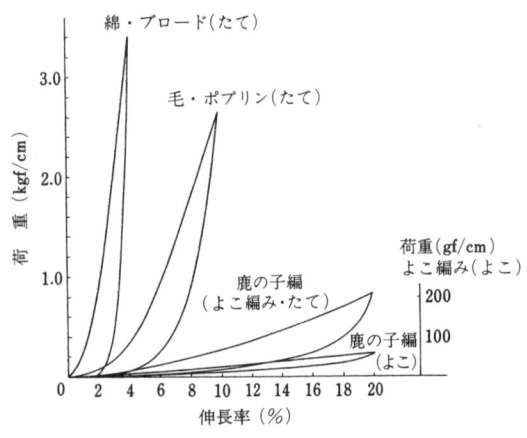

図 6.5　布地の伸長弾性回復曲線の比較

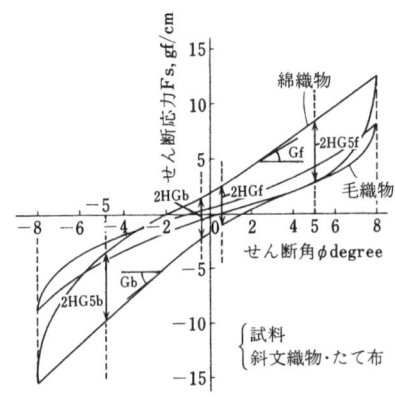

図 6.6　布地のせん断ヒステリシス曲線の比較

とき, 繊維の分子構造が弛緩するために収縮が生ずる. このほかの寸法変化に, 編物製品の自重伸びがある. 吊り下げたアパレルの自重により生ずる伸びで, 編物の伸長性に関係する. 一方向の伸びは他方向の収縮となり, 型くずれの原因となる.

b. 形状の安定性　布地の形状の安定性は, おもに布地を構成する繊維や糸の性能に起因する. 着用中に生ずるしわは, 伸長弾性回復率の低い繊維に発生しやすく, 綿, 麻, レーヨンなどの繊維はしわになりやすい. 水に濡れると回復性が低下するために, 上記の親水性繊維の布地はさらにしわが発生しやすい. 水に濡れた部分が収縮し波打ち現象を起こすことがあるが, これをバブリングという. 絹やレーヨンの強ねん糸使いのアパレルに生ずることがある. 布地表面の繊維が摩擦によって毛羽立ち, からみ合って毛玉が発生した状態をピリングといい, 短繊維でよりのルーズな糸を用いた布地, とくに編物に発生しやすい. 繊維強度の大きい合成繊維の場合, 毛玉が脱落しにくく表面に残るためにとくに問題となる.

③ **着用上の性能**　アパレルを着用面からとらえると, アパレルは身体の動きを拘束せずに着用でき, さらに耐久性があることが望ましい. これらの性能を着用上の性能とし, その中で重要と思われる布地の運動機能性と疲労性について取り上げて述べる.

a. 運動機能性　アパレルは, 日常動作や運動時における運動の範囲や体表面積の変化に対応し, 拘束感や圧迫感を与えないものが望ましい.

アパレル素材の運動機能性には, 伸長特性, せん断特性, 曲げ特性が関係し, これらの性能は, 素材の造形性能とも関係する. ここでは, 伸長特性とせん断特性について述べ, 曲げ特性については後述する.

アパレル素材に要求される伸長特性は, 服種や衣服の部位によって異なる. 着用性能として求められるのは, 外力による伸長性と変形後の伸長回復性（弾性）の性質である. これらは布地を構成する繊維や糸の性質, 布地の種類の影響を受ける. 図 6.5 は, 織物と編物の伸長弾性回復曲線を比較したものである. 編物は低荷重で変形し, しかも伸長弾性回復率が高い. 毛織物は綿織物に比較して高い伸長性を有し, 時間の経過により残留変形が回復する. この性質を弾性余効といい, 形態安定性の好ましい性質である.

せん断性とは, たて糸とよこ糸の交差角の変形しやすさに関する性質である. アパレルに加わる外力は, 布地にせん断変形を生じさせる. 低荷重で変形し, 回復性のよい布地が着用性能のよい素材といえる. 図 6.6 は, 綿織物と毛織物のせん断ヒステリシス曲線を比較したものである. 図中の G がせん断剛性, $2HG$, $2HG5$ はそれぞれせん断角 $0.5°$, $5°$ におけるせん断ヒステリシスを表す. G が小さいほどせん断しやすく, $2HG$ および $2HG5$ が小さいほどせん断回復性がよいことを示している.

b. 布地の疲労性　アパレルは, 着用により種々の外力を受けて疲労し, 布地の形状にも変化が生じてくる. 着用中や洗濯時に布地—布地, 布地—物体間で摩擦が繰り返されると, まず毛羽立

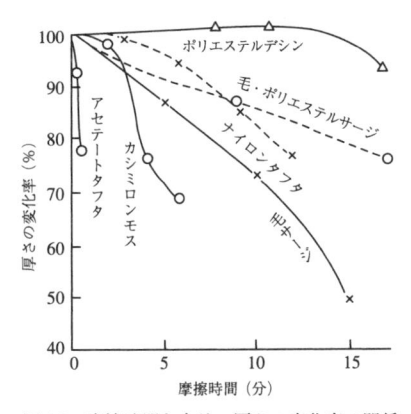

図 6.7 摩擦時間と布地の厚さの変化率の関係

ちやテカリが発生し，さらには布地の強度低下や破損が生じる．布地の耐摩耗性と繊維の耐摩耗性は比較的相関が高く，（強度×伸度）の大きい繊維は，その布地の耐摩耗性も大きい傾向にある．図 6.7 は，摩擦時間と布地の厚さの関係を示したグラフであるが，強伸度の高いポリエステル，ナイロン繊維の耐摩耗性は高い．アパレルの摩耗現象は，アパレルの耐久性を支配することから，布地の摩耗特性を測定することによって，アパレルの耐久性を評価することが行われている．

アパレルのひじや膝に長時間または繰り返し力が加えられることにより，布地が膨らんで固定された状態になることをバギング（ひじ抜け，膝抜け）という．このアパレルの変形現象は，布地の伸長特性，せん断特性，曲げ特性，圧縮特性とその回復性が関連する．

6.1.3 副素材

裏地，芯地，ミシン糸などの副素材は，アパレルのシルエットの形成や消費性能の向上のために重要な役割を担っている．

1）裏地

①使用目的　裏地は，アパレルの裏側を構成する素材で，おもにアパレルの着用感，形態安定性に関して表地を補助する効果がある．裏地の使用目的は，以下のようである．

- 下着とのすべりをよくし，着脱を容易にする．
- 表地のシルエット形成や形態安定性を補う．
- 保温性を高める．
- 表地が汗や摩耗によって損傷するのを防ぐ．
- 表地が透けるのを防ぐ．デザインによっては逆に透明度を利用する場合もある．
- 裏地の色や柄を利用し，デザイン効果を与える．

②種類　主な裏地の繊維の種類は，綿，絹などの天然繊維，キュプラ，レーヨンなどの再生セルロース繊維，ポリエステル，ナイロンなどの合成繊維である．国内では，ポリエステル裏地の使用量が多く，次いでキュプラ裏地である．綿やポリエステルステープル織物は，腰裏，ポケット裏用に，絹織物はおもに和服の裏地に用いられている．

裏地には織物裏地と編物裏地があり，織物裏地の主なものは，デシン，タフタ，サテン，羽二重，シャンタン，ローンなどで，腰裏，ポケット裏にはスレーキが用いられる．編物の裏地にはおもにトリコット編地が用いられる（付表2参照）．

③要求される性能　裏地に要求される性能は，裏地を付ける目的によって異なる．表 6.12 は，裏地に対する品質要求項目と繊維特性の関係について示した．制電性や吸水性の面からは，親水性繊維のキュプラやレーヨン裏地が適しており，防しわ性，ウォッシュアンドウェア性（W&W 性），強度の面からはポリエステル裏地が優れている．トリコット裏地は，伸縮性のある編物や織物の裏地に用いられ，防しわ性が高い．用途に合った裏地の選択を行いたい．

2）芯地

①使用目的　芯地は，おもに主素材である表地の性能の補助を目的として用いるが，表地の種類によってはその性能を生かすことも要求される．芯地の使用目的は以下のようである．

- シルエットの形成と保形
- 表地の風合いの保持と向上
- 部分的な補強
- 表地の変形をある程度止め，可縫性を高める（毛製品の H.E. 挙動は妨げない）．
- 消費過程における型くずれを防ぐ．

②種類　芯地は，表地に接合される素材である．広範囲の性能をもつ表地と接合して，上記の使用目的を満足させるために，素材，組織，厚さ，接着樹脂の形状や塗布の状態等，多様な芯地が製造されている（付表2参照）．芯地は使用部

表6.12 繊維別にみた裏地の品質要求項目[12]

品質項目		天然繊維 綿	天然繊維 絹	再生・半合成繊維 レーヨン	再生・半合成繊維 ポリノジック	再生・半合成繊維 キュプラ	再生・半合成繊維 アセテート	合成繊維 ナイロン	合成繊維 ポリエステル	備考
消費性能	発色性	△	◎	◎	△	◎	○	○	○	色相,光沢
	風合い・手触り	○	◎	○	○	◎	○	△	△	表地とのなじみ,手触り
	滑り	△	◎	○	○	○	◎	○	○	
	吸湿性	◎	◎	◎	◎	◎	○	△	×	
	通気性	○	○	○	○	○	○	○	○	組織によって変わる
	制電性	◎	◎	◎	◎	◎	△	×	×	
	防しわ性	△	○	△	△	△	△	◎	◎	
	W＆W性	×	×	×	×	×	×	○	◎	
	ほつれにくさ	◎	○	○	○	○	△	○	◎	縫いしろのほつれにくさ
	速乾性	△	△	△	△	△	○	◎	◎	
	水洗いの適否	○	×	△	△	△	△	○	◎	
	摩耗強さ	△	×	△	△	△	×	○	◎	
縫製性能	延反性	○	◎	◎	◎	◎	○	○	○	布目の通しやすさ
	裁断性	◎	◎	◎	◎	◎	○	△	△	融着,生地ズレ
	ハンドリング性	○	◎	◎	◎	◎	○	○	○	手操作のしやすさ
	シームパッカリング	○	◎	○	○	○	△	×	×	シームパッカリングの出やすさ,直りやすさ
	針穴	○	◎	○	○	○	○	○	○	組織によって変わる
	耐熱性	◎	◎	○	○	○	△	○	○	
	アイロン効果	○	◎	○	○	○	△	△	△	アイロン,プレスのかかりやすさ
	いせ込み性	—	◎	○	○	—	◎	○	△	

注 1) ◎:優秀, ○:中程度, △:やや劣る, ×:劣る.
   2) 糸使い,組織,加工方法などによって,上記特性は変化する.

位により,フロント芯,ラペル芯,見返し芯,えり芯,パーツ芯,ベルト芯等に分けられ,それぞれの用途に合った性能の芯地が用いられる.たとえばジャケットのフロント芯,見返し芯には,シルエット形成のために保形性のある芯で,たて方向にドレープ性,よこ方向に張りのある芯地を用いる.

また,芯地は,非接着芯地と接着芯地に分けられる.芯すえ作業の効率性,製品の均一性といった利点が多いことから,現在は接着芯地が一般に使用されている.非接着芯地は注文紳士服等の限られたアパレルに用いられている.以下,接着芯地の種類について述べる.

③接着芯地　接着芯地は,おもにホットメルトタイプの接着剤が基布の上に塗布されており,加熱により接着剤が軟化して接着力を発揮し,冷却して硬化安定する.接着芯地の基布は,織物,編物,不織布が用いられ,表地の種類,部位によって使い分けられている.基布に使用される繊維,

表6.13 接着芯地の基布の種類[17,18]

基布	素材	糸の種類	組織・製造方法
織物	ポリエステル ナイロン 綿 レーヨン リヨセル	加工糸 紡績糸 長短複合糸	平織 綾織 朱子織 これらの変化組織
編物	ポリエステル ナイロン アクリル レーヨン	フィラメント糸 加工糸 紡績糸 長短複合糸	トリコット 緯糸挿入経編 (トリコット・ラッセル)
不織布	ポリエステル レーヨン ナイロン		サーマルボンド* ケミカルボンド*

*製造方法[18]

糸,組織の種類について,表6.13に示す[17].表地が伸縮性を有する編物や織物の芯地には,編物芯地,よこ糸挿入たて編み芯地,伸長性のある加工糸使いの織物芯地が用途に応じて使用されている.不織布芯地は,生産性のよさ,裁断時のほつれにくさといった利点を有する.

表6.14 接着芯の接着剤の形状と用途[19]

接着剤の形状	ポイント数／インチ	ドット径	主な用途
ドットタイプ	9-11	大	厚地オーバーコート等
	14	↑	中肉地フロント芯
	17		中肉地パーツ芯，薄地フロント芯
	22		薄地パーツ芯
	28-36	↓	シャツ類
	40-45	小	ブラウス，薄地ドレス
シンタータイプ	おもに，仮接着用（アイロン接着用）が多い．厚地には粒子の大きい芯，薄地には小さい芯を用いる．		

表6.15 ミシン糸の種類と性能[22]

ミシン糸	綿カタン糸	ポリエステル(S)糸	絹 糸	ポリエステル(F)糸	ナイロン6糸	ウーリーナイロン6糸
番　手	#60	#60	#50	#50	#50	#50
糸構成 原糸番手×合糸数	60S×3 (100 dtex×3)	60S×3 (100 dtex×3)	21中 4×3 (23 dtex 4×3)	21中 4×3 (23 dtex 4×3)	70D×3 (78 dtex×3)	110D×2 (122 dtex×3)
強　力　(gf)	789	1143	830	1147	1330	1025
伸　度　(%)	8.5	17.5	19.5	25.5	32.5	33.0
初期ヤング率 (g/d)	42	31	70	56	20	18
溶断温度 (℃)	−	262	−	260	222	220
乾熱収縮率 (%)	0.5	1.2	0.2	0.8	1.8	2.1
熱による影響 軟化点 溶融点		238-240℃ 255-260		238-240℃ 255-260	180℃ 215-220℃	

測定条件…溶断温度：初荷重 0.05 g/d，昇温速度 20℃/min での溶断温度，乾熱収縮率；160℃×10 min．
1 dtex（デシテックス）= 10^{-1} tex．

接着剤についてその形状と用途をまとめたのが表6.14である．接着剤の形状にはいろいろなタイプがあるが，アパレルの主な部分に使用されているのはドットタイプとシンタータイプである．ドットタイプは，基布上に一定の大きさのドット状の接着剤が配列されたもので，シンタータイプ（ランダムパウダータイプ）は，微粒の接着剤が撒布されたものである．ドットタイプはおもに永久接着用に，シンタータイプは仮接着用に用いられている．永久接着用芯地は，アパレルの使用期間，洗濯やドライクリーニングなどの取り扱いに対し接着力を持続できる芯地であり，仮接着芯地は，ステッチによる押さえが必要である．ドットの大きさやドット密度は，表地の種類によって変える必要がある．厚地の表地には，接着力を得るためにドット径は大きく密度の低いものが，薄地の表地に対しては，浸み出しを避けるために径は小さく密度の高いものが使われている．前者の表地の風合いは柔らかく，後者は固くなりやすい．永久接着用芯地の接着剤にはポリアミド系樹脂，仮接着用芯地には水溶性のポリビニルアルコール系樹脂を使用することが多い．

接着芯地は，接着剤や表地の種類により接着力を発揮する条件が異なるので，使用する前に接着テストを行うことが望ましい（8章参照）．

3）ミシン糸

ミシン糸の種類と性能を表6.15に示す．工業用には，ポリエステル糸，ナイロン糸，綿糸が多く使用され，なかでもポリエステルスパン糸とフィラメント糸の使用量は全体の65.5％[21]を占める．ポリエステル糸は，初期ヤング率が高く，高強力，経時変化が少ないなどのミシン糸としての適性を有する．初期ヤング率は，ミシン糸のループ形成（目飛びの発生に影響）に関係する重要な性質で，初期ヤング率が高いほど良好なループが形成される．綿糸は可縫性に優れたミシン糸であ

るが,ポリエステルの方が安価であるため,近年は綿糸の代替にポリエステルスパン糸が使用されている.光沢のある絹糸の代わりには,ポリエステルフィラメント糸が使用されている.ナイロン糸は高伸度であり,編物の縫製に用いられる.高伸縮性の布地の縫製には,ナイロンやポリエステルのウーリー糸を下糸(ルーパー糸)に用いて縫い目にも高い伸縮性を与える.ウーリー糸とは,けん縮加工を施した糸のことである.

その他のミシン糸として,合繊糸の耐熱性の問題をカバーするコアスパン糸やレインコート等の縫製用に撥水処理したもの,汚れやすいアパレルの縫製用に防汚(SR)加工したもの,制電加工を施したものなどがある.

6.2 アパレル素材の造形性能と立体化の技法

アパレルのシルエット形成は,素材の造形性能の影響を大きく受ける.立体化の技法にはいろいろあるが,これらはおもに,布地の異方性やバイアス方向への変形しやすさといった特性を利用しており,造形性能のよい素材は美しいシルエットをつくることができる.素材の造形性能には,曲げ特性,せん断特性,伸長特性の力学的特性や布地の厚さなどが関係している.

6.2.1 いせ込み,伸ばし

いせ込み,伸ばしは,人体の複雑な局面に布地が沿うように立体化をつけるくせとりの一種で,アパレルの着心地の面からも重要な立体化技法である.いせ込みは,布地を縫い縮めたり,アイロン,プレスを用いて布地に膨らみをもたせて人体の凸部に沿わせる技法であり,伸ばしは,アイロン操作で布地を引張しせん断変形させ,人体の凹部に沿わせる技法である.いせ込みは,袖山,後ろ肩,ひじ,スカート胴部に,伸ばしは,前肩,後ろ股上,股下部,縫い代などに行われる(図6.8,6.9).いせ込みやすく,伸ばしやすい布地は,仕立てやすく仕立て映えする布地である.

これらの技法には布地のせん断特性が最も密接に関係する.せん断変形しやすく,せん断ひずみを吸収しやすい布地は,いせ込みやすく,伸ばしやすい.カバーファクタや組織も影響を与える.

6.2.2 ドレープ

ドレープとは,布地が自重で垂下したときに自然につくられる優美な布地の垂れのことをいい,布地の垂下しやすさおよびドレープの形状によって評価される.また,フレアの技法を併用して生ずるひだもドレープと呼ぶ.ドレープを表現する性能をドレープ性といい,素材のドレープ性を生かしたデザインは,優雅な美しい外観を形成するために古くから好んで用いられている(図6.10).

ドレープ性には,布地の曲げ剛さ,せん断変形しやすさ,重さが関係する.ドレープ性の評価の方法の1つにドレープ係数(JIS L 1096参照)があるが,これは量的なドレープ性(垂下しやすさ)を表す指標である.ドレープの美しさを表す質的なドレープ性(ノード形状の均一さ,ノード

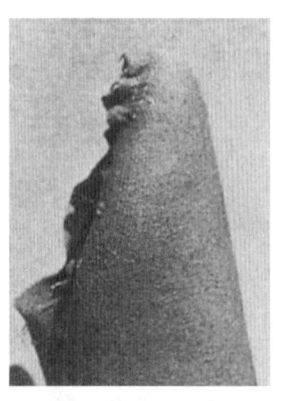

図6.8 袖山のいせ込み

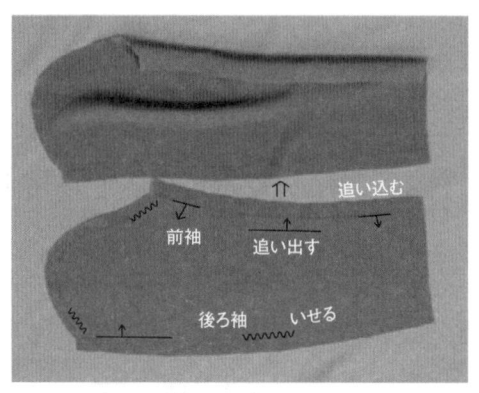

図6.9 外袖(二枚袖)のくせとり

図6.10 ドレープ

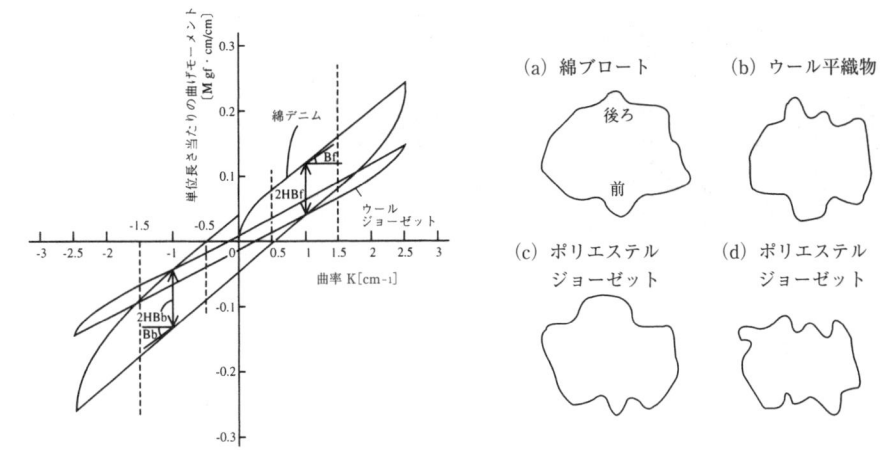

図6.11　布地の曲げヒステリシス曲線の比較

図6.12　ギャザースカートのヘム曲線[26]

高さ，ノード数）の評価方法は確立されていないが，布地のドレープ性を知るうえで欠くことのできない重要な要素である．

6.2.3　ギャザー

ギャザーは，布地を縫い縮めてしわづけをして立体化した状態をいい，その外観は優しく可愛らしいため，女性や子供用の服のデザインに取り入れられている．ギャザースカートやパフスリーブはその代表的なものである．

ギャザーの入りやすさは，布地の曲げ特性および重さの影響を受ける．図6.11は，布地の曲げヒステリシス曲線を示したグラフである．図中のBは曲げ剛性（曲げ剛さ），2HBは曲げヒステリシス（曲げ回復性）を表す．綿デニムは，ウールジョーゼットに比べて曲げ剛く弾力性が小さい．図6.12は，布地の種類，ギャザー比，スカート丈を変化させたギャザースカートのヘム曲線を比較した図である．$\sqrt[3]{B/W}$が小さい布地は，曲げ柔らかく，身体に沿ったシルエットが得られ，$\sqrt{2HB/W}$が小さい布地ほど弾力性に富み，滑らかな美しい曲線が得られる．また，スカート丈もシルエット形成に影響を与え，丈が長くなり自重が大きくなると，裾の広がりが抑制される．

6.2.4　プリーツ

折り山でたたまれたひだのことをプリーツといい，折り山の不明瞭なタックと区別される．プリーツの種類は多様で，その形，本数などにより多くの名称をもち，与えるイメージも大きく異なる．また，デザイン面からだけでなく，運動量をとるためにプリーツを用いることもある．

プリーツ性は，布地の熱セット性と構造（厚さ，組織）の影響を受ける．合成繊維は熱可塑性であるため，プレスにより耐久性のあるプリーツが得られる．

6.3　新しいアパレル素材の種類と取り扱い方

近年，消費者のアパレル素材に対する要求は高品質化，多様化しており，審美的な外観や風合い，新機能を有するアパレル素材が相次いで開発されている．これらは，紡糸技術，紡績技術および加工技術の目ざましい進歩により実現したものであるが，優れた性能をもつ反面，縫製加工において問題も生じている．新素材の種類と性能，および取り扱い方について述べる．

6.3.1　新合繊織物

高度の紡糸，加工技術によって開発されたポリエステル織物を新合繊織物といい，極細繊維技術，特殊断面繊維技術，異収縮混繊糸技術などの高度な加工技術によって生産され，独自の優れた風合いや機能性を有する付加価値の高い布地が多い．しかし，従来の織物に比べて延反・裁断のしにくさ，プレス収縮，芯地のアタリ，パッカリング，針穴傷が発生しやすいといった新たな問題が発生している．いずれの内容も繊維が細く布地が

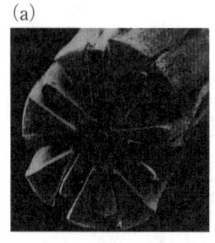

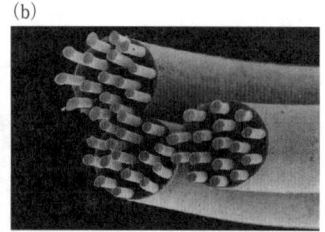

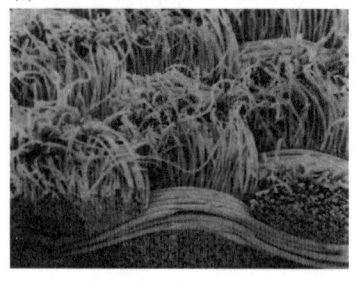

極細繊維の製造方法
(a) はく離分離型（鐘紡）
(b) 溶解除去分離型（東レ）

新合繊織物
(c) 薄起毛調素材・ピーチスキン（鐘紡）

図 6.13　極細繊維と新合繊織物[27]

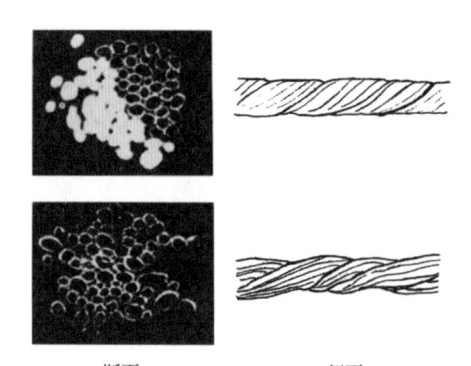

断面　　　　側面

図 6.14　サイロスパン糸（上）とリングスパン糸（下，従来の製法による糸）の断面と側面図[31]

薄地であることに起因し，対策としては，プレスや縫製条件の設定を慎重に行い，縫製は新合繊用の細い針を使用し，ポリエステルの伸長性を生かして小さく引張り縫いをすることにより効果が得られることが多い．

6.3.2　新しいウール素材

近年，春夏用のウール素材のアパレルには，薄地で軽い布地が用いられている．原料となる糸の代表的な製造方法にサイロスパン紡績があり，つくられる糸をサイロスパン糸という．サイロスパン糸は，粗糸を2本そろえ，より合わせて直接糸とするため，1本の糸を2本合わせ上よりをかけて糸にする従来のそ毛糸（リングスパン糸）より細い糸をつくることができる（図6.14）．また，毛羽の少ない光沢のある薄地の布地の製造が可能である[31]．サイロスパン紡績の応用技術によりつくられた複合糸を用いた布地が，現在，多く製造されている．これらの織物は着心地は優れているが，H.E. が大きく，プレスによる熱収縮や表面変化などの事故が発生しやすい．従来の羊毛製品に比べて布地の水分率の管理に注意を要し，表地のH.E. 伸縮挙動に適合する接着芯地の選定も必要である．プレス条件（温度，圧力）に関しては，少し低く設定する．

その他，近年のウォッシャブルウールへの要求の高まりから，羊毛繊維の表面のスケールの改質に関するさまざまな防縮加工（除去，固定化，柔軟化ほか）が試みられている．

6.3.3　リヨセル

リヨセルは，溶剤紡糸法によってつくられるセルロース繊維で，繊維製品品質表示規定では指定外繊維扱いである．パルプをアミンオキサイド系の溶剤で溶解し紡糸する．溶剤は完全に回収され，公害となる廃液や廃棄物が出ない製法であるためにエコ繊維として関心が高い．他のセルロース繊維に比べ強度，弾力性が高い．とくに，湿潤時の強度の低下が少なく耐薬品性であることから，特殊染色仕上げ加工が施され，多くの風合いと表面状態が得られる．着心地が優れており，ブロード，デニム，ダンガリーなどの織物や編物等に多く使用されている．しかし，反物間で色差が生じやすく，製作にあたっては，色合わせに注意を要する．縫製時，押え金によるアタリが発生しやすいので，テフロン押えを使用する．

6.3.4　複合素材

近年の複合素材は，複合糸の製造方法がさらに進歩し，フィラメント糸と紡績糸の複合化，合成繊維と天然繊維の糸の複合化，よりの方向・より数の異なる糸の複合化，番手の異なる糸の複合化，断面形状の異なる繊維の複合化などの従来にはみられなかったいろいろな複合化が行われ，ソフト感，速乾性，保温性，ストレッチ性などの新しい感性および機能性を有する複合素材の開発が進んでいる．縫製加工にあたっては，それぞれの素材の特徴を把握し対処する必要がある．

7. アパレルの設計

アパレル設計とは，アパレル製作のためのデザイン企画に基づきながら，具体的に，着用者に適合したパターンを作成することである．アパレルは平面な布を素材としてつくられることが一般的であり，パターン作成は複曲面で形成された3次元立体である人体を平面に置き換えることが必要となる．また，アパレルに対しては，着て快適で，安全で，見た目の美しさが求められ，パターンを設計する際には，これらの要求を満たすための配慮をしなければならない．本章では，こうしたパターン設計に必要な基礎的な知識について解説する．

立体構成のアパレルは，身体への適合性がよく，着心地よく，安全でしかも美的効果が高い形と組み立て方が要求される．こうした要求を満たすためには，第4章「着衣する人体」で述べている体型情報を的確にパターンに導入することが重要である．

7.1. パターン作成法

立体構成のパターン作成は，図7.1に示したように，着衣基体である人体，またはそれに代わる人台に直接布を当てて裁断し，これを平面に展開して求めるドレーピング法（draping-system）と人体各部位の寸法を採取し，それを基に図学的手法で平面作図を行うドラフティング法（drafting-system），およびこれらを併用して行われている．

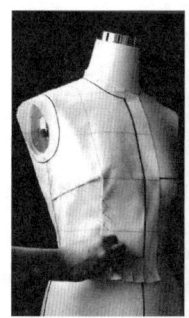

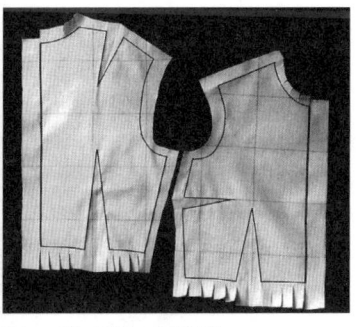

図7.1 ドレーピング法による原型

7.1.1 ドレーピング法

ドレーピング法は，基体に直接布を当て，ハングの状態を視覚で確かめながら布のピンワークならびにカッティングを行うため，立体性，創作性が求められるアパレルのパターンメーキング法として広く用いられている．今日では，アパレル産業生産におけるマスターパターンの多くがこの方法でつくられている．ドレーピング法によるパターンメーキングには，洗練された感覚と高度な技術が要求されるとともに，正確な体型情報を反映した人台の選択が重要となる．人台は，性別，年齢別，JIS衣料用サイズに対応したサイズ別，ゆとりを加えた服種別，部位別，用途別など多くの種類があるので（8章参照），目的に応じて使い分けることが大切である．ドレーピング法によるパターン設計は，たとえ熟練者であっても同一パターンを再現することは難しく，また，生産性も低いことから，新しいブランドを立ち上げる，シルエットを変更する，シルエット・デザインのバランスを検証する際に適用されることが多い．

7.1.2 ドラフティング法

ドラフティング法によるパターンメーキングは，人体表面積の算出法にヒントを得たベルギー人裁縫師が洋服の割り出し製図法を考案したのが始まりとされている[1]．わが国には，アメリカを経由して昭和初期に移入された．再現性が高く，多数を一斉に教授できる利点から学校教育の場で

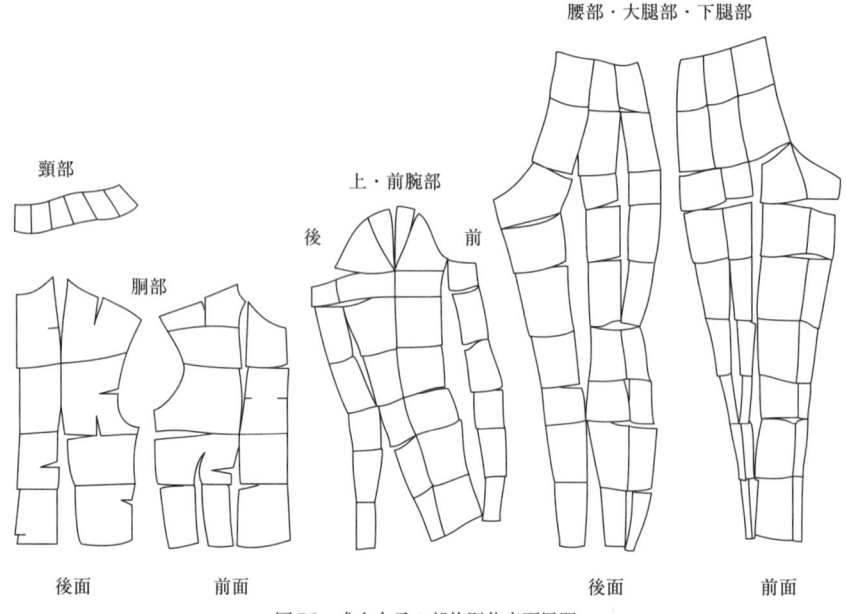

図 7.2 成人女子の部位別体表面展開

採用され，普及した．

7.2 人体の形態と衣服原型

衣服原型とは，各種衣服パターン設計の基本となる元型のことで，人体表面を被覆する大きさと形，人体の生理，運動・動作機能に対応できる最小限のゆとりを具備していなければならない．そのうえ，あらゆる服種へのデザイン展開が容易にできる構造であることが要件である．今日，ドラフティング法による原型は，種々考案・開発されているが，大別すると，人体各部位を詳細に計測し，計測データに基づいて作図を行う短寸式 (short measure-method) と，身体を構成する代表的な部位数箇所の計測値を用いて割り出し法で作図 (proportional-method) し，利便性，汎用性を重視する長寸式とがある（とくにバスト寸法を基本として相関性が高い各部位寸法を割り出す方法を胸度式とも呼ぶ）．また，経験や知識の少ない初心者でも容易に作図ができる単純な矩形から衣服パターンを作成する囲み作図法 (siege-method) もある．これらの原型作図法を選択して引用する場合には，

・体型要素が反映できる．
・作図に必要な測定値が少なくてよい．
・作図が簡単で，合理的である．

などの確認をしておく必要がある．

7.2.1 人体各部位の形状と衣服原型

アパレルに覆われる体表は，頸部，体幹部（胸部，腹部，腰部），上肢部，下肢部に区分される．これらは，それぞれ異なった形態と動作機能をもっているため，アパレルの多くは，さらに前・後，上・下に細区分してパターンを作成し，縫合して一体化させている．したがって，衣服原型は，胴部，袖，えり，スカート，パンツに区分して作成される．原型作成にあたっては，まず，複曲面で構成された体表を展開可能な平面パターンとして総括的に認識する必要がある．図 7.2 は，成人女子の頸部，胴部，上・前腕部，腰・大腿・下腿部の体表面を石膏包帯で採取し，平面展開したものである．各部位の体表ピースを身体計測値と対応させながら，作図可能な幾何図形に集約し，適切なゆとりを加えて原型を完成させる．体表ピースに生じた間隙は，体型の立体性を表出するもので，ダーツとして処理するか，許容ゆとりとして原型に組み込まれる．

7.2.2 体型変化と衣服原型

ヒトは乳・幼児，少年・少女，成人男子・女

子，高齢男子・女子へ，年齢とともに特徴的な体型変化がみられる．個人差は当然あるが，各性・年齢層に共通する形態的特性は，集約して原型設計に反映しなければならない．図7.3は，各層から抽出した被験者を対象にして，テープ法による体表シェルを採取し，平面展開したものである．これらを資料として，各層における原型作図のあり方を考えてみたい．

①成人女子　前面の乳頭点から肩線に大きいV字型間隙がみられる．これは乳房の膨らみに対応するもので，女子用原型の形状要素として最も重要である．

②成人男子　成人女子に比べ総体的に大きく，体表の凹凸を表す間隙が少ない．頸付け根を含む肩部周辺に立体的特徴が集約されており，原型にこの特性を反映することが大切である．

③高齢女子　背面肩部から生じた間隙の幅と長さが成人女子よりも大きく，ウエストのくびれが小さい．また，前面において，乳頭点がウエストラインに近接している．この背面の曲率と前面乳房の下垂に対応するダーツ処理が高齢女子用原型作図のキーポイントとなる．

④10歳少女　成人女子に類似の形状が認められるが，まだ成長途上であるため乳房の膨らみに対応する間隙がきわめて小さい．この年齢層には，成長度に合わせた柔軟な作図ができる原型が適している．

⑤4歳女児　ウエストのくびれがなく，前面における胸骨上端から腹部が突出した展開図となっており，これに対応した前下がりを原型に組み込む必要がある．個体差が著しい時期でもあり，定寸や割り出し法による作図は，体型への不適合箇所が多くなる．胸囲，腰囲，腹囲のプロポーションに配慮した設計が望まれる．

これら体表面展開図から，性，年齢に応じた固有の形状的特徴を読み取ることができ，原型作図に対する留意点も異なることがわかる．しかし，原型は，同じ作図理論であらゆる体型をカバーすることが望ましい．1つの試みとして，三角形法からヒントを得た図7.4に示す原型作成法を考案した[2)3)]．まず，胴部体表を乳頭点と肩甲骨最突点を頂点とした三角形の多面体に置き換え，三角形各辺の測定値を用いて平面作図を行う．前・後腋点直下線に，上肢挙上動作による体表伸展量をゆとりとして加えて原型とする．この原型は，若齢女子に対してはいうまでもないが，胸椎の後彎など体型変化が著しく，個体差の大きい高齢女子にも適合することが確かめられている．カバー率の高い原型作図法の1つとして参考になる．

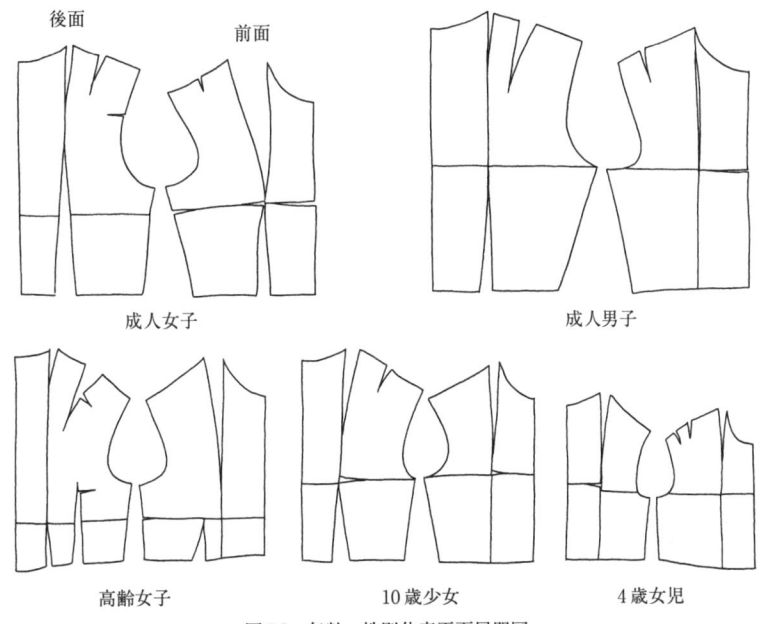

図7.3　年齢・性別体表平面展開図

76 | 7. アパレルの設計

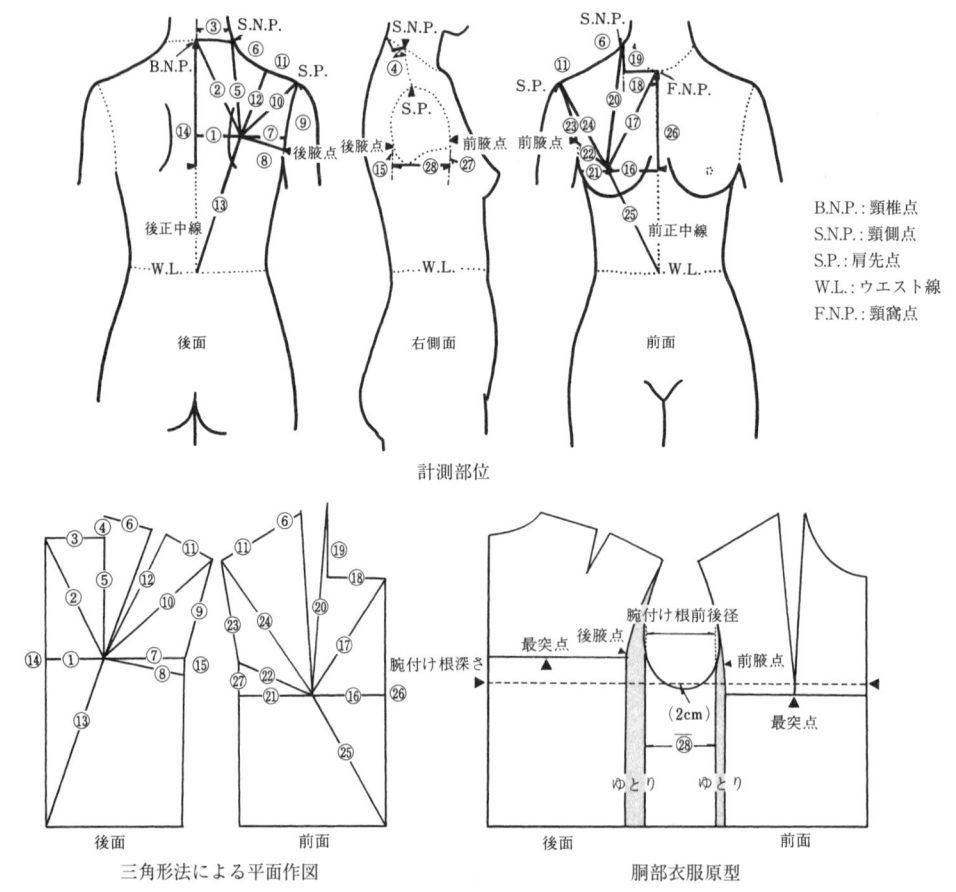

B.N.P.：頸椎点
S.N.P.：頸側点
S.P.：肩先点
W.L.：ウエスト線
F.N.P.：頸窩点

計測部位

三角形法による平面作図　　胴部衣服原型

図7.4　成人女子用胴部衣服原型[3]

7.3　パターン設計とゆとり量

アパレルは人体の複製物ではなく，体表面が即パターンとは成り得ない．そこには望ましい衣服内気候を形成し，着脱を含めたダイナミックな動作に追従できるゆとりが不可欠であり，アパレルの美的効果を高めるためのゆとりも必要である．

アパレルのゆとり量については統一された定義がなく，「被服と人体とに間に介在する容積」[4]，「衣服の面積と身体の被覆面積の差」[5]，「衣服に必要な機能をもたせるために身体寸法に加える量（機能量）」[6]として解釈されている．パターン設計の立場からは，この必要ゆとり量を体表展開面にいかに導入して，保持していくかが課題である．

アパレルのゆとり量の問題解決には，まず，体表面形状とパターンの関係を追究することが重要である．次に，アパレルに加えたゆとりが3次元空間の中で人体とどのような関わりをもちながら存在するかを知る必要がある．そして，パターンに導入したゆとりが形成する空隙の多角的な機能を確認して，アパレルにとって有効なゆとり量と設定位置を結論づけることが大切である．

7.3.1　ゆとり設定位置と保持性

アパレルのパターンに加えたゆとりが効率的に機能するためには，まず，ゆとりの設定位置と保持性について検討しておく必要がある．図7.5は，胴部パターンの腋点直下線，肩幅の中央直下線，肩甲最突直下線にゆとりを加え，人体とアパレルとの間に形成される空隙量をみたものである．腋線上にゆとりを加えたアパレルが最も空隙の偏りが少なく，腋線周辺にゆとりが留まっている．この腋線は上半身水平断面において最も曲率が大きい面の転換位置に相当する．ゆとりは体表の曲率が大きい位置に設定すれば，他へ流動することが少なく，保持性が高くなるといえる．

アパレルに加えるゆとりは，過剰でも，不足でも機能が低下する．アパレルが着て快適であるためには，目的に応じたゆとり配分が大切である．ゆとり保持性が高いことが確かめられた腋線上のゆとり量を変化させて，アパレルと体表との間に形成される空隙量をレントゲン写真でみると図7.6のようになる．腋線上4か所に，20mmずつゆとりを配したF2B2には，前・後腋線ならびに前・後正中線において10-15mmの均一な空隙がみられる．この空隙距離は，保健衛生上望ましい空気層と一致しており，バストに加えるゆとりの基本的な量と考えてよい．

図7.5 ゆとり設定位置と空隙量[7]

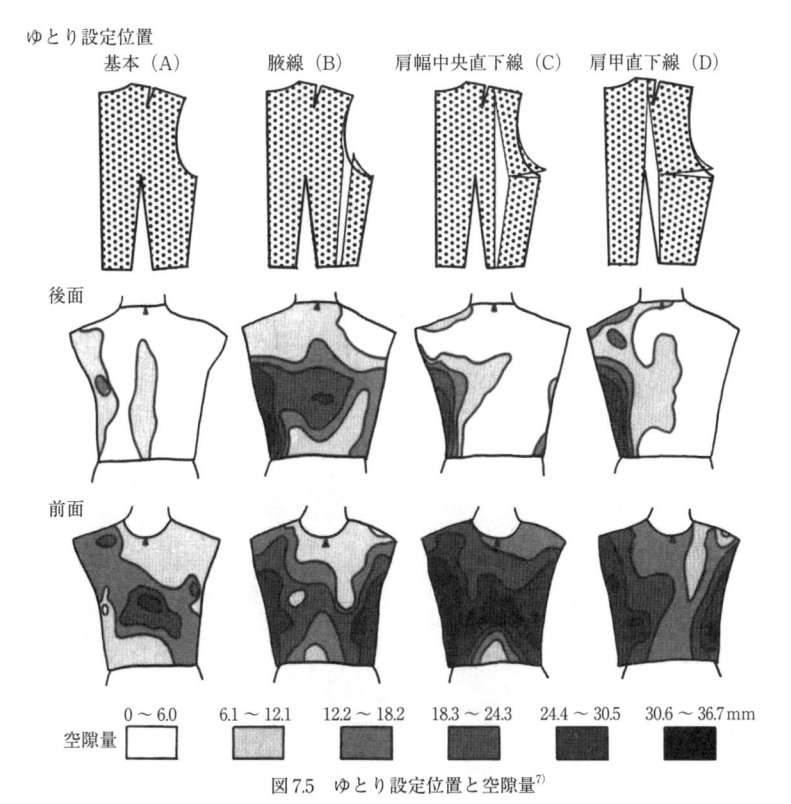

表7.1 胴部衣服に設定したゆとり量[8] （単位：mm）

ゆとり設定位置	ゆとり量			
	F0B0	F0B2	F0B4	F2B2
後腋線	0	20	40	20
前腋線	0	0	0	20

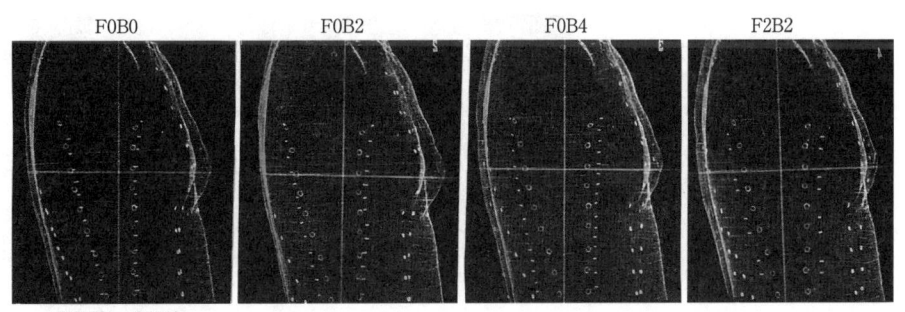

図7.6 ゆとり量の配分と空隙量[8]

7.3.2 ゆとりが形成する空隙

アパレルに加えたゆとりが形成する空隙量を検討するため，成人女子用ボディを基体として表面形状をシェル法で採取し，平面展開してゆとりなし，前・後腋点直下線に3cm，6cmのゆとり量を加えたアパレルパターンを作成した．3種のパターン形状は図7.7のようになり，基体表面積とパターンの面積は表7.2のようになった．これらのパターンを用いてアパレルを作製し，基体に着せたときのアパレル表面からボディまでの空間距離，すなわち空隙量は図7.8のようになり，水平断面でとらえると図7.9のようになる．そして，この空隙量を3次元的な空隙容積としてみると図7.10のようになる．空隙量はゆとり量に比例して増大し，ゆとりの有・無，量の多・少が空隙形成に大きく影響することがわかる．

こうした空隙量は，動作適応ゆとり量として，また，アパレルの熱移動抵抗に関わる空気層として，アパレル設計上欠くことができない．

7.3.3 体表変化とゆとり量

図7.11は上肢挙上動作による胴部体表変化の状況をパターンで，表7.3は面積変化率でみたものである．体表変化は，前面よりも後面で大きく，とくに腋窩にかけての腕付け根周辺で大きいことが認められる．

原型に加えなければならない動作適応のための最小限のゆとり量は，これらから判断される．

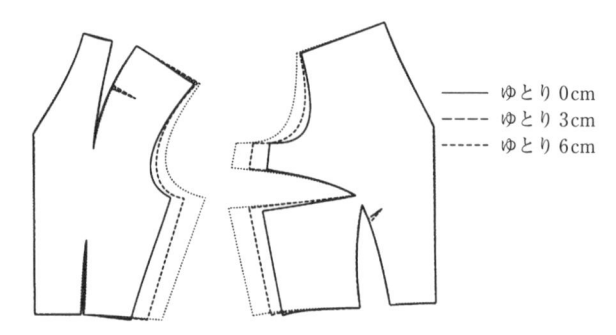

図7.7 成人女子用ボディから起こしたゆとり量の異なる3種のパターン

表7.2 ボディとゆとり量の異なるパターンの面積[9]

単位：cm

対象	前身頃パターン 面積	前身頃パターン 増加率	後身頃パターン 面積	後身頃パターン 増加率	前・後パターン 面積	前・後パターン 増加率
基体ボディ	676.8	−	605.9	−	1282.7	−
ゆとり0cm	684.3	1.01	612.3	1.01	1296.6	1.01
ゆとり3cm	753.1	1.11	673.5	1.11	1426.6	1.11
ゆとり6cm	819.0	1.21	753.2	1.24	1572.2	1.23

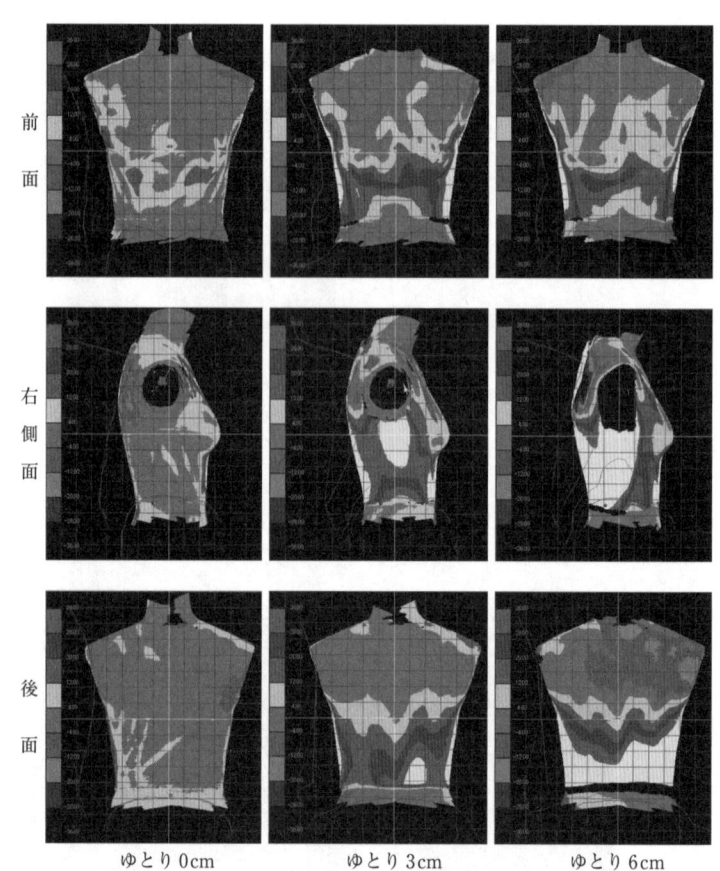

※表示色のグレード：上方ほど空隙量が多いことを示す．

図7.8 ゆとり量の異なるアパレルの空隙量[9]（口絵3参照）

7.3 パターン設計とゆとり量 | 79

|ゆとり 0 cm|
|ゆとり 3 cm|
|ゆとり 6 cm|

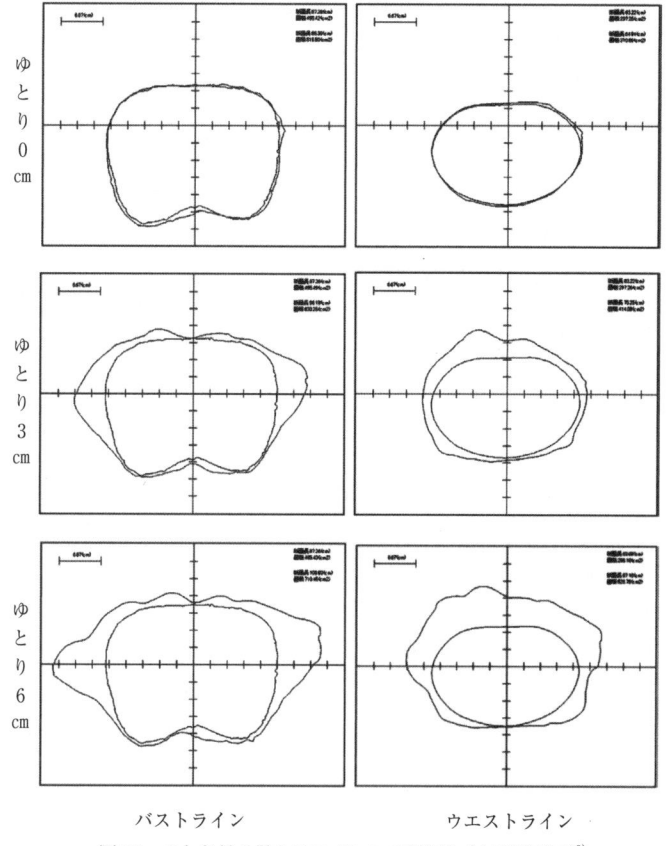

バストライン　　　　　　ウエストライン

図7.9　ゆとり量の異なるアパレルの空隙量（水平断面図）[9]

図7.10　ゆとり量の異なるアパレルの空隙容積[9]

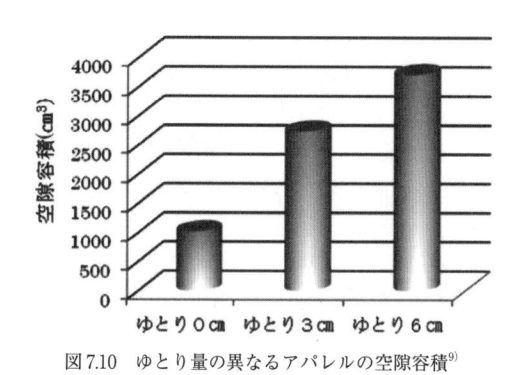

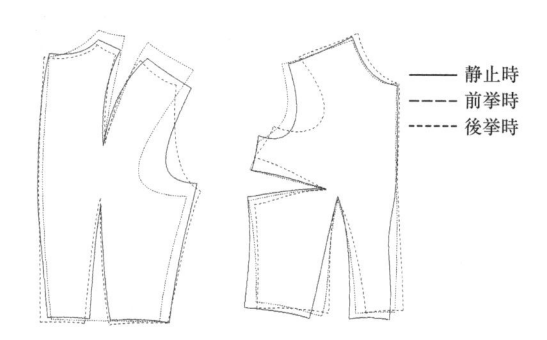

――― 静止時
----- 前挙時
----- 後挙時

図7.11　上肢挙動による体表形状変化

表7.3　動作による体表面積変化率

体表区分	前挙時／静止時	後挙時／静止時
後面	1.01	0.94
前面	0.92	1.03

7.3.4 ゆとり設定位置と身体拘束性

運動機能性の高いアパレルとは，人が動作したとき，皮膚の伸展に十分追従でき，動きを拘束しないものでなければならない．こうした機能は，アパレル素材との関わりが深いが，ゆとり量や設定位置の影響も大きい．パンツを例として，パターンに加えたゆとりが動作時の身体拘束性に及ぼす影響を衣服圧でみると，図7.12のようになる．

ゆとりをまったく加えていないパンツAは，膝関節90°屈曲動作をすると，前・後面膝囲位に$260 g/cm^2$を超える圧がかかり，体幹部前屈動作時には，臀部中央にこれを上回る圧がみられる．これに比較して，肩甲最突直下線（肩甲直下線）を展開して幅方向に70 mmのゆとりを加えたパンツBは，いずれの動作においても圧が低下している．臀溝位丈方向に35 mmのゆとりを加えたパンツCは，臀溝周辺の圧が減少している．したがって，パンツに設定したゆとりは，動作時の身体拘束性を緩和し，とくに，幅方向のゆとりは，股関節動作の体表変化に十分対応するといえる．

7.3.5 アパレルの変位性とゆとり

アパレルのゆとりは，素材の伸縮性や変位性，また，デザインや着装方法によって，体表伸展量に加算したり減算したりして設定する必要がある．図7.13は袖付きと袖なしのアパレルを着用して，上肢挙上した状態を比較したものである．胴部のパターンは同じであっても，袖つきアパレルの場合，腋窩部の伸展にアパレルが追従できないため背面につれじわが生じ，肩先が大きく浮いた状態になっている．一方，袖なしアパレルでは，体表の伸展量とアパレルのゆとり量の差を，アパレルと人体とのずれで対応している．アパレルが変位しやすい形態であれば，パターンに組み入れるゆとり量は少なくてよいことがわかる．

7.3.6 ゆとり量と身体拘束感・温熱感

アパレルにおけるゆとり量の適否は，究極的には人間自身の感覚で評価しなければならない．し

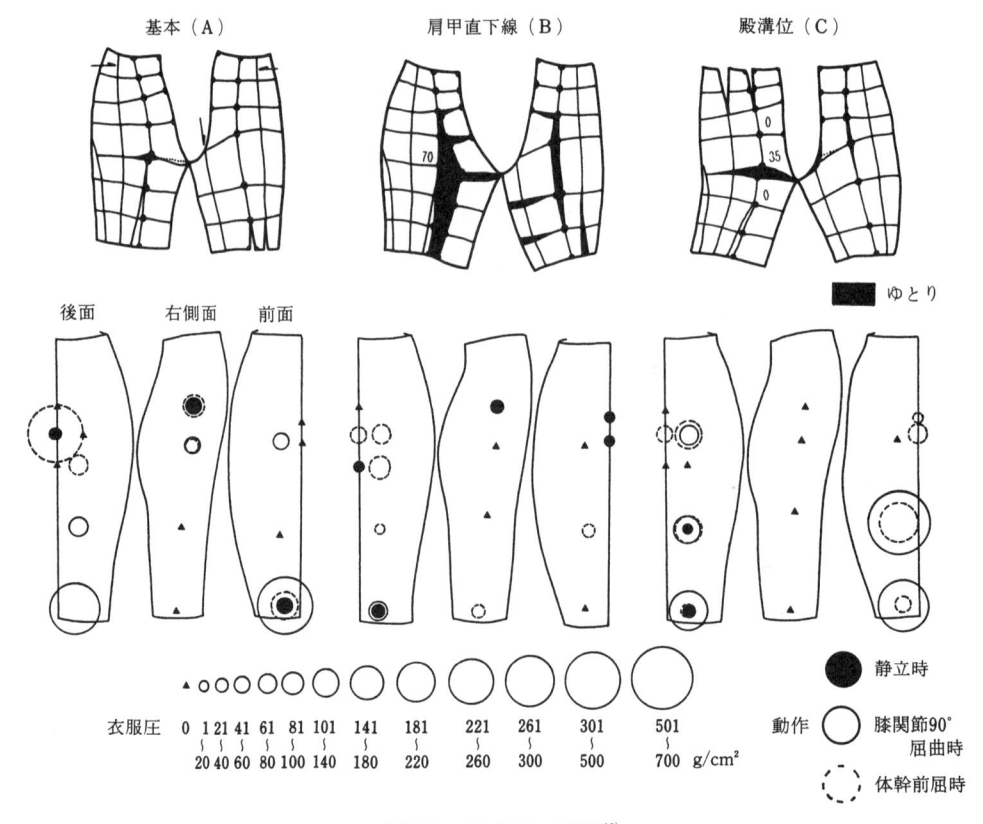

図7.12 ゆとり量と衣服圧[10]

かし，人間の感覚は個人差があり，同じ人間であっても状況によって変化する．機器計測による客観的評価と主観評価との対応も必要である．

図7.14はゆとり量を変化させた3種のアパレル（図7.7参照）の動作時身体拘束感と温熱感を7段階尺度で評価した結果を示したものである．ゆとりを入れていないアパレルはきついと評価され，6 cmのゆとり量を前・後腋線4か所に加えた通常よりもゆとりが多いアパレルは，動作時であってもゆるいと評価された．温熱感は，ゆとりが通常よりも多いアパレルに寒い・涼しい側の評価がされた．これらより，ゆとり量が多すぎても，少なすぎても快適感は得られないことが示唆された．身体拘束感を緩和するため，また，着用感を高めるための要素として，ゆとりは欠かせないことがわかる．

これら1）〜6）の事例は，アパレルに加えたゆとりの機能を一側面からみたものであり，さらに多くの研究データの集積が重要である．

アパレルに加えるゆとりは身体因子が基盤とし，パターン形状要素を加味しながら，最終的には素材特性との関わりで結論づける必要がある．

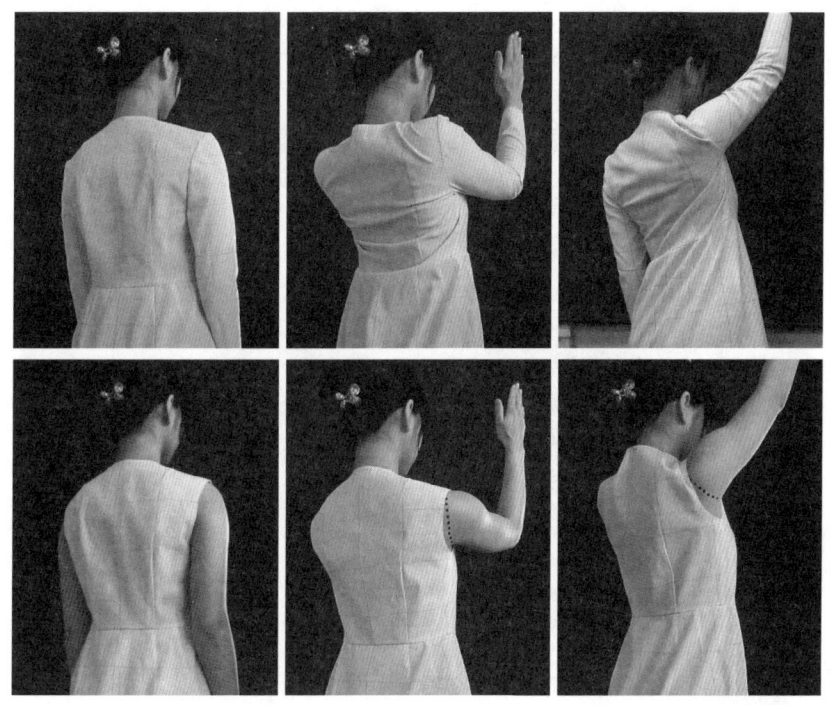

図7.13 動作による人体とアパレルのずれ

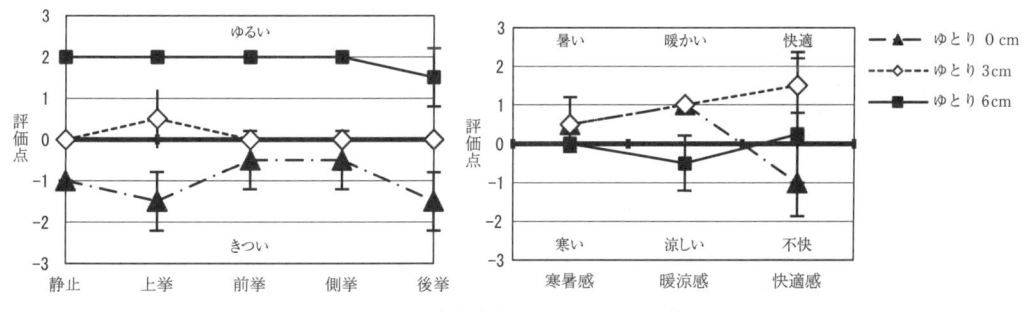

図7.14 ゆとりが身体拘束感・温熱感に及ぼす影響

7.4 パターンのデザイン展開

デザインパターンを作成するためには，デザイン画に示されたシルエット，構造線，ゆとり量などを的確に読み取ることが重要である．また，パターンに展開する際，上半身では肩部，下半身ではウエストが衣服を支持する部位であり，寸法および形状が着心地，動きやすさ，シルエットの保持に重要である．また，胴部原型は，服種，着用目的，使用素材の特性によって幅や丈のグレード，シルエットに応じてアウトラインや構造線の展開が行われる．

着脱のための明きについては，動作時の体表変化が少ない位置，着脱がスムーズにできる寸法に設定する必要がある．パターンの展開量は，体型へのフィット性とルーズ性，素材の伸縮特性，厚さ，剛軟度，ドレープ性，せん断性などの素材特性を考慮する必要がある．

ダーツの移動については，最突点を起点としていずれの方向にも可能であるが，外郭線までの距離が長くなるとダーツ量も多くなる（ダーツの角度は長さに関係なく一定）．ダーツは基本的には布を体型に沿わせるために形成するものであり，いずれに展開してもパターン面積，パターンを中空立体化した容積は，原則として変化しない．ダーツのデザイン展開は，集合，分散，切り離し，ギャザー化，タック化などの操作によりバリエーションが広くなる．

7.4.1 身頃のデザイン展開

図7.15は，体幹部石膏トルソーから得た体表シェルを平面展開した例である．各展開図におけるピース間隙は，肩甲最突点，乳頭点を起点として外郭線に向けてV字状に広がるという共通性がみられる．つまり，前面では乳頭点，後面では肩甲骨最突点を起点に，360°いずれの方向に展開しても同じ面積のパターンが得られ，組み立てた中空立体は同じ容積になることを表している．身頃のデザイン展開は，まず，この間隙の処理が基盤となり，ベーシックな方法としてダーツや切替え線に発展させることができる．また，デコラティブな方法としてギャザー，フレアー，タック，プリーツ，シャーリングなどに展開できる．

図7.16は，後面肩部と前面乳房部に生じた間隙をダーツとしてデザイン展開する場合の基本位置と名称を示したものである．こうしたダーツは，図7.17，図7.18のように集合，分散，切り離し，ギャザー化，タック化などの操作により，デザインのバリエーションをさらに広げることができる．

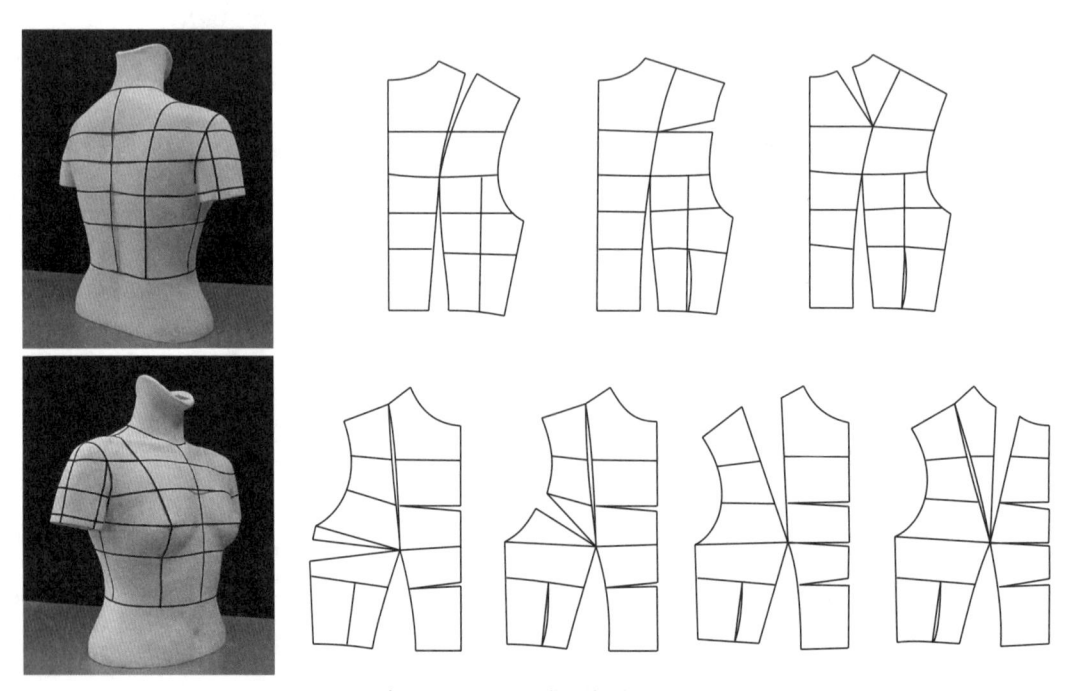

図7.15　石膏トルソーに入れた基準線と体表シェル平面展開図

7.4 パターンのデザイン展開 | 83

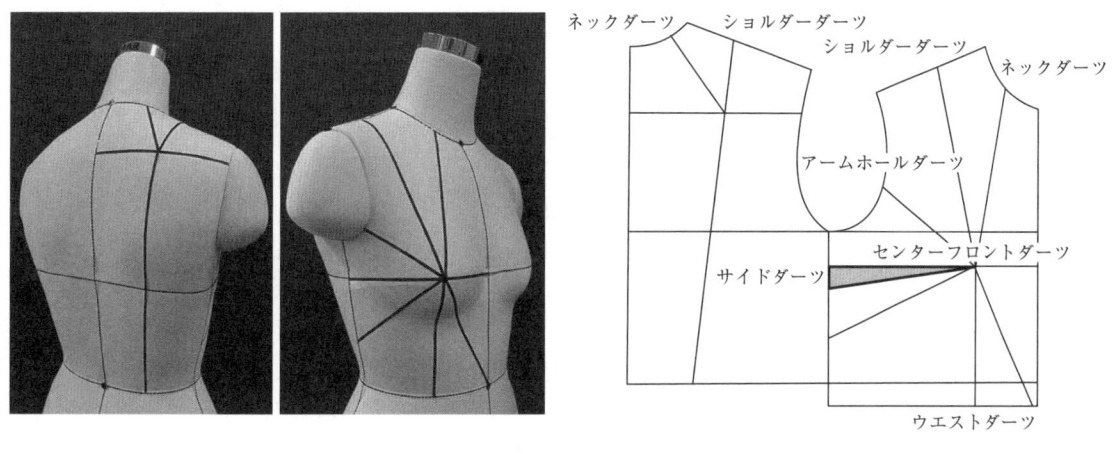

図 7.16 基本ダーツ位置と名称

ネックダーツ　ショルダーダーツ　ショルダーダーツ　ネックダーツ
アームホールダーツ
サイドダーツ　センターフロントダーツ
ウエストダーツ

ショルダーダーツ

ネックダーツ

アームホールダーツのヨーク処理

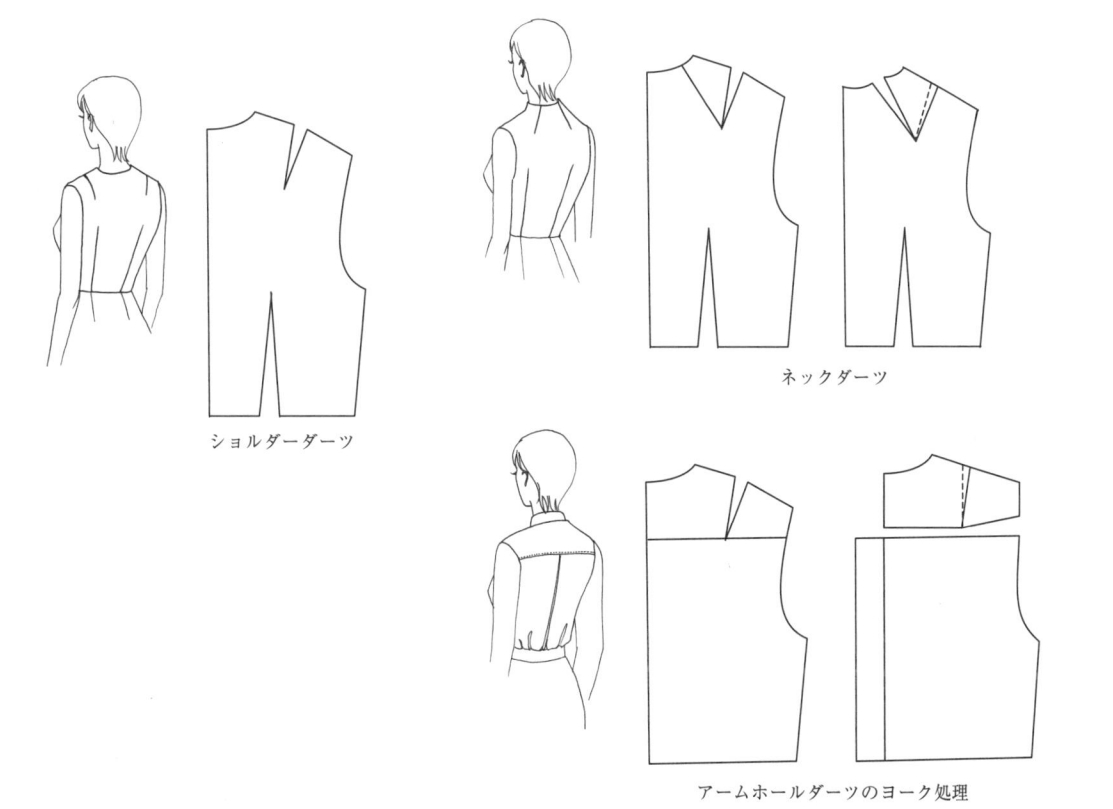

図 7.17 後身頃ダーツのデザイン展開

基本ダーツ　　　　　　　　　　　　　　　　ダーツの集合

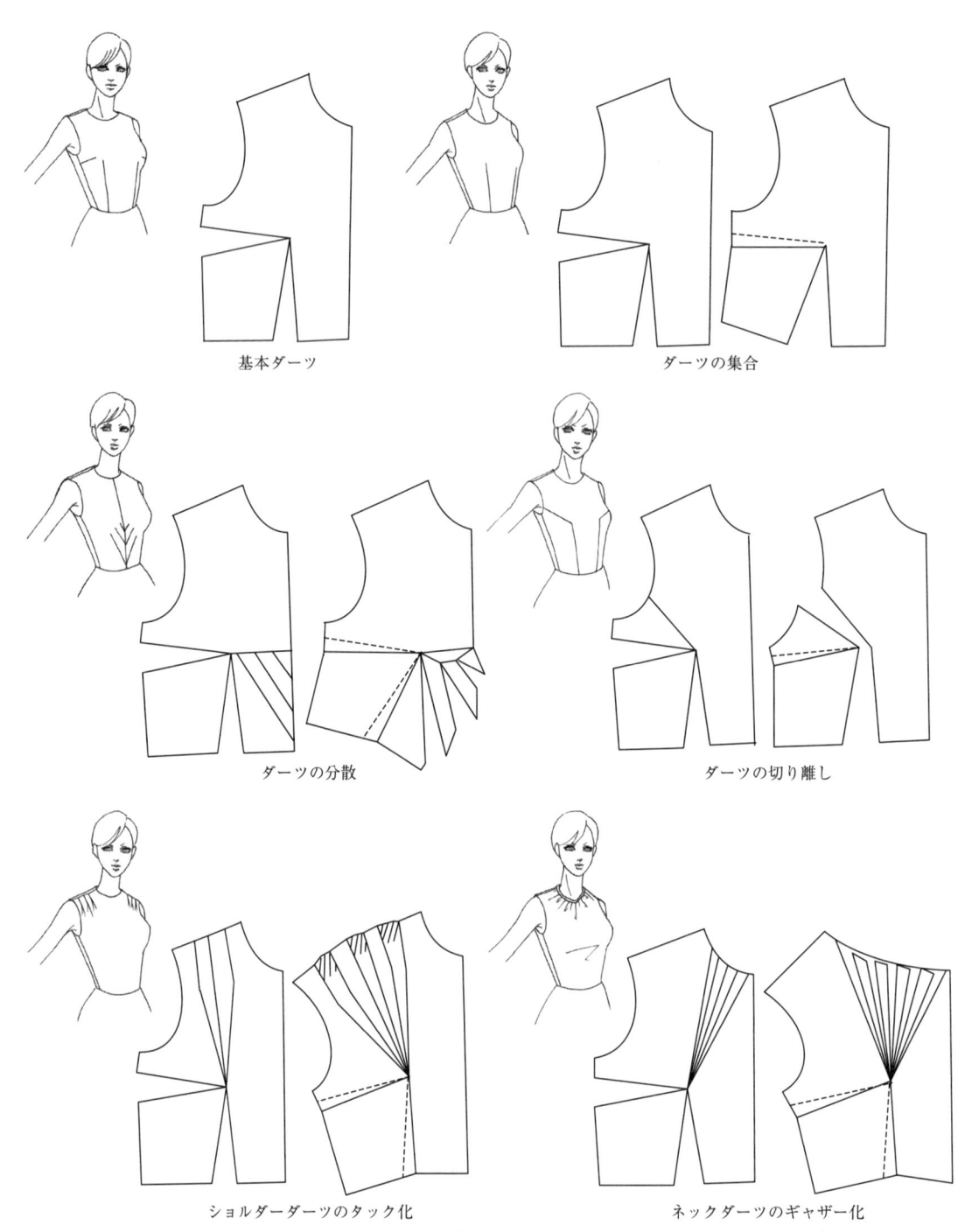

ダーツの分散　　　　　　　　　　　　　　　ダーツの切り離し

ショルダーダーツのタック化　　　　　　　　ネックダーツのギャザー化

図7.18　前身頃ダーツデザイン展開

7.4.2　袖のデザイン展開

袖は身頃に縫合されて成り立つものであり，身頃のアームホールが定まってからデザイン展開しなければならない．まず，袖を身頃のアームホールに接合する角度を決める（図7.19）．上肢を水平に挙上した状態に近づくほど，袖幅が広く，袖山の高さが低く，袖下が長くなり，動作に対応しやすくなるが，上肢下垂時には余りじわが生じ，体型適合性が低下する．反対に上肢を下垂した状態に近い接合角度にすれば，動作域が狭くなる．

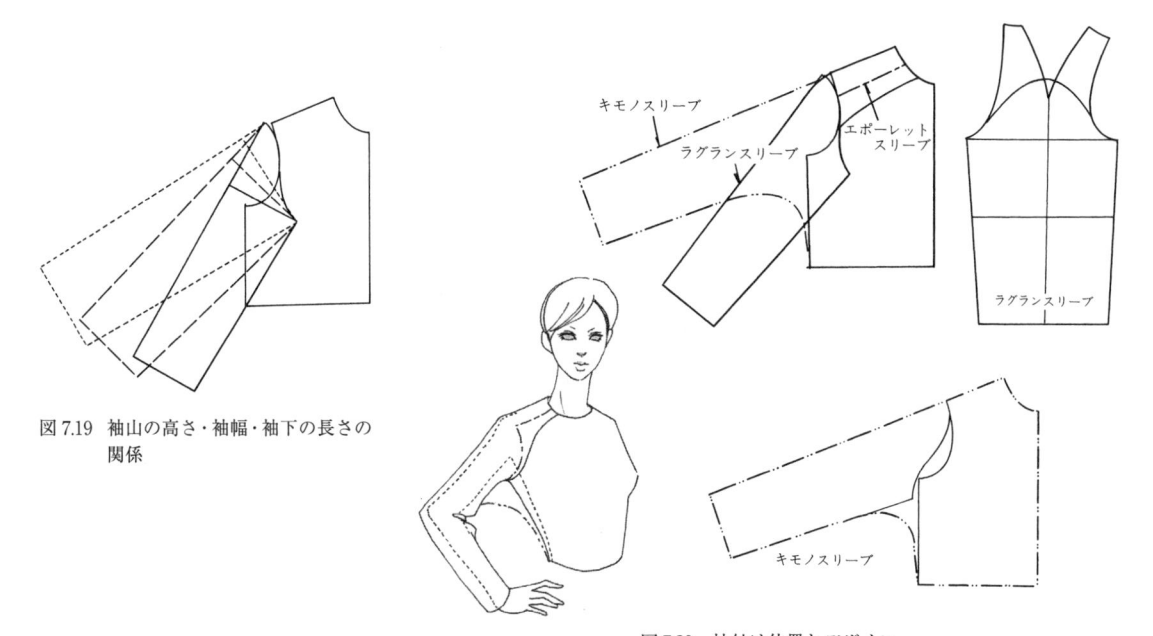

図7.19 袖山の高さ・袖幅・袖下の長さの関係

図7.20 袖付け位置とデザイン

袖の接合角度（袖山の高さ，袖幅）は，アパレルの着用目的に応じて決めることが大切である．

袖パターンのデザイン展開は，袖付けの位置設定が基本となる．セットインスリーブは，アームサイラインに袖付け線を設定し，腕の形状に沿わせるためのダーツや構成面の取り方，また，袖山や袖口の切り開きによってさまざまなデザイン展開ができる．ラグランスリーブやエポーレットスリーブは，図7.20のように身頃原型のアームホールと袖原型の袖山線を接合させ，袖付け線を身頃肩部に設定する．デザインのバリエーションは，セットインスリーブと同様，袖山の高さやパターンの切り開きによって拡大される．キモノスリーブは，図7.20のように身頃と袖を連結させて作図する．これらの袖は，身頃と袖の接合角度が同じであっても動作機能性が異なるので，それぞれの特性をつかんでおくとよい．

7.4.3 えりのデザイン展開

えりは，袖と同様，身頃のネックラインに縫合されて成り立つものであり，ネックラインの設定が先行する．えりの設計は，頸部形態からの展開と身頃肩部からの展開によって行われている．

図7.22は，えりのデザインとパターン展開を系統的に示したものである．頸部形態からの展開は2系列に分岐する．頸部体表面のネックライン寸法を長径としたスタンドカラーを基本として，1つは，えり端を頸部形態に沿わせた扇型スタンドカラーに展開し，さらに，えり端が上えりに発展したシャツカラーとなり，上えりと台えりの2部構成スタンドアンドフォールカラーに属するシャツカラーへと進展する．一方は，基本スタンドカラーのえり幅を広くして二重に折り，ダッチカラーとなり，えり外回りを切り開いてロールカラーに展開し，さらに，身頃の肩部に沿ったフラットカラーに展開する系列に整理できる．

身頃からの展開によるえりは，前・後身頃それぞれにえり形状情報を2次元的に描写し，これを平面展開して接合させたロールカラーから，直接前・後身頃の肩を重ねて設計するフラットカラーにつながる．そして，ロールカラーは身頃の一部を折り返してオープンカラーを形成し，テーラードカラーに発展させることができる．

一般に，ロールカラーの作図は，着用者の頸部形態に関わりなく，身頃より自動的に決まるえり付け寸法を基に，経験と勘から求めたえり付け線のくり寸法を与える方法で行われてきた．しかし，CADによるパターンメーキングが行われるようになった今日では，こうした経験や勘を作図理論で裏打ちする必要性が高まってきた．

86 | 7. アパレルの設計

一枚袖

ヨコダーツ　タテダーツ

二枚袖

デザイン展開線

袖原型

ビショップスリーブ（A）　ビショップスリーブ（B）　レッグオブマトンスリーブ

図7.21　袖のデザイン展開

7.4 パターンのデザイン展開

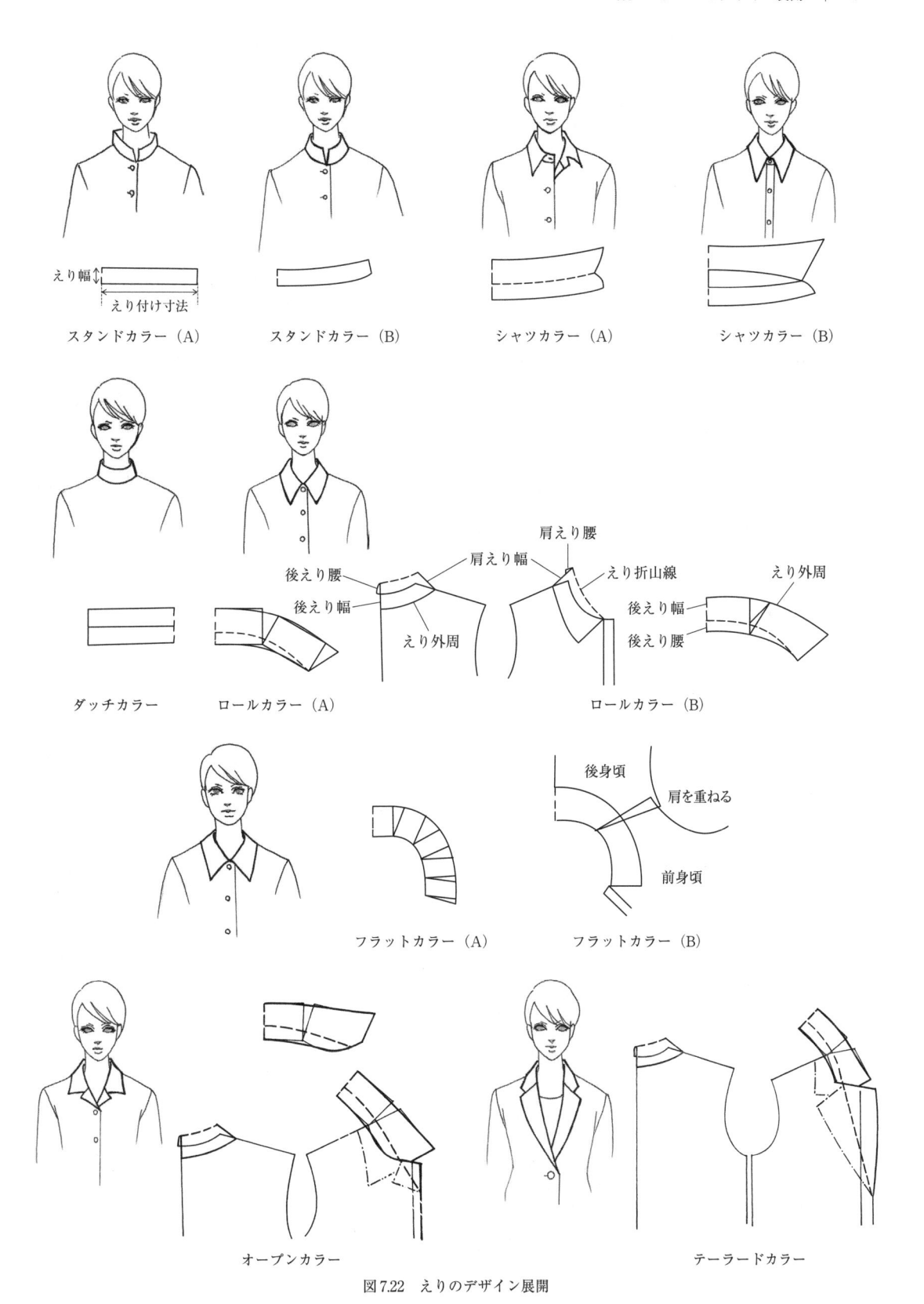

スタンドカラー（A）　　スタンドカラー（B）　　シャツカラー（A）　　シャツカラー（B）

えり幅
えり付け寸法

ダッチカラー　　ロールカラー（A）　　ロールカラー（B）

後えり腰
後えり幅
肩えり腰
肩えり幅
えり外周
えり折山線
後えり幅
後えり腰
えり外周

フラットカラー（A）　　フラットカラー（B）

後身頃
肩を重ねる
前身頃

オープンカラー　　　　　　　　　　　テーラードカラー

図 7.22　えりのデザイン展開

7.4.4 スカートのデザイン展開

人体の下半身を概観すると，ヒップラインを境として上部は円錐台形，下部は円筒形とみなせる．スカートはこの円錐台形と円筒形を展開することによってデザインのバリエーションが生まれる．円錐台形部分のパターンは，ヒップ寸法とウエスト寸法の差をたたんで扇形に展開するか，差をいくつかのダーツとして配分するかによって作図できる．円筒形と解釈した下半身部分には，広範な運動域をもつ股関節や膝関節が含まれており，動作による体型変化に対応できるゆとり，周長，丈を考慮したパターン展開が必要である．

図7.23はスカートのデザイン展開例である．フレアー・サーキュラースカートは，ウエストダーツ止まりを起点として，ダーツを裾線に展開して作図する．ヨークドスカートは円錐台形部分と円筒形部分を切り離したものであり，ゴアードスカートやプリーツスカートは，ウエストダーツを集合させたり，分散させて作図展開する．

キュロットスカートは外観的にはスカートと同じシルエットを形成するが，構造的には脚部を別々に覆うことから，パンツと同じようにスカート原型に股下部分を追加してパターン展開する（図7.23参照）．

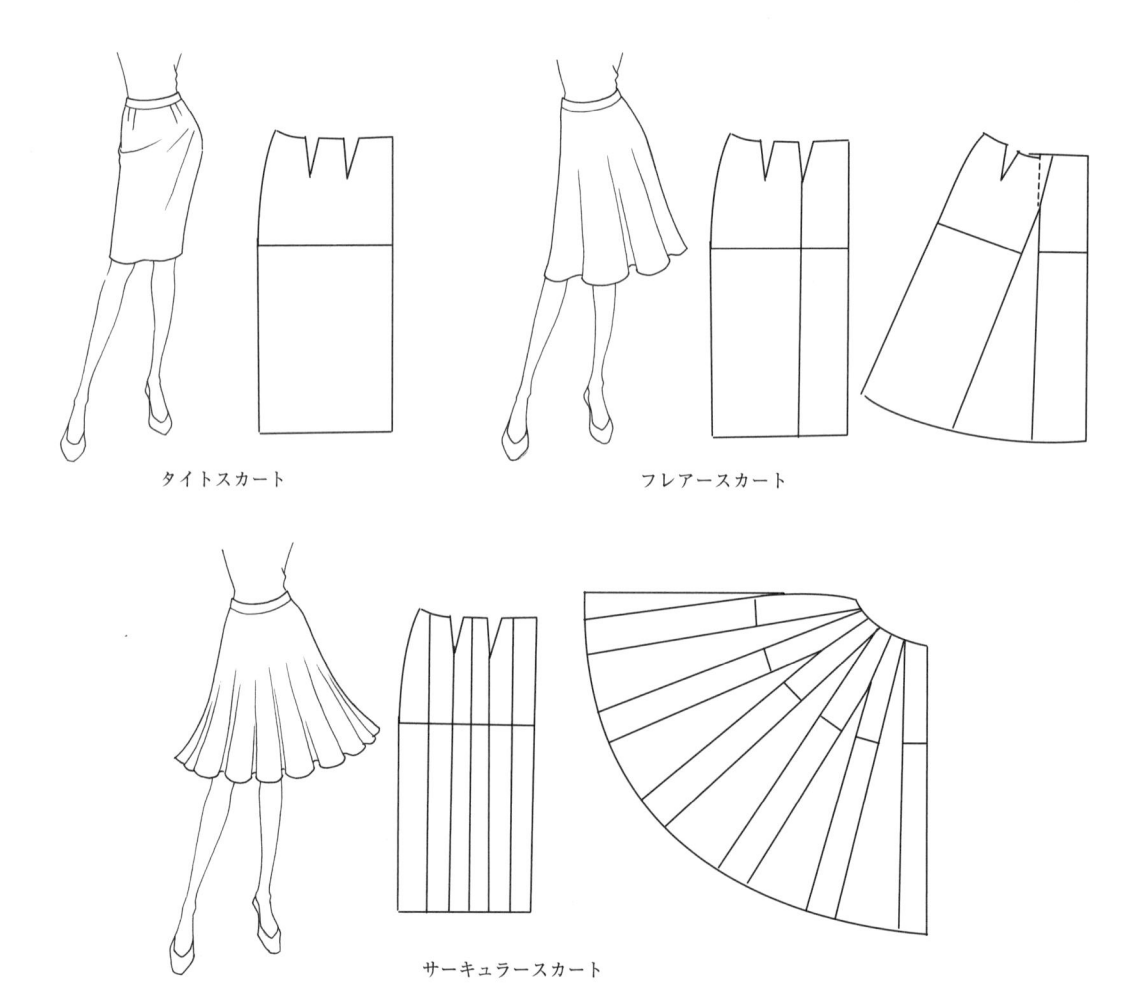

7.4.5 パンツのデザイン展開

パンツは，腰部が筒状で股関節より下方が両脚に分離している多曲面構造の下半身を覆う衣服であり，デザイン展開は，腰部と脚部をそれぞれに考えた方がよい．デザイン展開は，図7.24のようにクリーズ線で行うが，腰部がルーズな場合は脚部をフィットさせる，腰部がフィットしたデザインは脚部をルーズにするなど，互いに相対関係になるような展開にするとバランスがとれる．

タイトスカート

フレアースカート

サーキュラースカート

7.4　パターンのデザイン展開　|　89

ヨークドスカート　　　　　　　　　ゴアードスカート

キュロットスカート
図7.23　スカートのデザイン展開

ストレートパンツ　　　　　スリムパンツ　　　　　ベルボトムパンツ
図7.24　パンツのデザイン展開

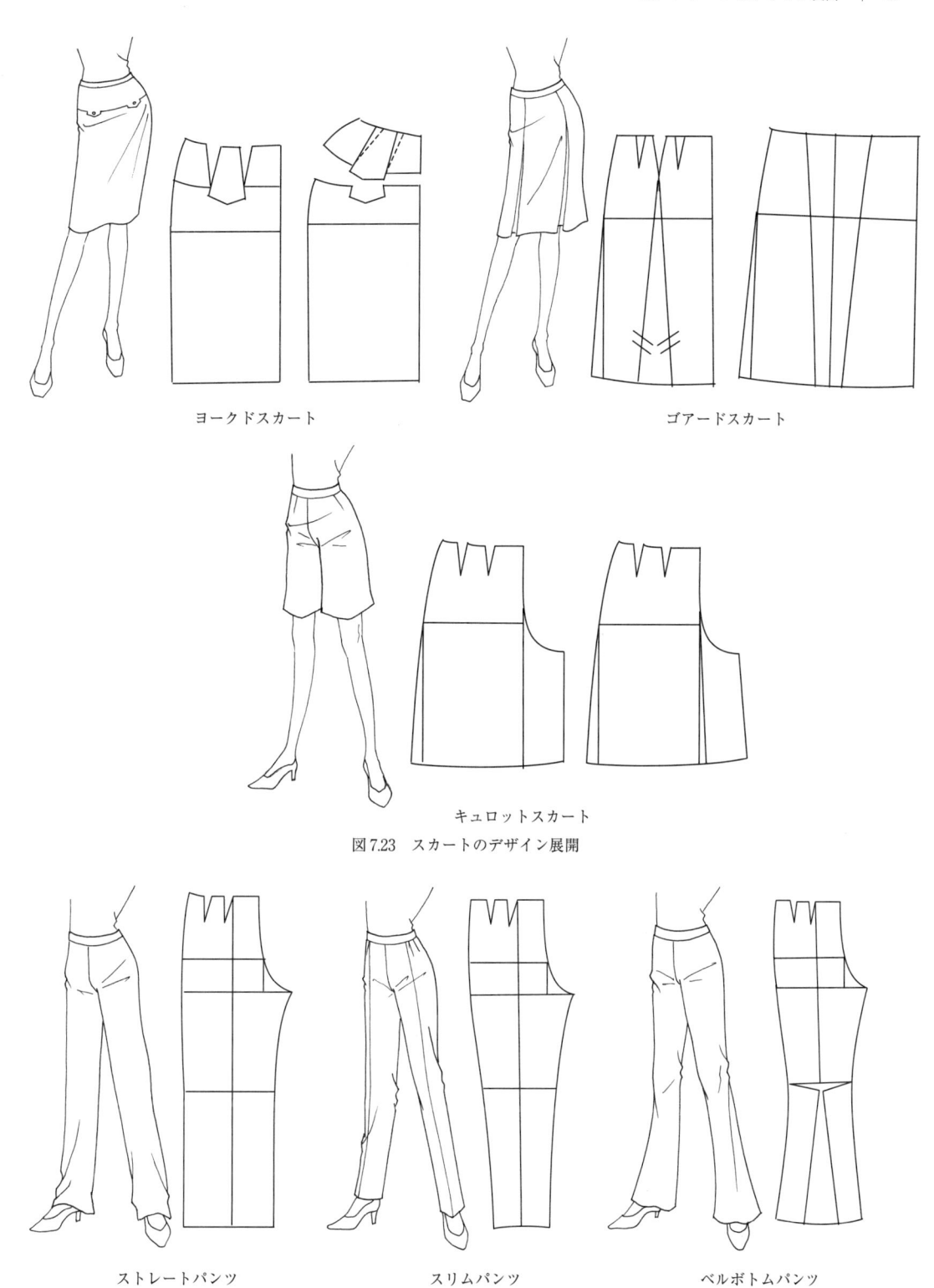

8. アパレルの生産

　アパレルの生産は，個人を対象にした単品生産と不特定多数を対象とした大量生産がある．わが国では，長い間単品生産が行われてきたが，近年になり，アパレル産業による大量生産への依存が急速に高まってきた．これは，アパレル産業生産におけるサイズの整備，縫製機器の開発，コンピュータによる省力化が伸展し，消費者のニーズに応えた製品を供給できることになったことによる．この章では，さらに，マスからパーソナルへと焦点の転換がはかられているアパレル産業生産システムについて概説するとともに，今日的課題について述べる．

8.1　アパレルの生産システム

　アパレルの生産は，単品生産システムと大量生産システムによるものとがある．さらに，単品生産システムには，家庭内で家族のためにアパレルを製作する自家生産と専門家による注文仕立てが含まれる．

　単品生産システムでは，生産者が着用者の要求を直接聞き取り，体型を観察して具体的なデザインを提示する．着用者と生産者との意見調整が行われた後，素材を選択し，パターンが作成される．パターンに基づいて裁断された布は，仮縫いによって仕上がりの状態に組み立てられ，着用者の好みや体型に合致するよう補正が行われる．こうした設計，縫製，仕上げ工程は，1人または数人が一貫して行うため，満足度の高い製品となる．近年，技術者の高年齢化や低生産性，コスト高などが理由で単品生産依存度がきわめて低くなっている．一方，大量生産システムは，アパレルと略称され，「安かろう，悪かろう」の大量生産時代を経て，消費者のニーズ，すなわち，短サイクル，クイックレスポンス，多様化に対応した「安くて良質な製品」を生産するシステムへと進展した．

　かつて，和服の仕立ては，女性に課せられた重要な仕事として家庭内で行われていた．しかし，現在は，和服の既製品が生産されるまでになっている．今や，生活者が着用するアパレルの生産はアパレル産業生産が中心となった．

　以後，アパレル産業生産のことをアパレル生産と略称する．

8.2　アパレル生産工程

　アパレルの生産は，業種によって多少の差があるが，一般的には図8.1に示したような工程で行われている．それぞれの工程は分業化されており，それゆえ，企画と消費は国内で，生産は中国をはじめ東南アジアでという国際分業の図式が現実のものとなり，国内企業の空洞化現象が指摘されている．アパレル産業を取り巻く環境は，経済の低迷，海外メガブランドの国内参入など，ますます厳しくなってきており，各企業においては，生産技術の開発・システムの合理化へのいっそうの努力が望まれている．

　近年，製造卸売業と小売業の機能を併せもつSPA（Speciality store retailer of Private label Apparel）[1]と呼ばれる業態が生まれ，トレンドをスピーディーに取り入れて大量生産し，短サイクル，低価格帯でアパレルを販売するビジネスが展開されている．いわゆる「ファストファッション」が台頭し，ネット販売も拡大している．これまで以上の効率的で無駄のないアパレル生産システムの構築が迫られている．

　一方，生産拠点を中国に移していたアパレル生産企業が，国内生産を増やし始めている．多品

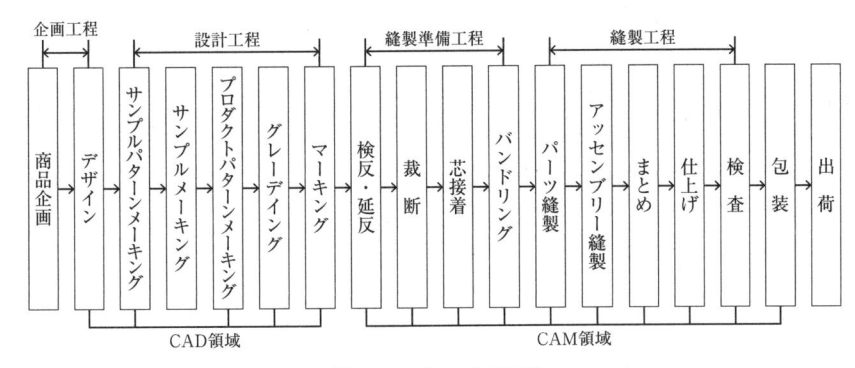

図8.1 アパレル生産工程

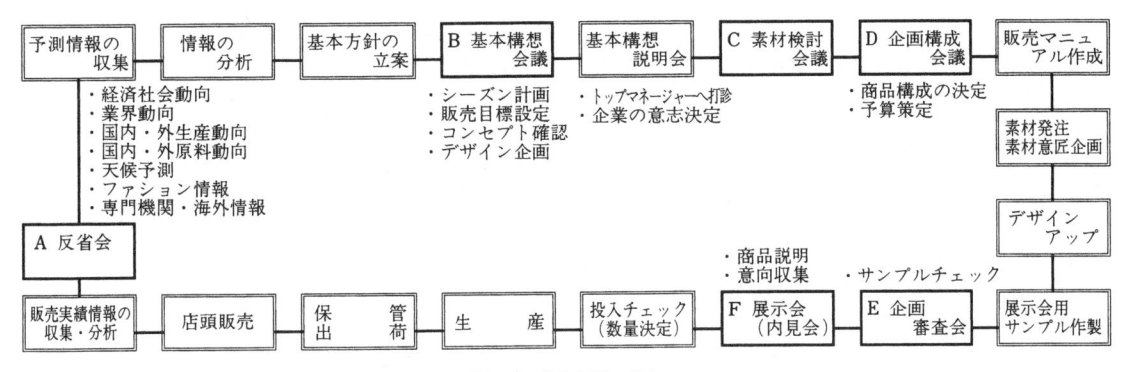

図8.2 商品企画の流れ

種,少量,高品質を求める日本の需要に応じきれないこと,中国沿海部において,深刻な人手不足が起きていることなどが要因で,国内生産への回帰も期待される.

しかしながら,さまざまな動きの中で,アパレルの海外生産依存率は高まる一方である.生産拠点は,日本から中国へ,そして,ベトナム,タイなどアジア諸国へ,さらに遠ざかりつつあるといえよう.

8.2.1 商品企画

アパレル商品企画について,アメリカのマーケティング協会では,「企業のマーケティング目標を実現するのに最も有用な場所,時,価格,数量などを計画管理すること」と定義している.アパレル商品企画とは,企業が消費者の必要と欲求に応じて「売れるアパレル」を具体的な形で企画・立案し,商品化することであり,企業の経営目的や目標を効果的に達成するために行うものである.

1) 商品企画システム

アパレルメーカーの商品企画は,図8.2のような流れ(merchandising-system)により,マーチャンダイザー,デザイナー,パタンナー,品質管理担当者,営業担当者などで行われる.商品企画は,前シーズンの実績をふまえた反省(図中のA)から始まり,内外のファッション傾向や素材の動向など予測情報が収集され,分析・分類される.そこではシーズンの方針,内外のファッション傾向や素材の動向など予測情報が収集され,分析・分類される.シーズンの方針,アイデアがまとまると,基本構想会議(B)が開かれる.この会議を経て,素材検討会議(C)・企画構成会議(D)がもたれる.この会議では,商品構成ならびに素材,カラー,デザインなどの企画構成が決定され,予算が策定される.そして,販売マニュアルが作成され,素材が発注されるとデザインアップとなり,展示会用製品サンプルがつくられる.企画審査会(E)において,製品の最終チェックが行われ,展示会(F)が開かれる.展示会においては,取引先のバイヤーに商品の説明をす

るとともに意向の収集が行われる．こうしたいくつかの会議を経て，数量を決定し，生産に投入される．製品の店頭販売が展開され，この実績情報がフィードバックされ，次のシーズンの商品企画に入る．このように商品企画は，商品の開発から生産管理，販売成果に至るまで企業活動全体に関わっており，企業の業態をも左右する重要な責務を負っている．

2) 商品企画立案

商品企画の立案は，次のようなステップで行われている．まず，ブランドポリシーに沿ったコンセプト・テーマを設定する．コンセプトとは，消費者に提案する商品の特性や他の製品との違いを具体的にわかりやすく説明することであり，パネルなどにイメージ表現される．コンセプト設定は商品企画の基軸であり，重要なステップである．次に，ターゲットを明確にして商品のグレードゾーン（グレードの高いゾーン，ベターゾーン，定番品など）を決め，カラーや素材傾向を示すコーディネートパネルやマップなどを作成する．アイテム（商品）構成は，アイテム企画ストーリーマップなどに表される．さらに，プライス（価格）構成を決め，商品の展開場所，展開方法（年間スケジュール）が企画され，綿密な販売計画を立てる．

図8.3は，商品企画のタイムスケジュールを示したものであるが，年4回（春，夏，秋，冬）または，5回（春，夏，盛夏，秋，冬）行われる展示会を区切りとしてシーズンごとに進められる．最近，このようなシーズンマーチャンダイジングとは別に，Tシャツなどのアイテムに対するシーズンレスマーチャンダイジングも行われている．

8.2.2 設計工程

設計工程は，商品企画に基づき，生産のための的確な情報を縫製工程に送る，いわば，製品の良否を左右する重要な工程である．まず，デザイン画を作成し，素材を選択してサンプルメーキングを行う．サンプルのパターン設計は，ドレーピングまたはアパレルメーカー独自の体型，サイズ規格を組み込んだドラフティング法で行われている．

ドレーピングでパターン設計を行う場合は，基

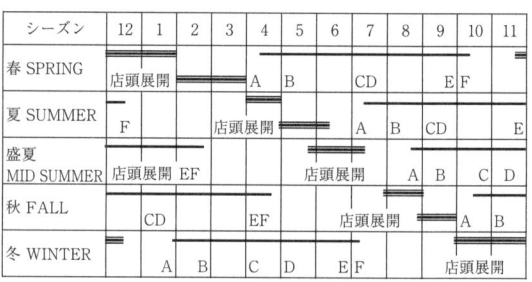

シーズン	12	1	2	3	4	5	6	7	8	9	10	11
春 SPRING	店頭展開			A	B		CD			E F		
夏 SUMMER		F		店頭展開			A	B	CD			E
盛夏 MID SUMMER	店頭展開	EF			店頭展開			A	B	C		
秋 FALL			CD			EF		店頭展開			A	B
冬 WINTER			A	B		C	D		E F		店頭展開	

A：反省会　B：基本構想会議　C：素材検討会議　D：規格構成会議
E：審査会　F：展示会

図8.3　商品企画のタイムスケジュール

体となる人台の選定が重要である．人台の種類は多種多様であり，婦人用だけでも次のようなものがある．服種別ではドレス，ジャケット，コート，パンツ，水着，ファンデーション用などがある．体型別ではJISの体型区分に対応させたY，A，AB，B，とジュニア，ミス，トールミス，ミッシー，ミセスに区分するものがある．さらに，ゆとりの有無でヌード，セミヌード，ゆとり入り（工業用人台）に分類される．アパレル生産用人台には，不特定多数を集約したサイズ，体型，姿勢，プロポーションが反映され，必要ゆとりが組み入れられ，さらに，バランスのとれた形状が要求される．人台に対しては，まだ，研究しなければならない問題が多く残されている．

設計されたパターンに基づいて製品サンプルがつくられると，企画に合致しているか，あらゆる部分のチェックが行われる．合格となれば，企画，設計の意図が正確に伝達できるよう縫製仕様書が作成される．次に，生産に向けて量産用パターンがつくられ，必要なサイズにグレードされる．そして，合理的な裁断をするためのマーキングシートが作成され，裁断工程に投入される．

1) マスターパターン(master pattern)

決定したアパレルデザインは，ドレーピングによって形づくられる．これを平面展開して得られた基本パターンのことをマスターパターンと呼ぶ．平面作図で描出した原型から展開して作成される場合もある．

2) 量産用パターン(industrial pattern)

工業用パターン，工業縫製用パターンとも呼ばれ，表地，裏地，芯地，ゲージ用がある．素材特性，生産性，経済性とともに品質保持の要素が加

図8.4 素材特性とパターン

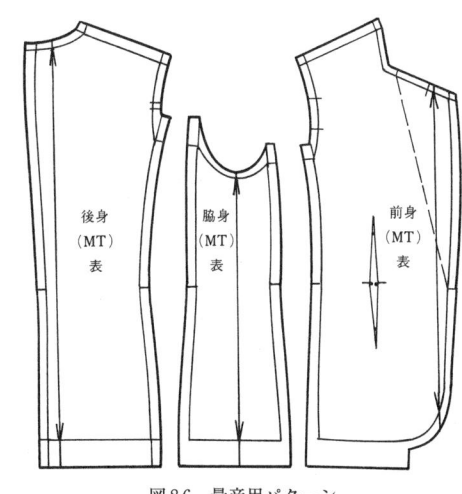

図8.5 縫代角の作成

図8.6 量産用パターン

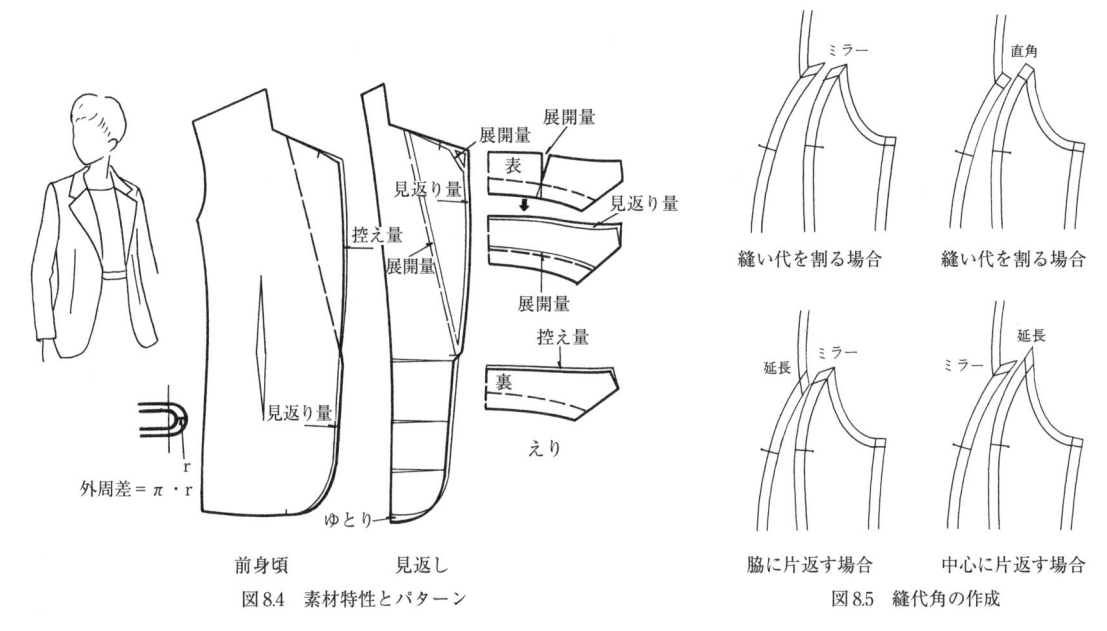

えられている．このパターンには，設計図的な役割があり，生産のために必要な情報がすべて組み込まれていなければならない．マスターパターンを量産用パターンにグレードするためには，まず，図8.4のように衣服の立体性，素材特性を配慮した展開が行われる．たとえば，えり折り返し線の外周差は返り線を切り開き，裏の控え分は，出来上がり線から表を追加，裏を削る操作が行われ，それに必要最小限の縫い代がつけられる．縫い代の角については，縫製順序と縫い代の倒し方によって，直角，延長，ミラーを組み合わせて作成される（図8.5）．さらに，パターンには，パターンの種別，サイズ，製品ナンバー，枚数が表記され，地の目方向や柄合わせ位置なども記入される．合い印としてのノッチとダーツ止まりのドリル位置が入れられてパターンが完成する（図8.6）．

3）グレーディング(grading)

基本サイズのマスターパターンを各種サイズに拡大，縮小することをグレーディングという．デザインセンスを変えず，JISで定められたサイズピッチに従って，パターン操作を行うことが大切である．グレーディングの方法には，垂直，水平方向に必要量だけパターンを移動させて行うトラックシフト方式（track-sift method）とパターン外郭のグレーディングポイントでグレード量を増減して行うラジアルシフト方式（radial-sift method）がある．図8.7の左図はグレード位置を，右図はJISサイズピッチに準拠したグレード結果を示したものである．

4）マーキング(marking)

マーキングは，元来布に印をつけることであったが，裁断を効率的に行うため布の表・裏，地の目方向，柄などを考慮しながら必要なパーツを合理的に配置することをいう（図8.8）．マーキングは型入れ，型置きともいわれ，素材発注見積データとしても活用される．素材に要する費用は，製品原価に占める比率が高いので，経済性からも歩

グレード位置　　　　　　　　　　グレード結果

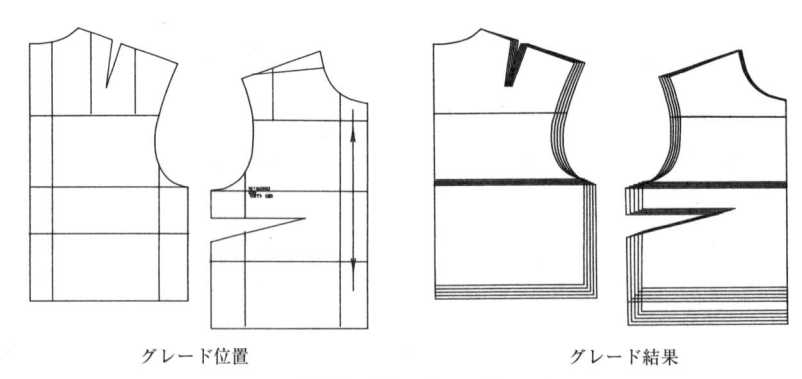

図8.7　グレーディング

マーキング仕様書								2012年7月7日
シート品番	001	生地幅	120.0cm	サイズ	取数	方向性	方向性無	
スタイル品番		耳幅	0.0cm	S3	0	柄合わせ	無・有・横段柄合・部分柄合	
生地品番		要尺	230.4cm	S2	0	<備考>		
型		生地効率	70.6%	S1	0			
ブランド名		パーツ間隔	0.0cm	MT	2			
生地名称		総取数	2 着取	L1	0			
生地区分		総パーツ数	56	L2	0			
担当者名		着当たり要尺	115.2cm	L3	0			

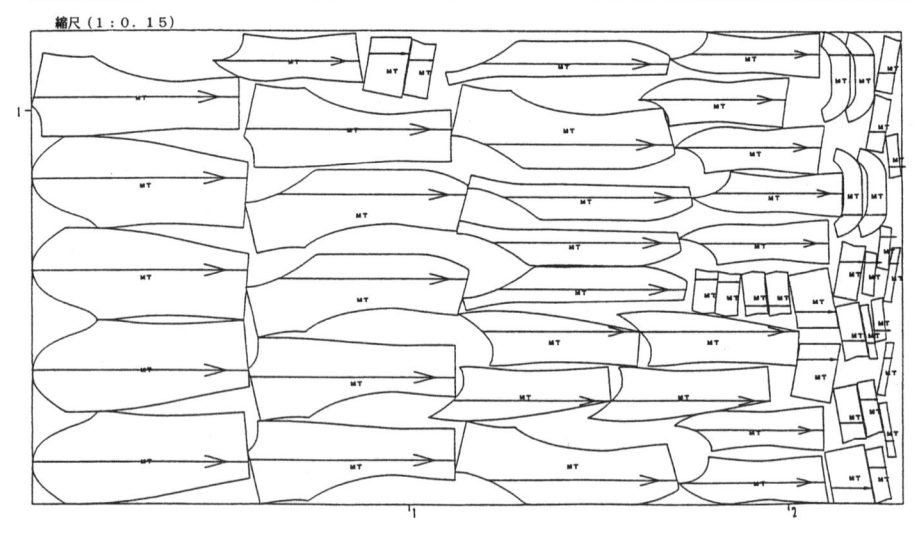

縮尺(1:0.15)

図8.8　マーキング仕様書

留まり率が最大になるような設計が必要となる．

5) 縫製仕様書

　企画，設計部門の生産意図を縫製工程に正確に伝達するために作成されるものが，縫製仕様書（縫製指示書）である．図8.9のように製品のデザイン，寸法，主素材，副素材および付属品の種類，縫製方法，仕上げ方法などの情報，条件が具体的に記される．生産の合理化，品質の安定化，品質のグレードアップをはかるためには，適切な縫製仕様書の作成が大切である．

6) アパレルCADの利用

　アパレル生産では，消費者から求められている短サイクル，クイックレスポンス，多様化に対応するため種々の工程でCAD（computer aided design）システムが導入されている．CADは，自動化，省力化を目的として1970年に開発が始まり，今日ではデザインに応じたパターンを画面上に呼び出せばそのパターンのスペックを調べて調整する機能をもつまでに進展した．デザイン画からパターンが自動的に描出でき，フィット性や着心地評価の予測ができるCADも開発された．すでに，テキスタイルデザインから布のプリント，パターン設計，着装評価まで一連の作業ができるシステムも利用されている．衣服設計工程におけ

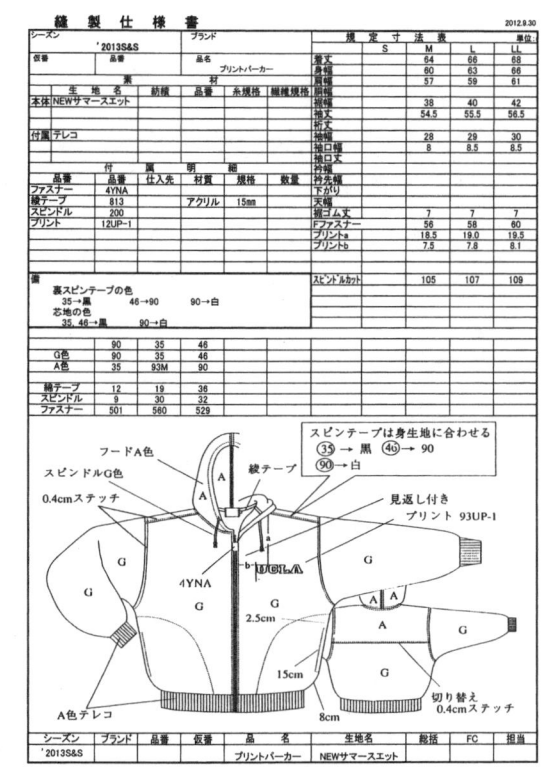

図8.9 縫製仕様書

表8.1 素材別アイロン適正温度

繊　維	実用温度	安全温度	軟化点
アクリル	120～130	149	190～240
ポリエステル	140～160	163	238～240
ナイロン6	120～140	149	180
ナイロン66	140～160	177	230～235
トリアセテート	140～160	204	250
アセテート	130～150	177	200～230
レーヨン	140～160	190	－
綿，麻	170～200	218	－
絹，毛	130～150	149	－

るCAD利用は加速度的に進んでいる．また，アパレルのイノベーションの1つとして，分業化されていた工程の統合がはかられており，パターン，縫製仕様書など，集積されたデータの管理にCADが大いに活用されている．

8.3 縫製準備工程

縫製準備工程とは，縫製工程に入る前に行われる布地の検反，地直し，延反，マーキング，裁断，芯すえ，くせとりの工程をいう．近年，生産の能率化や需要に対する即応化を目的に，CAM（computer aided machine）が導入されている．

8.3.1 検　反

検反は，裁断・縫製上問題となる傷や汚れ，柄の斜行，色むら，幅不足などの布地の欠点の検出を目的に行われる．検反方法には検反機検査とめくり検査がある．検反機検査は，傾きをもつ黒色検反板上に布地を流し，検査員が検反を行う方法である．布地は検反後，棒巻き状に巻き取られる．めくり検査は，一定量にたたまれた布地を水平台の上に置き，検査員が布地をめくりながら検査する方法である．検反機検査は，厳密な検査を要する高級布地やたたむとしわが残る布地の検反に適している．検査には人間の高度な視覚や判断力が必要であり，完全な検反の自動化は現在のところ不可能といわれている．

8.3.2 地直し

布地には，製造工程中や仕上げ加工時に各種のひずみが付加されている．布地にこのひずみが潜在すると，アパレルの縫製加工時および消費過程において寸法変化や型くずれが生じ，製品の品質の低下の原因となる．そこで，製造工程に入る前に布目の修正を含めて布地寸法を安定させる．この処理を地直しという．寸法の安定化で考慮しなければならないのは，緩和収縮と羊毛素材のハイグラルエキスパンション（H.E.）の問題である．地直しは，水分や熱を利用して強制的に布地に収縮を生じさせ（緩和収縮），同時に布目の曲がりの修正を行う．羊毛素材に関しては，地直しと同時に，布地の水分率をH.E.の伸縮挙動の中心に設定することにより寸法の安定化を図る．以上の処理を専用の機械を用いて行うことをスポンジング（シュランク，縮じゅう）という．合成繊維や合繊の混紡製品については，熱収縮を避けるために温度の設定に注意を要する．参考にアイロンの素材別の適正温度を表8.1に示す．

また，原反は，製造工程中に棒巻きや板巻きにされることによってひずみを生ずる．とくに編物のような柔軟な素材の場合は，このひずみが生じやすい．このような布地は，原反を広げ（解反），長時間自然放置する「放縮」と呼ばれる地直しを

一方向延反　　両方向延反　　中表対向延反

図8.10　代表的な延反の例

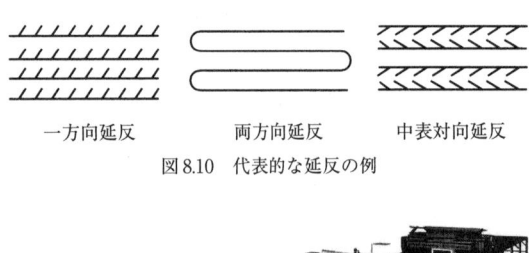

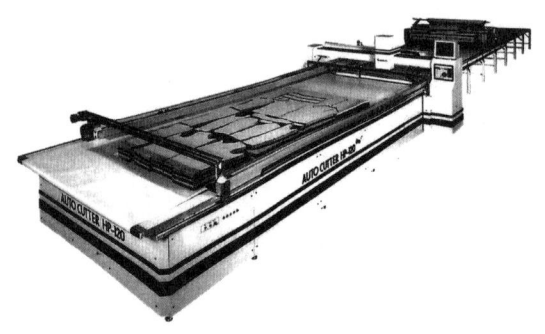

図8.11　自動裁断機

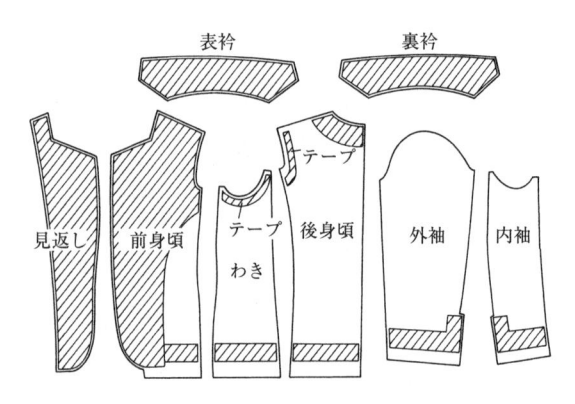

図8.12　テーラードジャケットの芯すえの一例

行う．

8.3.3　延　反

　延反とは，アパレルの各パーツの裁断を行う準備のために，布地をある一定の長さで積み重ねる工程をいう．布地の重ね枚数は，服種，サイズ，生産ロットの大きさによって異なる．延反は，人手で行う場合と延反機を用いる場合があり，布地の種類，性質，重ね枚数によって方法を選択する．代表的な延反方法を図8.10に示す．一方向延反は，布地の面と方向を揃えて延反を行う方法である．柄や毛並みに方向性がある布地や天地のある編物に用いられる延反方法で，現在，最も多く用いられている．両方向延反は，布地が往復する延反方法で，方向性や表裏のない布地の延反に用いられる．中表対向延反は，柄や毛足のある布地の延反に用いられている．

8.3.4　裁　断

　延反後，積層された布地を裁断台に移し，パターンやマーキングシートを布地の上に置き裁断を行う．裁断機の種類には，たて刃裁断機，丸刃裁断機，バンドナイフ裁断機，油圧裁断機がある．それぞれの適用範囲があり，最もよく使用されているのがたて刃裁断機である．柔軟で薄手の布地から剛く厚手の布地の裁断まで可能である．丸刃裁断機は，複雑な曲線の裁断には適しておらず，裁断の精度を要求しない裏地のような布地の裁断に用いられる．バンドナイフ裁断機は，ナイフの幅が細く小回りが利くため，えりなどの正確な裁断が要求されるパーツ裁断に用いられる．パターンの大きさが小さく複雑で，しかも同じパターンを繰り返し用いるようなワイシャツのえりやポケット等の裁断には，金型（ダイ）を使い油圧で裁断する油圧裁断機が適している．精度はバンドナイフ裁断機より高い．

　コンピュータ制御による自動裁断は，コンピュータ上で作成されたマーキングのデータにより自動的に裁断が行われる．ナイフ式，レーザー式およびウォータージェット式がある．ナイフ式は一般既製服の重ね裁断（図8.11）に，レーザー式は注文紳士服などの1枚裁断に用いられる．

8.3.5　芯　す　え

　芯地は，アパレルのシルエットの形成と形態安定等を目的に使用する．アパレルの各部位に芯地をつけることを芯すえという．芯すえの目的は服種，使用部位によって異なる．要求される性能を実現する芯地を選択する．図8.12に婦人テーラードジャケットの芯すえの一例を示す．以下，接着芯地の芯すえについて述べる．

　接着芯地の接着力は，接着剤の次の2つの挙動が相互に作用して発揮される．
①熱により軟化溶融し，表布表面に対し親和力を生ずる（ぬれ挙動）．
②繊維の間隙に浸透硬化し固着する（アンカー効果）．

　芯すえはアイロン，プレス機を使用し，接着条

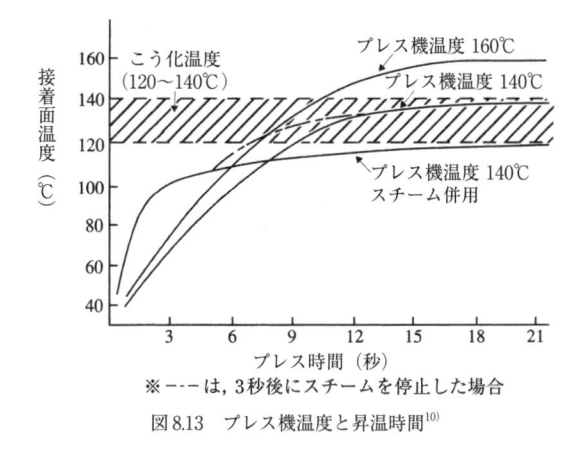

図8.13 プレス機温度と昇温時間[10]

図8.14 芯すえプレス機の種類と仕組み
(a) フラットプレス機
(b) ローラープレス機
加熱された搬送ベルトと加圧ローラーで接着する．

表8.2 接着条件とはく離強度

温度（℃）	130	140			150
圧力（kgf/cm²） 試料	0.3	0.2	0.3	0.4	0.3
I	214.7	258.0	289.1	314.1	355.7
II	177.3	250.3	257.1	223.7	228.9

（単位：gf，時間：10 sec.）

件（温度，圧力，時間）を接着剤に適した条件に設定して行う．接着剤が接着力を発揮する温度をこう化温度（グルーライン温度，図8.13）という．この温度の範囲外では接着力は得られず，温度が低い場合は接着不良，高い場合は，接着剤の粘度が低下して接着力が落ちるだけでなく，表布に浸み出して製品の価値を低下させる．接着温度は，接着剤の種類によって120–140℃で接着力を発揮するものから，160℃以上で接着力が得られるものまである．温度と同様，重要な接着条件の1つに圧力がある．圧力は，接着剤に温度を伝えて軟化させ，繊維に浸透させる効果がある．また，接着剤の粘性が高い場合は圧力を高くし，粘性が低い場合は圧力を低く調整する必要がある．粘性の高い接着剤は，縫製加工工程およびクリーニングにおけるアイロンやプレスの熱によっても安定であり，粘性の低い接着剤は，高温度で接着できない布地やアイロンで接着する場合に適する．さらに，接着剤がこう化温度に達し，繊維間隙に浸透し，接着力を発揮するまでの時間の設定も重要である．所定の接着力を得るためには，接着後，接着剤を急激に冷却し安定させる必要があり，プレス機にはバキューム装置や冷却装置を備えたものが多い．芯すえには，均一な接着状態が要求されるために，縫製工場ではフラットプレス機やローラープレス機が多用されている（図8.14）．

接着芯地ごとに所定の接着条件が設定されているが，表地の種類によっても接着性能を発揮できる接着条件は変化する．表地と接着芯地の適当な接着条件を知るためには，あらかじめ接着テスト（JIS L 1086参照）を行い，接着力の大きさ，表地の外観変化，寸法変化，洗濯やドライクリーニングによる耐久性等の確認が必要である．接着力の大きさははく離強度で表される．表8.2は，同じ接着芯地を2種類の試料に接着条件を変化させて接着し，接着条件とはく離強度の関係をみたものである．表地の違いにより最大はく離強度を示す条件が異なる．このことは接着テストの必要性を示している．

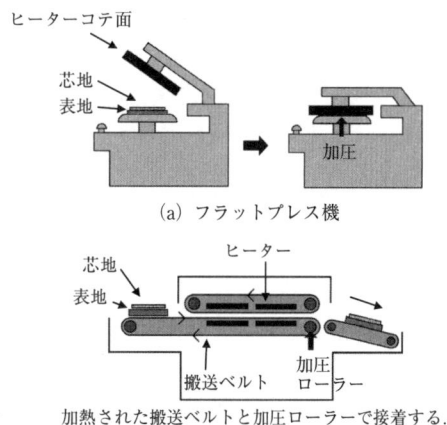

8.4 縫製工程

縫製準備工程において，色，サイズ，生産ロット等で仕分けされたアパレルのパーツは，縫製工程に移される．縫製工程は大きく分けて，パーツ縫製と組み立て縫製の2工程に分かれる．作業は縫製仕様書に従って進められる．

8.4.1 ステッチとシーム

既製衣料の縫製には，多種類のステッチ形式の工業用ミシンが使用されており，さらに，シーム

表8.3 ステッチ形式と用途[13]

クラス	ステッチ形式	表示記号とステッチの図	用途
100	単環縫い	103	ボタン付け、穴かがり、しつけ、八刺し、裾まつり
200	手縫い	209	和服縫製、まつり、返し縫い、星止め
300	本縫い	301	伸縮性の少ない布地の地縫い、千鳥縫い
400	二重環縫い	401	パッカリングの生じやすい布地および編物の地縫い
500	縁かがり縫い	514	縁かがり、編物および伸長性の高い織物の縫合、飾り縫い
600	偏平縫い	602	ファンデーション、メリヤス肌着の縫合、突き合わせ縫合、飾り縫い

(JIS L 0120参照)

1.01.01/301 地縫い
1.01.03/401.503 インターロック
1.06.02/301.301 袋縫い
2.04.06/301.301 折り伏せ縫い
3.05.01/301 テープつけ
4.01.01/602 偏平縫いによる縫合

注1 ——— は布地の構成状態を表す
　　　｜ は針の位置，本数を表す

注2 表示記号の第1桁および第2，3桁はシームの布の構成の区別，第4，5桁は針の位置，布地の状態の違いを表す

注3 □/の後の数字は，ステッチ形式を表す

図8.15 シームの表示例[14]

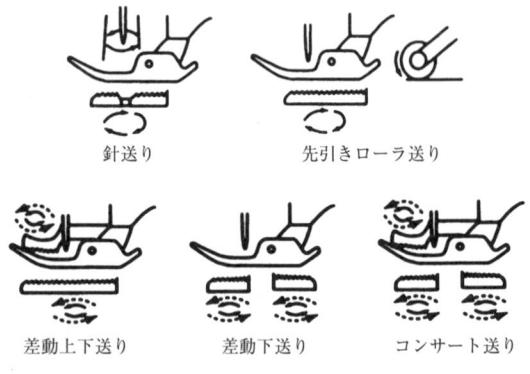

針送り　　先引きローラ送り
差動上下送り　差動下送り　コンサート送り

図8.16 布送り機構の種類

に要求される性能に応じて，種々の布送り機構をもつミシンが開発されている．シームは，布地に連続的にステッチを与えたものという意味でステッチと区別され，多くの種類がある．ステッチ形式とシームの分類とその表示記号については，JIS L 0120とJIS L 0121で規定され，共通性をもつ記号として仕様書等に使用されている．

ステッチは，針糸のみ，または針糸とボビン糸，針糸とルーパー糸が相互に交絡し合い形成される．表8.3はステッチ形式の分類と使用頻度の高いステッチ形式，および各クラスのステッチの主な用途を示している．本縫いミシンの下糸はボビン糸であり，二重環縫いミシン，縁かがり縫いミシン，扁平縫いミシン等の環縫いミシンの下糸はルーパー糸である．ルーパー糸により下糸を供給するミシンは，ボビン糸のような長さの制限を受けないために縫製効率が高い．現在，地縫いに最も多く使用されているのは本縫い目（ステッチ形式301）であるが，本縫い目と同様な性能をもつ二重環縫い目（同上401）は，生産効率からみて利用価値が高いステッチといえる．図8.15にシームの表示例を示す．シームは，構成する布地の縁の状態と組み合わせ方によって8クラスに分類され，針の位置を含めてさらに細分類されている．シームの表示記号の後にステッチ形式を併記して用いる．

ミシンの布送り機構に関しては，縫い目の品質と縫製効率の向上を目的に，各種の布送り機構が開発されている．図8.16に，上下布のずれを防ぎパッカリング防止を目的とした針送り機構や先

引きローラ送り機構，差動上下送り機構，伸長縫製やギャザー縫製を目的とした差動下送り機構，いせこみ縫製を目的としたコンサート送り機構を示す．また，各種布送り用アタッチメントも併用して用いられ，熟練を要する縫製を簡便に，しかも均一に仕上げるために役立っている．

近年，縫製工場では，注文に即応した生産が要求されており，また熟練作業者の不足が深刻である．これらの問題に対応するために，自動縫製ミシンの開発が進められている．えりやポケット等のパターン縫製や袖付け線のいせこみ縫製[15, 16]，布端を検出して縁かがりや地縫いを行う自動縫製ミシンが稼働している．布地の厚さに応じて自動糸調節を行うミシンも開発されている．

8.4.2 ミシン針

ミシン針は，布地に適した針の太さ，針先形状の選択が重要である．針の太さは可能な限り細い針を用いることが望ましいが，工業縫製は高速縫製であるため，針が細いと針の曲がりや折れが発生しやすくなる．そこで一般の布地に用いられる工業用本縫いミシン針は，針幹に補強部のある二段幹針が使用されている．ミシン針の太さや針先形状は針貫通力と直接関係し，針貫通力が大きいと地糸切れ，針穴傷，パッカリングといった縫製不良が生じやすい．針先の先端形状が鋭利な一般針に対し，ニット用のミシン針は，地糸切れ防止を目的に針先端を丸く加工したボールポイント針を使用する．ニットの糸の太さに合わせてボールポイントのサイズを選択する．また非常に細い地糸を使用している新合繊織物やハイゲージニットの縫製用に，針先，針幹部を細く加工したミシン針が開発されている（図8.17）．

8.4.3 縫　製

工業縫製は，高速縫製であるために，縫製不良となる事故が発生しやすい．工業縫製において，品質の高い縫製品を効率よく生産できることを可縫性がよいという．相次いで開発される新素材に対しても可縫性のよい生産を行うために，ミシンの機能やアタッチメントの改良，および縫製技術にさまざまな改善が加えられている．以下，既製衣料生産における主な縫製不良を取り上げ，その

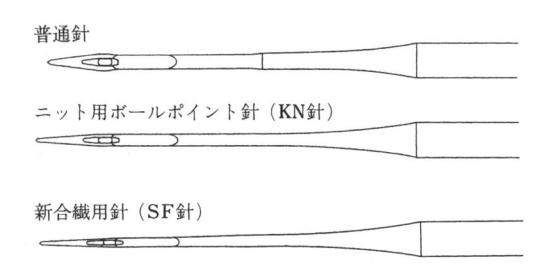

普通針

ニット用ボールポイント針（KN針）

新合繊用針（SF針）

KN針，SF針ともに針先はJボールポイントを使用

図8.17　ミシン針の種類[18]

原因と防止策について述べる．

1）シームパッカリング

シームパッカリングとは，シーム周辺に発生する細かいしわのことで，パッカリングの発生は縫製品の外観を著しく低下させる．パッカリングの発生原因には，縫製条件に起因するものと，素材特性に起因するものがある．さらに，その発生機構からパッカリングを大別すると，縫い縮みによるものと，縫いずれによるものに分かれる．まず，パッカリング防止のための縫製条件の設定方法について述べる．

①ミシン針やミシン糸は，布地に適合する範囲で可能な限り細いものを使用する．

②縫糸張力は低く設定する．本縫いミシンの場合は，ボビンケースから静的に引き出した下糸張力を15g程度に調整し，上下糸のバランスをとる．

③ステッチ密度は，地縫いの場合は4-5目/cm程度に調整する．

④布地のずれは，上下布を手で引張して防止する．これは，布地が針や糸により受けるひずみを軽減させる効果もある．また，縫いずれ防止効果のある布送り機構を有するミシンを使用する[19, 20]．

次に，パッカリングの発生に密接に関係する素材特性（厚さ，密度，曲げ特性，伸長特性，表面摩擦特性等）について述べる．

①薄地で柔軟な布地は，パッカリングが発生しやすい．これは，ミシン針の貫通力やミシン糸の引き締め張力に対し，布地の反発力が小さいために布地の座屈が生ずることによる（図8.18）．ミシン針やミシン糸は細いものを使用し，縫い糸張力を低く設定する．

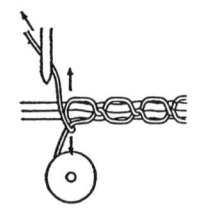

図8.18 糸の引き締め張力による布地の座屈[21]

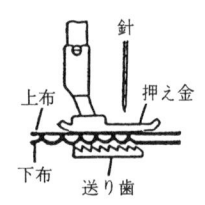

図8.19 下送りにより生じた縫いずれ[21]

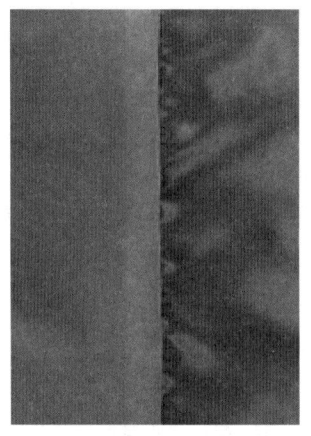

図8.20 異素材の縫合により発生したパッカリング

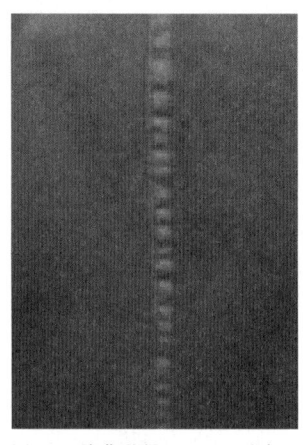

図8.21 消費過程において発生したパッカリング

また，伸長性のある合成繊維織物（新合繊織物を含む）に対しては，低差動比の伸長縫製が効果的である[22]．
② 地糸が細く密度の高い素材は，パッカリングが発生しやすい．地糸間あるいは地糸中に無理やりにミシン糸が押し込まれ，シーム下の布地が伸び，周囲の布地との間に差ができるためである．ステッチ長さを大きくしたり，バイアス方向の縫製になるようにパターン修正を行う．
③ 表面摩擦係数が小さい布地の縫合は，縫いずれが発生しやすい．異素材で表面摩擦係数がそれぞれ異なる布地間や，伸長特性，布目方向の異なる布地間の縫合も同様である（図8.19，8.20）．このような布地の場合も，前述した縫いずれ防止の各方法を用いて対応する[20]．

さらに，図8.21にみられるように消費過程（着用，洗濯）において発現するパッカリングがある．これは，着用や洗濯によってミシン糸や布地の残留応力が緩和され，潜在していたひずみがパッカリングとなり現れることによる．また，ミシン糸と布地，あるいは布地間の寸法安定性が異なる場合（異なる素材や布目方向の組み合わせ）もパッカリングが発生しやすい．パッカリングを防止するためには，縫製素材の特性を把握し，縫製条件の調整を慎重に行うことが重要である．

2) 縫い目強度の低下

縫い目強度の大きさは，縫合布，ミシン糸，縫製条件の影響を受けて変化する．とくに，ミシン糸強度，ステッチ密度，ステッチやシームの種類

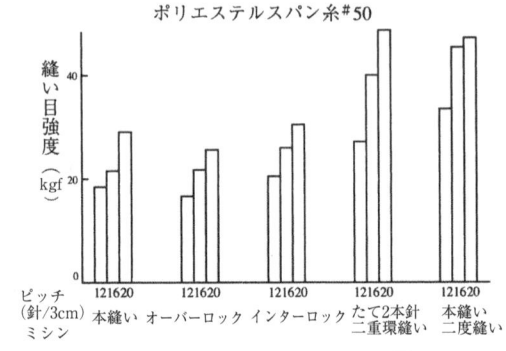

図8.22 ミシンの機種と縫い目強度[21]

の影響を直接的に受ける．ミシン糸強度は，ミシン糸の種類や太さのほか，使用糸の強度の標準偏差の影響を受ける．図8.22にみられるように，ステッチ密度は高い方が縫い目強度は大きくなる．また，シームの種類によって縫い目強度はかなり異なる．インターロックの縫い目強度は，地縫いの二重環縫い目の縫い目強度の影響を受ける．縫合布の強度に適合するようにミシン糸の種類，ステッチ形式，縫製条件を選定する必要がある．通常，布地破壊を防ぐために，縫い目強度は，布地強度の85％程度になるように条件設定を行う．

また，ミシン糸（おもに針糸）は縫製により損傷を受け，これは縫い目強度の低下に直接的に結びつく．針糸は縫製中，天秤と針の運動でくり返し引張され，布地との摩擦や針穴と接触することにより機械的損傷を受ける．工業縫製は，高速縫製であるために針糸に対する損傷の程度は非常に

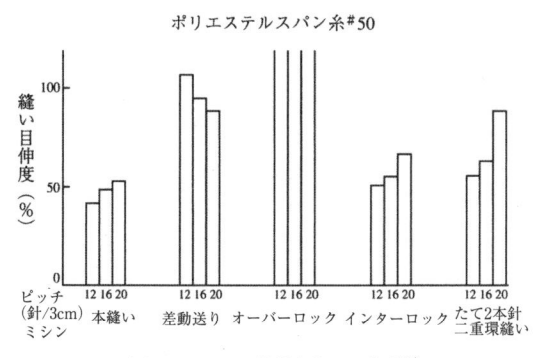

図8.23 ミシン機種と縫い目伸度[21]

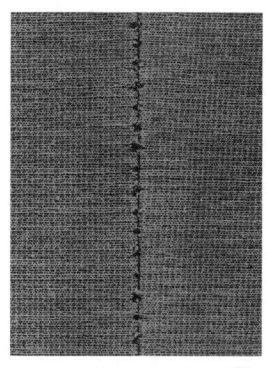

図8.24 地糸切れ(編物)[29]

図8.25 縫い目スリップ

大きい．現在，既製衣料の縫製に使用されているミシン糸の主流はポリエステル糸である．針糸はこの機械的損傷に加えて，縫製布との摩擦により高温に加熱されたミシン針に接触して熱的影響を受け，さらに劣化して切断しやすくなる．P/Cブロード2枚を2000 spm (stitch per minute) で縫製したときのミシン針温度は，縫製開始5-6秒後には約250℃に達する．この針温度は縫合布の地糸切れの発生にも影響を及ぼす．縫製工場においては，ミシン糸や布地に対する針温度の影響を防ぐために，縫製速度の低下，ニードルクーラー（針に送風する装置）の装着，ミシン糸にシリコンオイルを塗布する（表面摩擦係数の低下）といった対策を講じている．

3) 縫い目の伸長性の不足

ニットおよび伸縮性をもつ織物の縫製は，縫い目に対しても布地の伸長性に対応した伸長性が求められる．これらの布地の縫い目の伸長性不足はミシン糸切れにつながり，アパレルの品質を著しく劣化させるために避けなければならない．

縫い目の伸長性は，ミシン糸の種類やステッチ形式の影響を大きく受ける．伸長性が高い布地の縫製には，縁かがり縫いミシンや扁平縫いミシンを用い，ルーパー糸にナイロン糸やポリエステル糸をけん縮加工したウーリー糸が使用される．図8.23はミシンの機種と縫い目の伸長性の関係を示したものである．差動送り（伸長縫製）した本縫い目や縁かがり縫い目の伸長性は高い．これはシームの単位長さあたりの縫糸使用量が関係しており，使用量が多いほど伸長性は高くなる傾向にある[25-27]．同様の理由で，ステッチ密度が大きいと縫い目の伸長性は増加する．また，ニットやファンデーション等の縫製に用いられる扁平縫い目の伸長性が高いのも同様の理由による．

4) 地糸切れ

縫製中に，ミシン針が布地を構成する地糸を切断することを地糸切れという（図8.24）．とくに，編物の場合は，編糸が切断されると縫製中または着用中にラン（伝線）が発生し，縫製は商品価値を失うため，地糸切れが発生しない縫製条件の設定が必要である．地糸切れが発生しやすい布地に対しては，ミシン針は地糸の太さに適したサイズのボールポイント針を使用し，針が地糸を貫通するのを防ぐ．また針板の針穴径の選択も必要である．針の直径と針穴径の差が小さいと，布地の逃げ場が失われ地糸切れが発生しやすい．地糸間がずれにくく自由度の小さい硬い布地は，地糸切れが発生しやすい．布地の油剤処理による柔軟化が地糸切れに効果的である．また湿度が低いと地糸切れが発生しやすいため，縫製工場では環境湿度の調節も必要である．布地が合成繊維の場合は針温度により地糸が損傷あるいは切断されることがあり，針温度を低下させる条件設定が必要となる．

5) 縫い目スリップ

縫い目に対して垂直方向に力が加わったとき，地糸が滑り，口が開く現象を縫い目スリップ（縫い目の滑脱）という（図8.25）．発生の原因は，おもに布地の特性が関係し，密度が粗い織物や織糸の表面摩擦係数が小さい滑らかなフィラメント織物に起こりやすい．また，近年，ポリエステル織物に新たな外観・風合いを付加するために行われる減量加工（絹織物の後練り（精錬加工）をまねて水酸化ナトリウム液で処理する加工）は，繊維表

試料：ポリエステルフィラメント織物

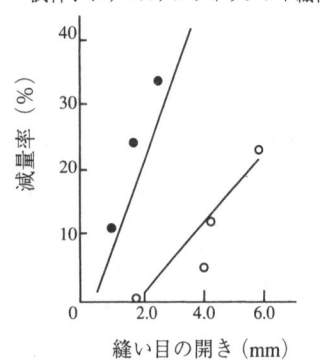

図 8.26 減量率と縫い目スリップの関係[30]

面を侵食分解して細くする加工であり，その結果，縫い目スリップが発生しやすくなる．図 8.26 は，減量加工を行ったポリエステル織物の減量率と縫い目の開き量との関係を示したグラフである．

縫い目スリップが生じやすい布地の縫製を行う場合は，デザインはゆとりのあるものにして，縫い代量を多くとり，縫い代に芯を貼り地糸の滑りを防止する，ステッチ密度を大きくして，外力を分散させる等の配慮が必要である．

8.4.4 アイロン，プレス

プレス機は，アイロンに比べて能率的に作業を進めることが可能であるため，縫製工場ではフラットプレス機や成形プレス機など各種のプレス機が稼働している（図 8.27）．プレスの種類は，縫い目割り，縫い目倒し，くせとり用の中間プレスと，アパレルの各部分の成形およびプリーツ加工を含む仕上げプレスに分かれる．プレスによる布地の熱セットは，スチームスプレー工程→プレス（ベーキング）工程→バキューム工程の順に行われる．熱と水分を付与して布地の可塑性を高め，圧力を加えて所定の成形を行い，水分を除去し，熱を冷却することにより形を固定する．

アイロン，プレス機は，布地に対して適正な条件に設定して使用する．条件が強すぎると，布地がペーパーライクになり，テカリやアタリが発生し，逆に弱いとセット不良が生じる．布地のセット性は，繊維の熱的特性の影響を支配的に受ける．熱可塑性の合成繊維は，通常のプレスにより，プリーツや折り目の永久セットが可能である．羊毛繊維の場合は，他の天然繊維に比べて熱セット性がよい繊維であるが，吸水や機械的作用，時間の経過によってセット性は失われる．還元剤を用いて水素―シスチン結合を開裂し，所定の位置で再結合させる方法（図 8.28）は，短時間で安定したセットが得られるために一般に利用されている（シロセット加工ほか）．ポリエステル繊維との混紡織物は，ポリエステル繊維の比率によってセット性は変化し，比率が高いほどセット性は良好となる．

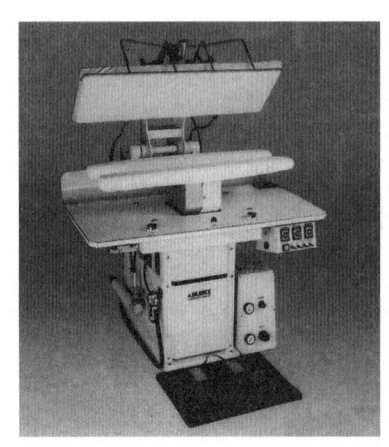

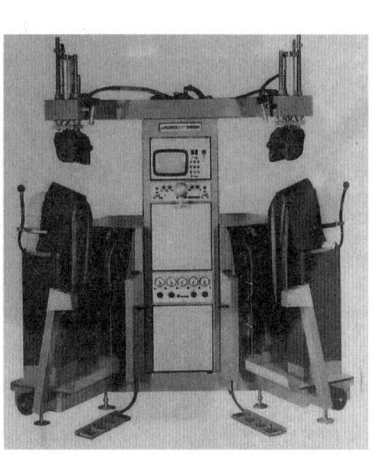

脇縫い目割りプレス　　全自動・袖・アームホール仕上げプレス

図 8.27 プレス機の種類

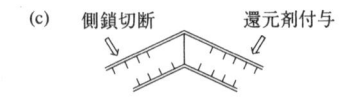

(a) 毛織物
(b) 変形
(c) 側鎖切断　　還元剤付与
(d) 側鎖再配列（永久セット）
(e) 外力　変形　外力　戻る

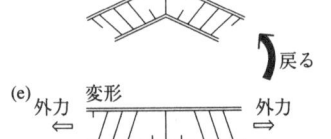

図 8.28 プリーツセット機構[31]

8.5 製品の評価

完成した既製衣料の「良品」,「不良品」の判断は,生産者および販売者の立場から,それぞれの基準に照らした検査によって行われる.現在,衣料関係で定められている代表的な検査基準には,①輸出検査基準,②日本工業規格(JIS),③Qマーク総合検査基準,④ウールマーク品質基準,⑤日本繊維製品卸検査協会などで定めた基準,⑥各企業の受け入れ検査基準,などがある.検査基準の構成はおもに,①布地の性能(染色堅牢度,収縮率,物理的性能),②外観,縫製加工の性能,③実用性能(耐洗濯性,耐クリーニング性,耐アイロン性),④安全性(遊離ホルムアルデヒドの定量など),⑤抜き取り検査表(外観検査,ロットの合否判断に用いられる)からなる.検査結果は,企画や生産工程にフィードバックし,次の製品づくりに生かしていかなければならない.ここでは既製衣料の品質評価に関係する生産に関わる代表的なアパレルの欠点を取り上げ,発生要因と防止対策について述べる.

8.5.1 素材に関する内容

不十分な地直しにより,緩和収縮による仕上がり寸法の変化,型くずれ,接着芯地のはく離などの外観変化が起こる.毛織物の場合は緩和収縮とハイグラルエキスパンション(H.E.)による布地の伸縮が同時に起こることになり,寸法挙動が複雑で製品の不良が発生しやすい(図8.29).布地の取り扱いが製品の品質に関わるため,アパレルの仕上げに至るまで,布地の水分率や環境湿度の管理が必要である.図8.30は,プレス機の温度と布地の水分率の変化を示したグラフである.ベーキングにより布地の水分率は大きく減少するため,布地は収縮し固定される.したがって,次工程は,布地寸法の回復(水分率の安定)後に行う必要がある.

自重伸びの大きい天竺ニットやバイアス使いの薄地織物は,布地の自重により長さ方向に伸びが生じ所定の寸法に仕上がらない.伸びを考慮したパターン修正や伸び止めの技術(芯すえ,伸び止めテープの接着)を加えることが必要である.

薄手で柔軟な合繊素材および複雑な組成の複合

図8.29 ハイグラルエキスパンションによるラベルの返り(欠点)

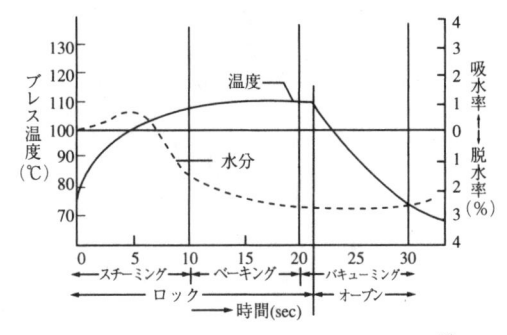

図8.30 プレス中の布地の温度と水分率の変化[32]

素材は,裁断から仕上げに至るまで取り扱いにくく,縫製加工の難しい布地である.芯すえ,成形プレスによる風合いの変化,熱収縮の事故も多く,プレス条件は通常の条件よりも温度や圧力を低く設定して対応する.また,やむを得ない場合には粗裁ちをし,熱収縮後にパターンに合わせて裁断を行う.縫製不良も起こりやすく,条件設定には注意を要する.

8.5.2 延反,裁断に関する内容

延反方法のミスにより製品の一部の布目方向が逆になったり(逆毛,逆目),縫合部分の布地の色に違い(染色による色違い)が生ずることがある.また,延反時に生じた布地の張力は,製品の寸法不良の原因となる.

裁断ミスによる欠点には,裁断ずれや柄合わせ不良(図8.31),布目曲がりによるねじれの発生がある.裁断ずれが起こる場合は,裁断する布地の枚数を減らし,裁断ずれの生じないたて刃裁断

図 8.31　柄合わせ不良

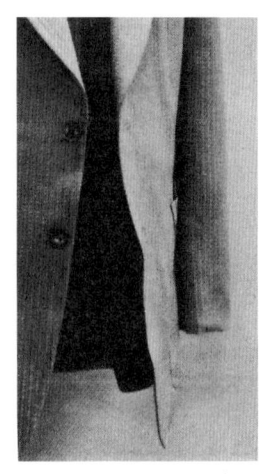

図 8.33　前端の泳ぎ[29]

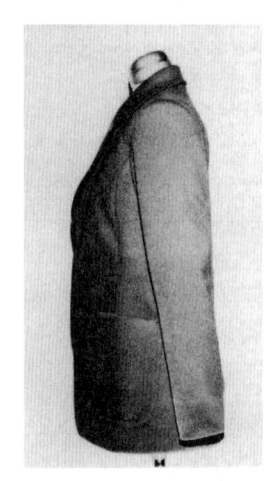

図 8.34　袖の逃げ[29]

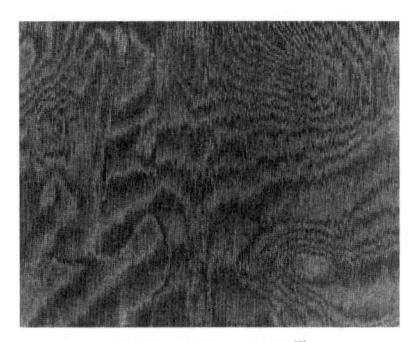

図 8.32　モアレの発生[29]

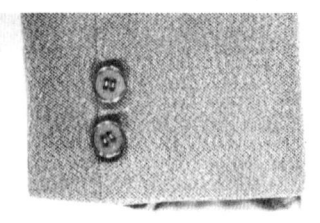

図 8.35　裏地のふき出し[29]

機を使用する．裁断による柄合わせ不良は，上述の裁断ずれのほかに，マーキングが正しく行われていない点に原因がある．

8.5.3 接着芯地の芯すえに関する内容

接着芯地の芯すえにおいて，表地に対して適当でない芯地の選定や接着条件の不適合が原因で，芯地の接着不良が起こる．表地が薄手の場合，接着剤による表面荒れや接着剤の浸み出しによる表地の色の変化，風合いの硬化といった現象が生ずる場合がある．これは，表地に対し接着剤の形状が大きい場合や，接着条件が強すぎる場合に起こる．また，表地と芯地の基布の織物密度が近いと，表布にモアレ（図 8.32）が発生する．これは，表地と密度の異なる芯地を用いることにより防止する．部分的に芯地のはく離が生じる（部分はく離）場合があるが，接着条件の不適合だけが原因ではなく，表地と芯地の収縮率に差がある場合にも発生し，表地の寸法挙動を妨げない芯地の選定が必要である．とくに毛織物の場合は，H.E. 挙動に対応して伸縮変化する芯地の選定が求められる．ギャバジンやベネシャン，シルク素材，新合繊織物などの布地は，芯地接着部にアタリが発生しやすい布地である．圧力を低く調整したり，芯地のパターンを修正して，芯地接着部が目立たないように配慮する．

8.5.4 縫製に関する内容

前述した縫製不良に関する内容（8.4.3 項参照）のほか，前端やネックラインの縫い目が伸びて波打ちが生じたり（泳ぎ，図 8.33），袖が正常の位置より前や後ろに傾いてつく（袖の進み，逃げ，図 8.34）といった縫製不良がある．前者は，伸びの生ずる部分に伸び止めのテープを用いて，押え圧力を低く設定して縫製する．また，小さくいせ込みを行うこともある．後者は，袖付け線のいせ込みの配分が適当でないことや，縫いずれが原因となる．また，裾や袖口から裏布がのぞく状態を裏地のふき出しという（図 8.35）．表布と裏布の縫い合わせ不良のほか，表・裏布の布地特性，パターン設計の不適合等の原因が考えられる．

9. アパレルの選択と購入

　私たちが日常着用している衣服のほとんどが既製服であり，その便利さから，生活と切り離せないものになっている．個性化，多様化の時代を迎え，市場で売られている既製衣料の種類は多種多様になった．消費者が豊かな衣生活を送るためには，既製衣料の生産・流通のシステム，既製衣料のサイズ，素材の特性，縫製加工，管理方法などに対する関心を深め，着用目的にかなった着心地のよいアパレルを購入したいものである．また，誤って購入した場合の対処の仕方についても知っておく必要がある．

9.1　アパレルの生産と流通

　日常着のアパレルとして，既製衣料が大部分を占める今日，それらが生産され，消費者の手に入るまでのシステムを理解しておくことは重要である．以下，既製衣料の生産と流通および現状における問題点について述べる．

9.1.1　既製衣料の生産と流通

　従来，アパレルの中心は，レディス，メンズ，子供，ベビーのアウターウエア（外衣）であったが，最近ではインナーウエア（内衣）も実用品としてだけでなく，ファッション商品としても重要な地位を占めている．日本におけるアパレルの生産・流通経路は図9.1[1]に示すとおりである．ここでいう川上，川中，川下とは，繊維・衣料の生産・流通を川の流れにたとえて，業界のいわば俗語として使われているものである．二十数年前まではテキスタイル業界を川中，アパレル業界を川下と称していたが，消費者を意識して，これらの呼称が図のように下の方にシフトされてきた[2]．これらの仕組みは，各加工工程ごとに業界が分業化，専業化しており，さらに各業界ごとに多数の零細な下請け加工業が存在するといった複雑な機構になっており，そのことは製品の品質や価格にも大きく影響している．

9.1.2　アパレル産業の問題点

　アパレル産業がスタートした1960年代には，高度経済成長により消費者の購買力が上がり，メーカーによる素材の高品質化・多様化に加えて，強力な宣伝やキャンペーンにより，消費者をファッションに目覚めさせた．これは同時に「十人一色」の時代，NB（national brand）全盛の時代であった．しかし，バブル崩壊の1992年以降，景気回復を実感できない「失われた10年」が過ぎ，難しい局面に立たされている．このような時代を背景に，ライフスタイルは多様化し，消費者の嗜好の時代を迎えている．衣料に関しても機能性を重視した付加価値の高い，感性的性能を重視した製品が求められるようになり，アパレルメーカーは多品種少量生産を余儀なくされていた．

　2000年代半ばからは，「ファストファッション」と呼ばれる，流行を取り入れつつ低価格に抑えた衣料品を大量生産し，短いサイクルで販売するブランドや業態が現れた．安くて早い「ファストフード」になぞらえた造語である．世界的不況の下，ファッション業界でも世界的規模で大手グローバルチェーンが寡占し，売り上げを伸ばしている．アパレルメーカーが直営店で売る製造小売の販売形態をとることが多く，売り場は常に商品が更新され新しさと安さをアピールする一方，商品からは短時間で消費者が離れる傾向にある[3]．

　アパレル生産を主体とする企業の零細性は，技術革新の大きなハードルとなっているが，近年企業の独自性を示すことによって日本企業が見直されてきている．ハード面における進歩とともに，個性のある製品を消費者へいかに迅速に，適正な

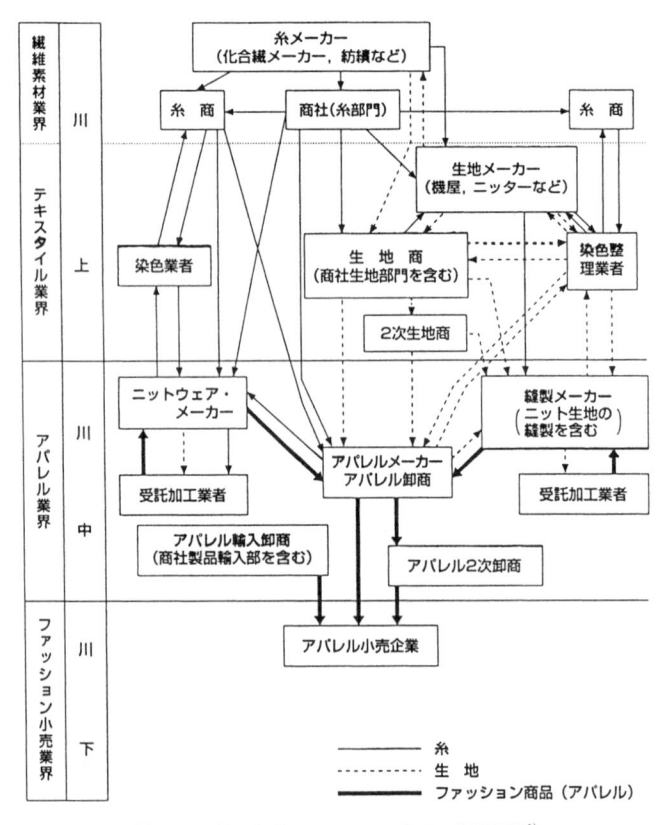

図9.1 日本におけるアパレルの生産・流通経路[1]

価格で供給するかの取り組みと仕組みが今後の課題となっている．また，秀れた人材を育成することも今後のアパレル産業の発展にとって重要なことである．

9.2 既製衣料の表示

マスコミが著しく発展している今日，企業からの商品の情報は氾濫し，それらは"知らせる"より"買わせる"といったものになっていることは否めない．情報の伝達は主として表示により行われているが，素材や加工法が多様化し，品質の良否，取り扱い方法を外観からだけで判断することはきわめて難しい現状にある．消費者は商品に対する関心を深め，表示に留意して商品を選ぶことが必要である．

9.2.1 品質表示

2009年8月に，家庭用品品質表示法[4]が改正され，繊維製品に関しては，表9.1に示す繊維製品品質表示規定により繊維の組成，家庭洗濯等取り扱い方法，はっ水性の表示が義務づけられた．なかでも図9.2に示した家庭洗濯等取り扱い表示方法はJIS L 0217（繊維製品の取り扱いに関する表記記号及びその表示方法）によって決められており，衣料品の取り扱いによる事故防止に大きな役割を果たしている．それらは記号によって表示され，①洗い方（水洗い），②塩素漂白の可否，③アイロンの掛け方，④ドライクリーニング，⑤絞り方（任意表示），⑥干し方（任意表示）の6分類であり，取り扱いの分類の①から⑥までの番号順に左から右へ並べられる．さらに，わかりやすく付記用語（たとえば，ネット使用など）で補助する付記表示がつけられたり，苦情を未然に防ぐために「取扱注意」などと，デメリットの表示をすることも行われている．

9.2.2 サイズ表示

アパレル産業の発展に伴い，既製服は私たちの生活の中に欠くことができないものとして浸透

表9.1 繊維製品品質表示規定

	繊維製品	品質に関して表示すべき事項
一	糸，織物，ニット生地及びレース生地，下着，靴下，足袋，手袋，ハンカチ，タオル及び手ぬぐい，羽織及び着物，マフラー，スカーフ及びショール，床敷物，ふとん，テーブル掛け，ネクタイ，水着，ふろしき，帯並びに帯締め及び羽織ひも	繊維の組成
二	上衣，ズボン，スカート，ドレス及びホームドレス，プルオーバー，カーディガンその他のセーター，ワイシャツ，開襟シャツ，ポロシャツその他のシャツ，ブラウス，エプロン，かっぽう着，事務服及び作業服，子供用オーバーオール及びロンパース，下着，寝衣，毛布，敷布，羽織及び着物，ひざ掛け，カーテン，上掛け並びに毛布カバー，ふとんカバー，まくらカバー及びベッドスプレット	繊維の組成，家庭洗濯等取り扱い方法
三	オーバーコート，トップコート，レインコートその他のコート（特定織物のみを表生地に使用して製造し又は加工した和服用のものに限る．）	繊維の組成，はっ水性
四	オーバーコート，トップコート，レインコートその他のコート（特定織物のみを表生地に使用して製造し又は加工した和服用のものを除く．）	繊維の組成，家庭用洗濯等取り扱い方法，はっ水性

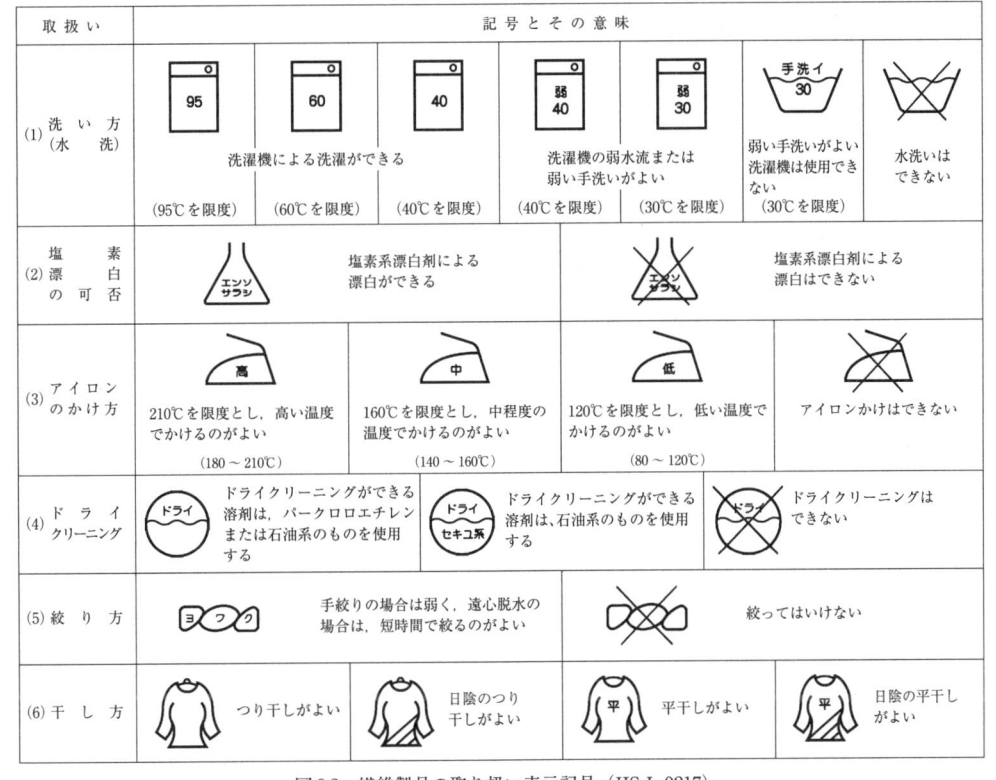

取扱い	記号とその意味						
(1) 洗い方（水洗）	95　洗濯機による洗濯ができる（95℃を限度）	60　洗濯機による洗濯ができる（60℃を限度）	40　洗濯機による洗濯ができる（40℃を限度）	弱40　洗濯機の弱水流または弱い手洗いがよい（40℃を限度）	弱30　洗濯機の弱水流または弱い手洗いがよい（30℃を限度）	手洗イ30　弱い手洗いがよい 洗濯機は使用できない（30℃を限度）	水洗いはできない
(2) 塩素漂白の可否	エンソサラシ　塩素系漂白剤による漂白ができる				エンソ×　塩素系漂白剤による漂白はできない		
(3) アイロンのかけ方	高　210℃を限度とし，高い温度でかけるのがよい（180～210℃）	中　160℃を限度とし，中程度の温度でかけるのがよい（140～160℃）	低　120℃を限度とし，低い温度でかけるのがよい（80～120℃）	×　アイロンかけはできない			
(4) ドライクリーニング	ドライ　ドライクリーニングができる 溶剤は，パークロロエチレンまたは石油系のものを使用する		セキユ系　ドライクリーニングができる 溶剤は，石油系のものを使用する		ドライ×　ドライクリーニングはできない		
(5) 絞り方	ヨワク　手絞りの場合は弱く，遠心脱水の場合は，短時間で絞るのがよい			×　絞ってはいけない			
(6) 干し方	つり干しがよい	日陰のつり干しがよい	平　平干しがよい	平　日陰の平干しがよい			

図9.2 繊維製品の取り扱い表示記号（JIS L 0217）

し，消費者，生産者ともに科学的資料に基づいた適合度の高いサイズの設定が必要となった．そこで，通商産業省工業技術院（現在，経済産業省産業技術環境局）では，JIS衣料サイズ推進協議会に委託して，1976年から3か年にわたり，サイズ関連規格の全面的な見直し検討を行った結果，ISO（国際標準化機構）規格を参考として，一連のサイズ規格が1980年に制定された．その後，工業技術院が実施した体格調査を基に，乳幼児用衣料のサイズ，少年用・少女用衣料のサイズ，成

人女子用衣料のサイズ，ファンデーションのサイズが改正され，靴下類のサイズが制定された．その後十数年が経過した1992-1994年に（社）人間生活工学研究センターにより，3回目の体格調査が行われ，この人体計測データを基に，通商産業省工業技術院がJISを見直し，乳幼児用衣料のサイズ以外で，成人男子用衣料のサイズを含めた6種の衣料のサイズが改定されている．さらに，2004-2006年に同じく（社）人間生活工学研究センターにより第4回目の人体計測が実施された．

1）体格調査

これまでに4回行われた日本人の体格調査の概要を以下に述べる．

①衣料の基準寸法設定のための日本人の体格調査（第1回）[5]

第1回の調査は1965-1967年に，4-29歳の男女計約32,000人を対象に行われた．1970年，既製衣料呼びサイズ（JIS L 0102：1970）が制定され，子供20，ジュニア男子18，ジュニア女子13，成人男子36，成人女子17のサイズが決められた．

さらに，1971-1972年には25-65歳の成人男女計約9,000人の追加計測が行われた．この結果を基礎として，1975年に既製衣料呼びサイズ（JIS L 0102：1975）が，1980年には，体型分類別による衣料サイズが制定された．

②既製衣料の寸法基準作成のための日本人の体格調査（第2回）[6]

第2回の調査は，1978-1981年に0-69歳の男女計46,052人を対象として体格調査が実施され，この結果を基に乳幼児用，少年用，少女用，成人女子用，ファンデーションのサイズが改正され，靴下類のサイズが制定された．

③人体計測データベース構築のための日本人の人体計測（第3回）[7]

第3回の計測は1992-1994年，（社）人間生活工学研究センターを中心に6-90歳代までの男性19,034人，女性14,774人を対象に新たに計測が行われ，成人男子用・成人女子用の衣料サイズが大きく改正された．さらに，工業製品の規格を定めるJISの見直しが行われた．現行の既製衣料のサイズは，このデータを基に決められたものが使用されている．

④日本人の人体寸法データベース整備のための人体計測（第4回）[8]

第4回の計測は，2004-2006年に経済産業省委託事業「人間特性基盤整備事業（愛称 size-JPN 2004-2006）」で，19.5歳以上79.5歳未満を対象に，男性3,530人，女性3,212人の合計6,742人に計測を実施した．それらの寸法データを基にして，（社）人間生活工学研究センターが，「日本人の人体寸法データブック2004-2006」としてまとめた．さらに，委託事業終了後，取得データの異常チェック・訂正・削除を実施し，「日本人の人体寸法データベース2004-2006」として整備したが，現段階では，既製衣料のサイズには反映されていない．

2）既製衣料品のサイズ

既製衣料品のサイズは，既製衣料品の全体としての大きさを，基本身体寸法および特定衣料寸法で表す．基本身体寸法とは，既製衣料品のサイズの基礎となる身体部位の寸法であり，特定衣料寸法は，特定衣料品の特定部位の寸法であり，当該部位の実寸法をセンチメートル（cm）単位で表す．

なお，表示方法には，絵表示による方法と寸法列記による方法とがある．前者はISO 3635で示す絵表示にサイズの表示を示して用いる．後者は「サイズ」の文字を用い，これに基本身体寸法または特定衣料寸法を表示する方法である．

3）衣料サイズの表し方

以下に，各衣料サイズの表し方のポイントを記す[9]-[15]．

①乳幼児用（JIS L 4001：1998）

乳幼児とは，身長の成長が止まっていない者のうち，少年少女以外の者を指す．乳幼児では，基本身体寸法は，身長と体重である．身長・体重による表示で，0-3歳くらいまでを対象とする．表9.2に，表示寸法と寸法列記による表示方法を示した．身長のピッチが10cmと5cmが混在し着用範囲に無理がないよう，2つの表によって表されている．呼び方は，身長の数値をそのまま用いるが，乳幼児の身長が計測しにくいため，一般的に把握しやすい体重を乳幼児にだけ特例として表示している．

②少年用・少女用（JIS L 4002：1997・4003：1997）

表9.2 乳幼児用衣料サイズと表示方法

呼び方		50	60	70	80	90	100
基本身体寸法	身長（cm）	50	60	70	80	90	100
	体重（kg）	3	6	9	11	13	15

呼び方		75	85	95
基本身体寸法	身長（cm）	75	85	95
	体重（kg）	10	12	14

寸法列記による方法

サイズ	
身　長	70
体　重	9（kg）
70	

表9.3 少年・少女用の体型区分

分類	体型区分	規格番号
少年用	A体型：日本人の少年の身長を90 cmから185 cmの範囲内で，10 cm間隔で区分したとき，身長と胸囲または胴囲の出現率が高い胸囲または胴囲で示される少年の体型 Y体型：A体型より胸囲（1）または胴囲が6 cm小さい人の体型 B体型：A体型より胸囲または胴囲が6 cm大きい人の体型 E体型：A体型より胸囲または胴囲が12 cm大きい人の体型 （注1）この規格でいう胸囲とは，乳頭位胸囲である	JIS L 4002：1997
少女用	A体型：日本人の少年の身長を90 cmから175 cmの範囲内で，10 cm間隔で区分したとき，身長と胸囲または身長と胴囲の出現率が高い胸囲または胴囲で示される少女の体型 Y体型：A体型より胸囲または胴囲が6 cm小さい人の体型 B体型：A体型より胸囲または胴囲が6 cm大きい人の体型 E体型：A体型より胸囲または胴囲が12 cm大きい人の体型	JIS L 4003：1997

表9.4 少年・少女用衣料サイズ（フィット性を必要とするコート類・上衣類）

少女用（A体型）

呼び方		90A	95A	100A	105A	110A	115A	120A	125A	130A	135A	140A	145A	150A	155A	160A	165A	170A	175A
基本身体寸法	身長	90	95	100	105	110	115	120	125	130	135	140	145	150	155	160	165	170	175
	胸囲	48	50	52	54	56	58	60	62	64	66	68	71	74	77	80	83	86	89

　少年・少女は，身長の成長が止まっていない乳幼児以外の男子・女子と定義されている．少年・少女では，基本身体寸法は，身長・胸囲（チェスト・バスト）または胴囲（ウエスト）であり，さらに少女は腰囲（ヒップ）である．少年用・少女用は，身長と胸囲または胴囲の大きさによって表9.3に示す4体型に区分される．表9.4に，A体型のフィット性を必要とするコート類・上衣類のサイズを示した．

③成人男子用（JIS L 4004：2001）

　成人男子は，身長の成長が止まった男子を指す．成人男子では，基本身体寸法はチェスト・ウエスト・身長であり，特定衣料寸法は，また下丈とする．サイズの表し方の種類は，体型区分表示，単数表示，範囲表示がある．

　体型区分表示は，背広服類，フィット性を必要とする上衣類などに適用する表示の中心となるもので，チェストとウエストの差（ドロップ）によって表9.5-アのとおり，体型を10区分する．また，身長は表9.5-イの表示例のように155 cmを2とし，5 cmピッチに9までの番号で示す．体型区分表示の呼び方は，表9.5-エに示すように，チェストと体型と身長を示す番号で構成されており，表9.5-ウのように表示される．

　単数表示は，チェストと身長によるものと，ウエストによるものがある．

　範囲表示では，身長とチェストあるいは身長とウエストによってSA・MA・LA（S・M・Lとしてもよい）とPB・SB・MB・LBとMY・LY・TYで表される．

　男子服のなかでもワイシャツ（JIS L 4107：2000）は例外で，えり回りと裄を基本寸法としている．

④成人女子用（JIS L 4005：2001）

　成人女子は，身長の成長が止まった女子と定義されている．成人女子の基本身体寸法は，バスト・ウエスト・ヒップ・身長であり，特定衣料寸法は，また下丈・スリップ丈・ペチコート丈であ

表9.5　成人男子用衣料サイズ

ア．体型区分

体型	意味
J体型	チェストとウエストの寸法差が20cmの人の体型
JY体型	チェストとウエストの寸法差が18cmの人の体型
Y体型	チェストとウエストの寸法差が16cmの人の体型
YA体型	チェストとウエストの寸法差が14cmの人の体型
A体型	チェストとウエストの寸法差が12cmの人の体型
AB体型	チェストとウエストの寸法差が10cmの人の体型
B体型	チェストとウエストの寸法差が8cmの人の体型
BB体型	チェストとウエストの寸法差が6cmの人の体型
BE体型	チェストとウエストの寸法差が4cmの人の体型
E体型	チェストとウエストの寸法差がない人の体型

イ．身長の番号

番号	身長
2	155cm
3	160
4	165
5	170
6	175
7	180
8	185
9	190

ウ．成人男子背広服

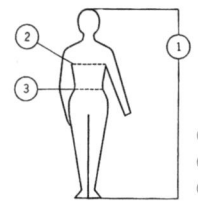

①身長
②チェスト
③ウエスト

主な表示例

サイズ
チェスト　92
ウエスト　80
身長　　　170
92A5

エ．体型区分別のサイズの種類と呼び方（A体型）

呼び方		86A2	88A2	90A2	88A3	90A3	92A3	90A4	92A4	94A4	92A5	94A5	96A5	94A6	96A6	98A6	96A7	98A7	100A7	98A8	100A8	102A8	102A9
基本身体寸法	チェスト	86	88	90	88	90	92	90	92	94	92	94	96	94	96	98	96	98	100	98	100	102	102
	ウエスト	74	76	78	76	78	80	78	80	82	80	82	84	82	84	86	84	86	88	86	88	90	90
	身長		155			160			165			170			175			180			185		190

る．サイズの表し方の種類は，成人男子と同様の体型区分表示，単数表示，範囲表示の3種類である．

体型区分表示は，フィット性を必要とするコート類，ドレスおよびホームドレス類，ならびに上衣類に適用する表示の中心となるものである．身長を4区分し，身長とバストの組み合わせにおいて最も高い出現率のヒップサイズによってA体型を決定し，表9.6-アに示す意味に従い区分される．体型区分表示の呼び方は，バスト，体型および身長の記号で表している．バストおよび身長は表9.6-イ．ウに示す記号を用いる．1997年の改正により，成人女子のカバー率は，70.6％から87.2％となった．表9.6-エにはフィット性を必要とするものの表示方法の表し方を示した．

単数表示を行う既製衣料には，次のような服種と着用区分がある．フィット性をあまり必要としない上衣類，全身用の事務服および作業服ならびにブラウス類では，バストおよび身長による単数表示を，フィット性を必要とするスカート類およびズボン類にはウエストおよびヒップを，バストの着用範囲が狭いスリップ類および上半身用下着にはバストを，フィット性をあまり必要としないスカートおよびズボン類のうち，ウエストの着用範囲が狭いものにはウエストを，着用範囲の狭い水着類はバストおよびヒップで示している．

範囲表示では，表9.7に示すようにバストとヒップおよびウエストをS・M・L・LL・3Lと身長の組み合わせで規定している．

⑤ファンデーション（JIS L 4006：1998）・靴下類（JIS L 4007：1998）

ファンデーションは表9.8-アに示すように，アンダーバストとバストの差でカップ体型区分を10分類している．サイズの表し方の種類は，カップ体型区分表示，ウエスト表示およびカップ体型区分・範囲表示である．表9.8-イに，ブラジャー類の表示例を示した．

靴下類のうちタイツおよびパンティストッキング類の基本身体寸法は，乳幼児用は身長と体重，少年用・少女用は身長，成人男子用ではウエストと身長，成人女子用ではヒップと身長である．表示方法は乳幼児用・少年用・少女用は身長，成人男子用・成人女子用は範囲表示（S・M・L・LL）で示し，その他は足長で表示する．

9.2.3　その他の表示

各種協会，組合などが自主的に製品の品質や機能などを評価してつける推奨マークや品質保証マ

9.2 既製衣料の表示 | 111

表 9.6 成人女子用衣料サイズ

ア．体型区分

体型	意味
A 体型	日本人の成人女子の身長を142cm，150cm，158cm，及び166cmに区分し，さらにバストを74-92cmを3cm間隔で，92-104cmを4cm間隔で区分したとき，それぞれの身長とバストの組合せにおいて出現率が最も高くなるヒップのサイズを示される体型．
Y 体型	A 体型よりヒップが4cm小さい人の体型．
AB 体型	A 体型よりヒップが4cm大きい人の体型．ただし，バストは124cmまでとする．
B 体型	A 体型よりヒップが8cm大きい人の体型．

イ．バストの種類と記号

記号	寸法	記号	寸法
3	74 (cm)	19	100
5	77	21	104
7	80	23	108
9	83	25	112
11	86	27	116
13	89	29	120
15	92	31	124
17	96		

ウ．身長の種類と記号

記号と寸法

R：身長158cmの記号で，普通を意味するレギュラー（Regular）の略

P：身長150cmの記号で，小を意味するPはプチット（Petite）の略

PP：身長142cmの記号で，Pより小さいことを意味させるためPを重ねて用いた

T：身長166cmの記号で，高いを意味するトール（Tall）の略

エ．フィット性を必要とするものの体型区分表示　A 体型

	呼び方		5APP	7APP	9APP	11APP	13APP	15APP	17APP	19APP	3AP	5AP	7AP	9AP	11AP	13AP	15AP	17AP	19AP	21AP
基本	バスト		77	80	83	86	89	92	96	100	74	77	80	83	86	89	92	96	100	104
身体	ヒップ		85	87	89	91	93	95	97	99	83	85	87	89	91	93	95	97	99	101
寸法	身長		\multicolumn{8}{l	}{142}	\multicolumn{10}{l	}{150}
参考	ウエスト	10	61	—	—	70	73	76	—	58	61	64	64	67	70	73	76	80	84
		20		64	67															
		30							80											
		40	64	67	70						61	64	67	67	70	73	76	80	84	88
		50				73	76	80	84	88										
		60												70	73	76	80	84	88	92
		70	67	70	73	76	80				64	67	70	73	76					

	呼び方		3AR	5AR	7AR	9AR	11AR	13AR	15AR	17AR	19AR	3AT	5AT	7AT	9AT	11AT	13AT	15AT	17AT	19AT
基本	バスト		74	77	80	83	86	89	92	96	100	74	77	80	83	86	89	92	96	100
身体	ヒップ		85	87	89	91	93	95	97	99	101	87	89	91	93	95	97	99	101	103
寸法	身長		\multicolumn{9}{l	}{158}	\multicolumn{9}{l	}{166}
参考	ウエスト	10	58	61	61	64	67	70	73	76	80	61	61	64	64	67	70	73	76	80
		20																		
		30	61		64											67	70	73	76	80
		40		64		67	70	73	76	80	84									
		50	64		67															
		60				70	73	76	80	84	88	—	—	—	70	73	—	—	—	—
		70	—	—	—	—	—	76												

オ．表示例

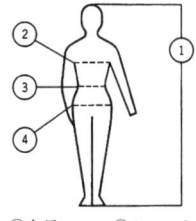

① 身長　③ ウエスト
② チェスト　④ ヒップ

ウエストなど基本身体寸法以外の表示を付記したフィット性を必要とするドレス類の表示

サイズ	
バスト	83
ヒップ	91
身長	158
ウエスト	64
9AR	

表 9.7 範囲表示：身長 154-162cm

呼び名		S	M	L	LL	3L
基本身体寸法	バスト	72-80	79-87	86-94	93-101	100-108
	ヒップ	82-90	87-95	92-100	97-105	102-110
	身長	\multicolumn{5}{l	}{154-162}
	ウエスト	58-64	64-70	69-77	77-85	85-93

表9.8 ファンデーションのサイズ

ア．カップ体型区分

カップ体型	バストとアンダーバストとの差	アンダーバストの寸法
AA	約7.5 cm	60-80 cm
A	約10	60-120
B	約12.5	65-120
C	約15	65-115
D	約17.5	65-115
E	約20	65-100
F	約22.5	65-95
G	約25	65-95
H	約27.5	65-85
I	約30	65-85

イ．ブラジャー類の表示例

サイズ	
アンダーバスト	75
バスト	85
A75-85	

ークが多くある．ウールマーク，Qマークなどはその一例である．

9.3 既製衣料の選択と購入上の留意点

氾濫する既製衣料の中から目的とするものを選択する際の判断基準は，以下のデザイン，サイズ，品質，価格などであり，それぞれのウエイトは着用者個々により異なる．よりよい商品を選択・購入するためには次のような点に留意し，正しい商品知識を身につけ，既製衣料の表示についても意味を十分理解しておかなければならない．

9.3.1 デザイン

個性化，多様化，差別化の時代を迎え，デザイン，色・柄は豊富である．最近ではカジュアルな組み合わせを楽しむ着装傾向にあるといわれているが，用途に合わせ個性を豊かに表現できるものを選びたい．

9.3.2 サイズ

購入にあたっては，基本身体寸法であるバスト，ウエスト，ヒップ，身長などの寸法をあらかじめ把握し，どのサイズに該当するかを知っておく必要がある．先に，既製衣料サイズについて示したが，1997年の改正により現在の成人女子のカバー率は87.2％となっている．しかし，標準以外の体型や姿勢が変化した高齢者への適合度はまだ低い．また，服種やデザイン，メーカーによってゆとり量は異なり，さらにすべてのサイズが製造されているとは限らない．

9.3.3 素材と縫製加工技術

加工技術の開発に伴い，多種多様な素材でつくられた製品が売り出されているが，消費者は情報が不足していると，取り扱いの過程で誤ることがある．新素材の製品が多くなったことで，クリーニングのトラブルも多くなり，その原因の特定が難しくなっている．新素材や新しい加工法に関する知識を深め，購入時に役立てるようにしたい．

縫製加工技術に関する研究は年々向上し，付加価値の高い製品が売られるようになってきているが，中には粗悪品もあるので，布目方向の取り扱い，柄合わせ，縫い代分量やその始末の方法，縫い縮み，縫い目の外観，ボタンなどの付属品の取り扱いなどには十分注意を払いたい．

9.3.4 購入方法と価格

アパレル購入時の重視項目は，「趣味・感覚に合う」「流行に沿っている」が多く，アパレルの着用目的や価値観はさまざまになってきている[16]．

購入方法には，直接店に出向いて商品の良し悪しを判断して購入する場合と，カタログや広告を通して購入する通信販売，売り手が個々の家庭を回って売る訪問販売などがあり，店も百貨店やスーパー，専門店，小売店とさまざまである．さらにインターネットショッピングの利用も増えつつある．アパレルの購入には，目的に合わせ購入先を決め，購入時にはできるだけ試着し，着心地のよいものを選ぶことが必要である．

衣料品の価格は，材料費，縫製代，工場管理費・償却費，物流費（在庫管理，運送費），ソフト経費（外部委嘱，ライセンス）などで製造原価が決められ，生産者から消費者の手にわたるまで

の各段階でマージンがプラスされ決められるのが一般的であった．しかし，日本のアパレルの生産・流通の構造は徐々に変わりつつあり，量販店やディスカウンターの「価格破壊」がおこり，さらに百貨店を含む小売業のプライベートブランド戦略，あるいはSPA，小売店リスクを貫く品揃え店が登場している．これらに加え，顧客のライフスタイルや経済事情，価値観などを背景とした価格帯があり，購入場所によって品質や価格が異なることも知っておきたい．

9.4　既製衣料に関する情報とサービス

メーカーは今後も経営の活性化のために新しい商品の企画・開発を進めることは当然のことである．しかし，消費者にとっては基本的な品質に裏打ちされた商品を受け取ることが前提である．メーカー側は積極的に情報を消費者に提供し，一方消費者は商品知識への関心を深めることが大切である．

苦情相談の窓口としては，消費者の苦情および相談を受け付ける国民生活センター，各都道府県に消費生活センターがあり，電話による苦情相談なども受け付けている．さらに，消費者には欠陥商品に関する情報提供と使用上の注意事項を，企業には商品や表示の改善に必要な情報を提供し，改善に務めている．2007年に超高齢社会となったわが国は，これら機関の利用が今後増加するといわれているが，よりよい商品が生産されるためにも，購入を誤ったときには積極的に利用したいものである．

付表 1　人体計測

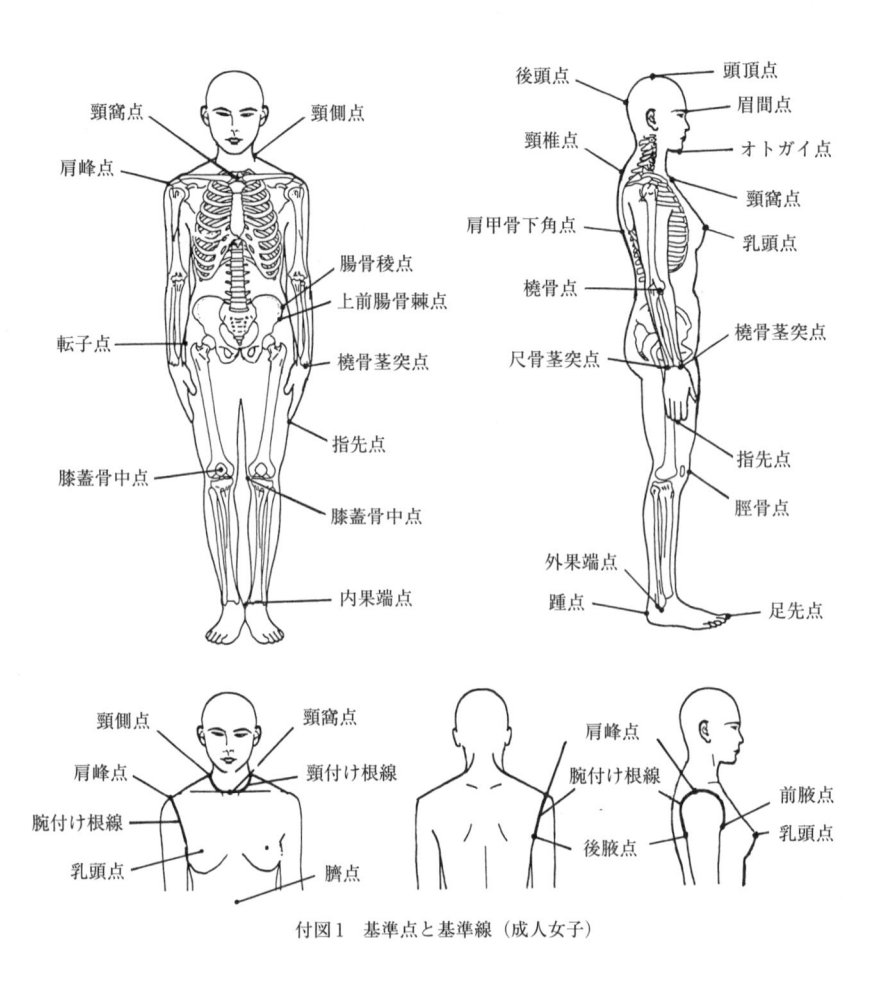

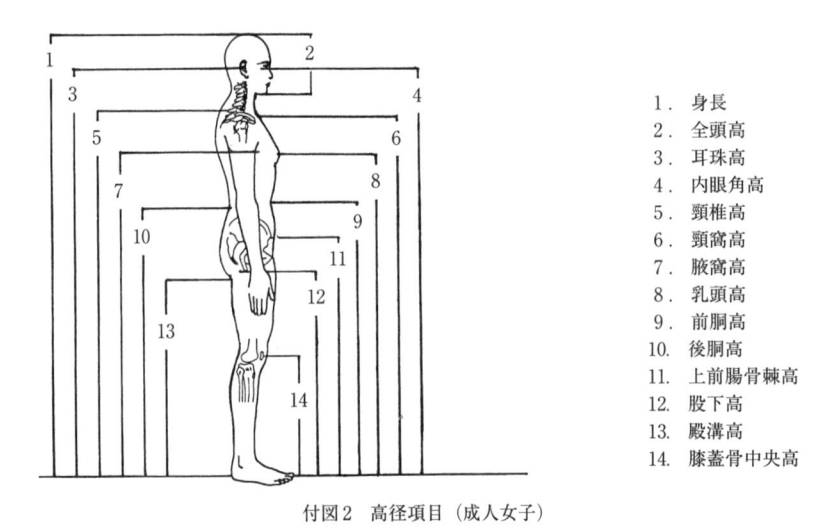

前面図 基準点:
頸窩点、頸側点、肩峰点、腸骨稜点、上前腸骨棘点、転子点、橈骨茎突点、指先点、膝蓋骨中点、内果端点

側面図 基準点:
後頭点、頭頂点、眉間点、頸椎点、オトガイ点、頸窩点、肩甲骨下角点、乳頭点、橈骨点、橈骨茎突点、尺骨茎突点、指先点、脛骨点、外果端点、踵点、足先点

上半身 基準点:
頸側点、頸窩点、肩峰点、頸付け根線、腕付け根線、乳頭点、臍点、腕付け根線、後腋点、前腋点、乳頭点

付図 1　基準点と基準線（成人女子）

高径項目:

1. 身長
2. 全頭高
3. 耳珠高
4. 内眼角高
5. 頸椎高
6. 頸窩高
7. 腋窩高
8. 乳頭高
9. 前胴高
10. 後胴高
11. 上前腸骨棘高
12. 股下高
13. 殿溝高
14. 膝蓋骨中央高

付図 2　高径項目（成人女子）

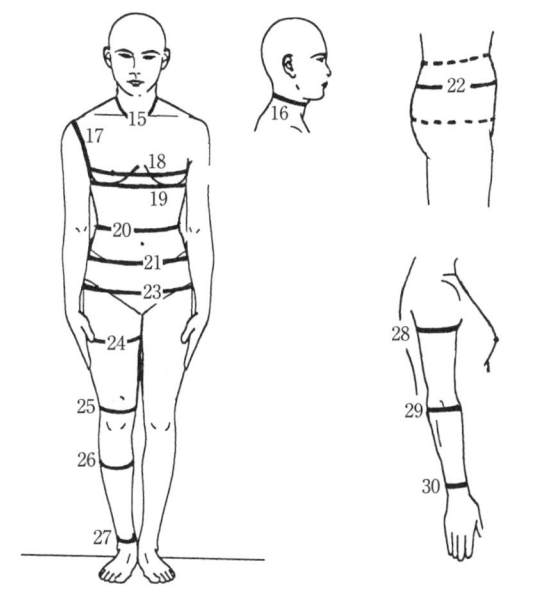

15. 頸付け根囲
16. 頸囲
17. 腕付け根囲
18. バスト
19. 下部胸囲
20. ウエスト
21. 腹囲
22. 腹囲（最前方突出位）
23. 臀囲・ヒップ（セルロイド）
24. 大腿囲
25. 膝囲
26. 下腿最大囲
27. 下腿最小囲
28. 上腕最大囲
29. 前腕最大囲
30. 手首囲

付図3　周径項目（成人女子）

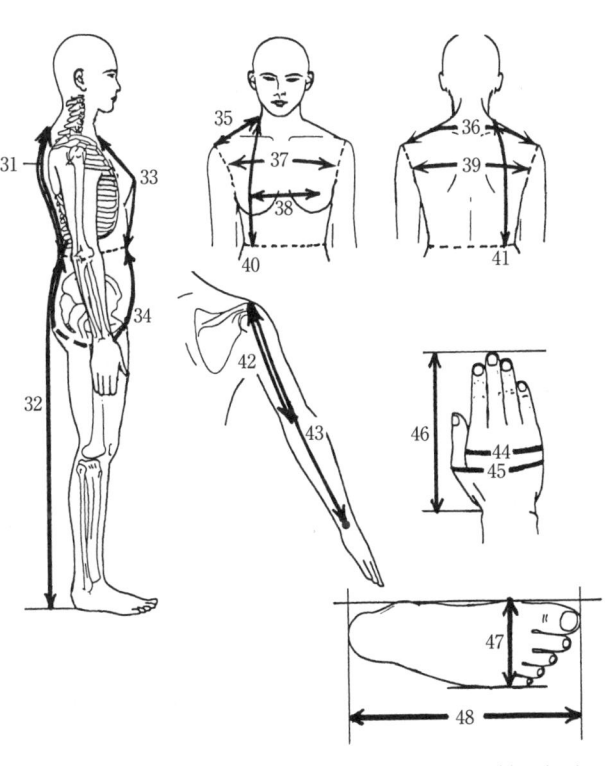

31. 背丈
32. 総丈
33. 前中央丈
34. 股上前後長
35. 肩幅
36. 背肩幅
37. 胸幅
38. 乳頭点間幅
39. 背幅
40. 前丈
41. 後丈
42. 肘丈
43. 袖丈
44. 手囲
45. 掌囲
46. 手長
47. 足幅
48. 足長

付図4　長径項目（成人女子）

付表2　アパレル素材[1)]

洋服地

種類	組織	繊維	特徴	用途
オーガンジー	平織	綿・絹など	たて・よこ糸に細糸を使用した，目の透いた，手ざわりのこわい薄地織物．	夏のブラウス・ワンピース
ジョーゼット	平織	絹・毛　ポリエステルなど	たて糸・よこ糸ともに強撚糸を用い，表面に細かいしぼがある．しわになりにくい．	ブラウス，スーツ　ワンピース
クレープデシン	平織	絹・合成繊維など	たて糸に生糸，よこ糸にSZ強撚の生糸を2本交互に使用した表面にしぼがある織物．	ブラウス，ワンピース
ローン	平織	綿・麻など	細番手の糸を使用した薄い，密な織物．漂白して薄糊仕上げがしてある．	夏のブラウス・ワンピース
ギンガム	平織	綿　ポリエステルなど	たて糸，よこ糸に色糸またはさらし糸（漂白した糸）を用い，格子柄，勾配柄を出した織物．	夏の婦人・子供服　シャツ地
ポプリン	平織	綿・毛など	たて糸の密度をよこ糸より大きくして，よこ方向にうねを出した織物．	シャツ，パジャマ
ブロード	平織	綿・綿とポリエステルの混紡	地が密で光沢があり，柔軟な仕上げをしたポプリンで，うねの目立たない織物．	ワイシャツ，ブラウス，婦人服地
ポーラ	平織　平織の変化織	毛	たて糸，よこ糸にポーラー糸（ポーラー製織用の特殊な撚り糸）を使用した織物．通気性がある．	夏用服地
ピッケ	たて・よこ二重組織	綿など	接結点によって布面によこ方向のうねまたはひし形その他の模様をあらわしたもの．たて方向にうねのあるものをベッドフォードコードという．	夏用婦人服，帽子
サッカー	平織	綿など	たて糸のしま目にあたる部分を，織り方などにより縮ませた波状の凹凸のある織物．	夏用婦人服
トロピカル	平織	毛など	細番手の梳毛糸（長い羊毛繊維を平行に並べ，よりをかけた糸で，毛羽が少なく，表面が平滑で光沢がある）を用い，密度をあらく織った布面の平らな，さらっとした感触の織物．	夏用紳士・婦人服
デニム	斜文織	綿など	たて糸に20S以下の色糸，よこ糸にたて糸より細いさらし糸または色糸を使用した厚手の織物．ジーンズともいう．	作業服，子供服　パンツ類
ギャバジン	斜文織	毛・綿など	斜文線がよこ糸の方向に対して45°以上になるようにたて糸密度を多くした2/2または3/1にした織物．	背広，婦人スーツ　コート類
サージ	斜文織	毛・綿など	斜文線がよこ糸の方向に対しておおむね45°の2/2織物．	背広，スーツ　コート，学生服
ツィード	平織　斜文織	毛など	太い羊毛を用い，平またはあやに織り，縮充起毛しない粗剛な感じの紡毛織物．布の表面が毛羽でおおわれている．	ジャケット，婦人スーツ，オーバーコート
ヘリンボーン	斜文織	毛，絹など	杉綾の織物．にしん（Herring）の椎骨の形に織りだされることからこの名がある．	ジャケット，コート類
フラノ	織物　斜文織	毛など	軽く，縮充起毛した比較的薄地の紡毛織物．	コート，スーツ　パンツ，スカート
ドスキン	朱子織	毛など	5枚朱子織の柔軟で光沢のある，目のつんだ高級毛織物．	礼服用のスーツやコート類
サテン	朱子織	絹・アセテート　キュプラなど	織物組織の朱子織の名前である．朱子織独特の美しい光沢と滑りがある．	ドレッシーなブラウス地など
コーデュロイ	パイル組織	綿など	コール天ともいう．パイル（毛羽）でたてうねをあらわしたよこパイル織物．	冬のカジュアルウエア
別珍（べっちん）	パイル組織	綿など	毛足の短いよこパイル織物．英語のベルベッティーンから転じた当字．上等なものは絹物とあまり変わらない風合いがある．	婦人・子供服地　帽子
ベルベット	パイル組織	絹	ビロードともいう．たてパイル織物．光沢がある．	婦人・子供用ドレス

和服地

種類	組織	繊維	特徴	用途
上布(じょうふ)	平織	麻	80～100Sのよりを強くした糸を使用した上質で，薄地の硬い織物.	夏用着尺地
縮(ちぢみ)	平織	麻	80～100Sの糸を用いるが，よこ糸に強いよりを施し，"湯もみ"や"足踏み"などを行って，しぼを出した織物.(小千谷縮)	夏用着尺地
岡木綿	平織	綿	たて糸，よこ糸ともに30Sの糸で織られた織物.	浴衣地
絣(かすり)	平織	綿	たて糸，よこ糸ともに20～40Sくらいの単糸(より合わせ，引きそろえてない糸)を用い，たて糸のみ(たて絣)，またはよこ糸のみ(よこ絣)，あるいはたて糸・よこ糸(たて・よこ絣)ともに染色したかすり糸を用いて柄を織りだした織物.(久留米絣)	平常用着尺地作業着
縮緬(ちりめん)	平織	絹	たて糸に生糸，よこ糸に強撚糸の生糸を使用し，精練によりしぼを出した織物.	着尺地，羽尺地コート地，帯地
お召	平織	絹	たて糸，よこ糸に精練して染めた絹糸を使用し，よこ糸に通称お召よこ糸と称するS，Z撚糸を2本交互に使用した織物.	着尺地
紬(つむぎ)	平織	絹	真綿を手つむぎした糸を使用して，手織りで，絣，縞，白などに織りあげた先練(汚染物，油脂分，セリシンなどを除く)織物.(結城紬，大島紬)	着尺地，羽尺地コート地
銘仙(めいせん)	平織	絹	たて糸に練染め(精練して染めた)絹糸または絹紡糸(副蚕糸を原料として紡績した糸)，よこ糸に練染めののし糸(製糸の際にできる屑糸の一種)または玉糸(玉まゆのみから繰り糸した生糸)，もしくは絹糸を使用した織物.	着尺地
羽二重(はぶたえ)	平織	絹	たて，よこ糸に無よりの生糸を使用した後練り織物.滑らかで，つやがある.	着尺地，裏地
紗(しゃ)	からみ織	絹	2本のたて糸が，よこ糸1本ごとにもじり目をつくる組織の織物.布にすきまがあり，さらりとしている.	夏の着尺地
絽(ろ)	からみ織	絹	たて糸が奇数本のよこ糸と平織を組織してからみあう織物.三本絽，五本絽がある.	夏の着尺地
モスリン	平織斜文織	毛	たて糸，よこ糸に紡績単糸を使用した柔軟な織物.	長襦袢地
ウールお召	平織	毛，絹と毛	お召風に織った先染め着尺地.	着尺地，羽尺地
シルクウール	平織，紋織	絹と毛	絹と毛を交織にした，はりのある織物.	秋・冬用の着尺地
綿(にしき)	紋織	絹	綾地や綴地(布面によこ糸だけがでるしっかりした平織物)に金糸，銀糸，各種の糸を用いて模様を織りだした厚地の織物.	帯地
緞子(どんす)	朱子織	絹	たて糸にもろより(2本以上の糸をそろえて，下よりと反対方向によりあわせる)先染め糸，よこ糸に先染め色糸を使用し，模様をあらわした厚地で光沢のある織物.	帯地
化学繊維による織物			強度，妨しわ性が大で，W・W性などの長所があるため，実用的，経済的な材料として広く用いられている.絹，綿，麻，毛などとの混紡，交織織物もある.	

編 物

組 織	編み目	特 徴
平編み		よこ編みの基本的な組織．メリヤス編みともいう．一列の針で編み目をすべて一方向に引き出して編まれる．編み目の表裏が区別できる．よこ方向の伸縮性があり，表面は滑らかで光沢がある．ループが切れるとラン（伝線）が発生する． （セーター，Tシャツ，スポーツウエア，靴下，手袋）
ゴム編み		リブ編みともいう．平編みの表目と裏目を交互に配列したもので，表裏の区別がない．平編みよりも伸縮性が大きい． （アンダーウエア，セーター，Tシャツ，裾・袖口・えりなどの部分）
パール編み		ガータ編みともいう．1コースごとに表目と裏目を交互に配列したもので，よこ方向にうねができる．たて方向の伸縮性が大きい． （セーター，アウトウエア）
タック編み		引き上げ編みともいう．あるコースの一つのループを，その上のコースのループと一緒にして次のコースを編む．タックした部分にすき間ができ，変化に富んだ柄を出すことができる．伸縮性は小さい．
浮き編み		コースの途中でところどころ編み目を作らず，浮き糸として編んだもの．浮き糸は表側にあらわれる．色糸を用いて模様編みに応用される．
レース編み		移し編み（編み目を前後または左右に移したもの）の一種で，レース状の透かし目のあるもの．
両面編み		二つのゴム編みを合わせた組織．スムース編みともいう．
シングルデンビー編み		トリコット編みともいう．ループが1コースごとに隣の編み針でつくられ，ジグザグにつながって編み地が形成される．薄地で伸縮性が大きい．ランが起こりやすい． （ショール）
シングルアトラス編み		シングルバンダイク編みともいう．同一方向へ数コース斜行した後，反対の方向に同数斜行して編まれる組織．光線によりよこ方向に陰影ができる．色糸を用いて模様を出すのに効果的である． （手袋，アンダーウエア）
シングルコード編み		1枚のおさのたて糸を1針おいた次の針にわたり編み目を形成するもので，裏面はループが長く浮く．地厚で伸縮性はやや小さい． （マフラー，手袋，服地）

ダブルデンビー編み		ダブルトリコットともいう．シングルデンビー編みが2枚重なった状態の編み地で，安定して丈夫である． （手袋，アンダーウエア）
ダブルアトラス編み		ダブルバンダイク編みともいう．2枚のおさのたて糸で，互いに反対方向にシングルアトラス編みをさせた二重組織．丈夫で実用的な編み地．色糸によって多彩なダイヤ柄が得られる． （アンダーウエア，アウトウエア）
ダブルコード編み		2枚のおさのたて糸で，互いに反対方向にシングルコード編みをさせた二重組織．ダブルバーコード編みともいう．地厚で，柔軟で保温性に富む．
ハーフトリコット編み		2枚のおさのたて糸のうち，前おさのたて糸でシングルコード編みを，後ろおさのたて糸でシングルトリコット編みをさせた二重組織．シャルムーズ編みともいう． （アンダーウエア，プリント地）

レース

	種類		特徴
手工レース	布レース	ダーンドネッティング	基布にネット地を用い，方形のます目をかがって模様をあらわしたもの．
		オープンワーク	織物から部分的に糸を引き抜いたり，ほぐしたりしてかがったドロンワークや，布を切り抜いてそのまわりをかがったカットワークがある． （服地，敷物）
		刺しゅうレース	刺しゅうを施し，透かし目を含む模様をあらわす．
	糸レース	マクラメレース	糸やひもなどを結びあわせながら，結び目と房で模様をあらわす．
		編みレース	かぎ針，棒針などを用いて，透かし目で模様を編み出す． （服地，ショール，敷物，袋物）
機械レース	布レース	エンブロイダリーレース	レース機（エンブロイダリーマシン）で，薄い生地に刺しゅうや穴かがりを施したレース．基布一面に刺しゅうしたものをオールオーバー・エンブロイダリー，ネットを基布にして刺しゅうしたものをチュールレースという． （服地，縁飾り）
		ケミカルレース	基布に刺しゅうを施した後，基布を化学的に溶解し刺しゅう糸部分だけを残す．基布には絹や水溶性ビニロンを，刺しゅう糸には綿，毛，レーヨン，合成繊維などが用いられる． （服地，ショール）
	編みレース	ラッセルレース	ラッセルレース機でつくられる透かし目のあるレース． （服地，カーテン）
		カーテンレース	ネット地のたて糸に別の糸をからませて模様をあらわす．カーテンによく利用されるのでこの名がある．

糸レース (ボビンレース)	リバーレース	リバーレース機によってつくられる．たて糸に別の糸をからませ，複雑な模様をあらわす． （服地，装飾）
	トーションレース	組み物機によってつくる組み物レース．12cm前後の細いものしかつくれないので，何枚かかがりあわせたり，布地に縫いあわせたりして用いる．

毛皮・皮革

	種 類	特 徴
動物の毛皮	きつね，うさぎ，たぬき，りす，ミンク，チンチラ，かわうそ，とら，くま，ひつじ	軽くて弾力性に富み，保温性に優れている．虫や湿気に弱い．
天然皮革	カーフ	生後6カ月以内の子牛．薄くてキメが細かい． （靴，袋物，衣料）
	キッド	生後1年以内の牛．カーフよりいくぶん厚く，上質．
	ステア	生後3～6カ月以内に去勢した雄牛．牛革製品の中で最も多く使われている．
	スエード	山羊，子牛の皮をクロムなめしにし，細かい毛羽をだし，ビロードのような外観に仕上げる．
人造皮革	合成皮革	起毛した織物や編み物，不織布を基布とし，ナイロン樹脂やポリウレタン樹脂などを発泡させてスポンジ状の微細多孔層にしたもの． 最も多く利用されているポリウレタン系合成皮革は弾性に富み，耐薬品性，耐摩耗性に優れる． （袋物，履物，家具，自動車の椅子張り，衣料）
	人工皮革	ポリウレタンを接合剤とする不織布の基布と，その上部にある中間層の織物，さらにその上に無数の微細貫通孔をもつポリウレタン層から構成されている．引張り強度は天然皮革に比べて小さいが，軽く，染色性，染色堅牢度に優れ，水分による寸法変化や虫，かびの害がない． （スーツ・ジャケット・コートなどの衣料，袋物）

裏 地

種 類	組 織	繊 維	特 徴
タフタ	平織	化学繊維	無撚糸を用いる．布地に張りがあり，光沢に富み軽い． （あらゆる服地，ニット素材の伸び止め）
ローン	平織	キュプラ レーヨン	薄地で目の透いた，手触りのサラッとした織物で，肌ざわりがよく，適度の張りがある．元来は，フランスのローンで産出されたリネンのことであったが，この織り方に似せて織られた生地をさすようになった． （薄手は合物のワンピース，厚手はスカート，コートなど）
シャンタン	平織	綿，キュプラ レーヨン ポリエステル	元来は，柞蚕絹で織った紬ふうの絹織物のことであったが，現在は，よこ糸にふし糸を用いて，柞蚕糸使いのような外観と感触をもたせたものをいう．張りがある． （ワンピース，スカート，コート，スーツ）
デシン	平織	キュプラ ポリエステル 絹	本来は，絹で織られていた．よこ糸に撚り方向の違う糸（S撚りとZ撚り）を交互に使用し，織りあげ後精練すると細かいしぼができる．このしぼがサラリとした感覚と優雅な上品さを作りだしている．（婦人服用）
パレス	平織	キュプラ ポリエステル	パレスクレープの略．ちりめんの一種．たて糸密度をよこ糸密度よりも多くし，また，たて糸張力を強くして織ってあるので，よこ糸の甘い撚りとあいまって，しぼのあらわれかたが目立たない．
シャー	平織	キュプラ	正式にはシャー・クレープという．薄くて軽く，たて，よこ密度の疎な，透けてみえる織物．ジョーゼットよりもしぼは目立たない．シャリ味と清涼感がある． （春夏用）
ジョーゼット	平織	キュプラ 絹	正式には，ジョーゼット・クレープという．たて，よこ糸に強撚糸を2本ずつ交互に使用して，しぼをはっきりだした比較的密度のあらい織物．やわらかくて張りがないため，ドレープやギャザー，プリーツが美しくでる．シャリ味とサラリとした風合いが清涼感を与える．（春夏用）

種類	組織	繊維	特徴	
ツイル	斜文織	キュプラ レーヨン	しっかりした組織と滑らかな感触をもつ．（スカート，パンツ，コート，紳士物スーツ）	
フランス綾	斜文織	キュプラ	太い斜文線が2本以上，または太い斜文線と細い斜文線とが2本以上組み合わされて，かなり明瞭な幅広の変わり斜文線を織り出したもの．やわらかい手触りと弾力性があり，光沢もある．（スカート，パンツ，コート，紳士用スーツ）	
サテン	朱子織	絹 化学繊維	美しい光沢とすべりよい性質に加え，適度なボリューム感がある．（コート）	
ストレッチ	平織	キュプラ ポリエステル	仮撚加工，撚糸などにより，伸縮性，捲縮性に富んだ糸を用いる．20%の伸縮性がある．（ニット用）	
トリコット	トリコット編み	キュプラ ポリエステル ナイロン	構造的にホツレ，ランが起こらず，パッカリングが起きにくいなど縫製上のメリットがある．強く引っ張るとカールする性質があるので，縫製する場合，生地を伸ばさないようにする．（ニット用）	
金巾	平織	綿 レーヨン	たて，よこ糸に25～50^{s}程度の綿糸または20^{s}以上のスパンレーヨン糸を使用した織物．（肌着，敷布，裏地）	
新モス	平織	綿	金巾の一種で，80～100^{s}の単糸を用いて，密度を粗く織りあげたもの．綿モスリンともいう．	
さらし	平織	綿	16～30^{s}の単糸で織った白木綿を漂白したもの．	
羽二重	平織	絹	たて糸に生糸，よこ糸に玉糸を用いたもの，たて，よこ糸ともに玉糸を用いたものがある．（和服の胴裏，羽織裏）	
富士絹	平織	絹	たて，よこ糸に絹紡糸を使用したもの．	

芯 地

種類	組織	繊維	特徴	用途
毛芯	平織	羊毛，山羊毛 馬毛	弾力性，防しわ性に富み，適度の張り，柔軟性をもっている．保形性がある．	テーラードスーツ コート
バンピース	平織	羊毛，羊毛とレーヨンの混紡	毛芯より織りが粗く，しなやかで弾力があり，柔らかい．	シルクのワンピース，表地が白い生地の前芯
麻芯	平織	亜麻 苧麻	堅さと張りがある．直線的なシルエットのものに適す．糊抜きして使う．	スーツ・コートの前芯
シーチング	平織	綿	布の腰が柔らかく，形くずれしやすい欠点はあるが，適度の厚さをもたせるのに適す．	カジュアルなスーツの前芯，えり芯，袖口芯
ハイモ	平織	綿	薄く，柔らかく，しなやかで腰もある．しわにならない．	裏打ち芯，袖口芯，裾芯
スレーキ	斜文織	綿	ろう糊をつけシュライナー仕上げ（絹のような光沢をだす）をしている．	ポケット袋布，袖口芯，ズボンの腰裏，力布
ゴース	平織	絹，綿 化学繊維	薄く透きとおった張りあるもの．	裏打ち芯，裾芯
オーガンジー	平織	合繊，絹，綿	たて，よこ糸に細糸を使用した目の透いた，手触りのこわい薄地織物．	絹物の芯や裏打ち布，透ける布地の裏打ち
不織布		合繊	織らずに布状にした芯．軽く，反発性が強くしわにならない．洗濯しても形くずれしないが，ドレープ性に乏しい．	直線的なデザインのスーツやコートの前芯，増芯
接着芯	織物接着芯		基布には，綿，レーヨン，ポリエステルなど，またその混紡が用いられる．バイヤス方向をかえて用途にあわせて用いるとよい．ドレープ性，強度の面ですぐれている．	紳士・婦人服シャツ用
	編み物接着芯		伸縮性と柔らかい風合いがある．基布はナイロンとポリエステルが多い．編み組織はトリコットタイプとよこ糸挿入トリコットがある．	ニット用
	不織布接着芯		バルキー性，弾性回復，通気性にすぐれている．よこ，バイアス方向に伸縮性をもたせ，たて方向にハリをもたせたものも作られている．種類も多いので，用途にあわせ適当なものを選ぶようにする．	用途にあわせて選ぶ

引用・参考文献

[第1章]
1) 椙山藤子編著：被服構成学改訂版，朝倉書店（1991）
2) 柳澤澄子：随筆集 私の歩んだ道―被服構成学の半世紀，築地書店（1992）
3) 中保淑子ほか：被服構成学―着やすさと美しさを求めて，朝倉書店（1995）

[第2章]
1) 椙山藤子編著：被服構成学，朝倉書店（1980）
2) 中保淑子ほか：被服構成学―着やすさと美しさを求めて，朝倉書店（1995）
3) 谷口閲次，石山彰：服飾美学・服飾意匠学，光生館（1969）
4) 小川安朗：民族服飾の生態（東書選書36），東京書籍（1979）
5) 長崎巌：美術館へ行こう―染と織を訪ねる，新潮社（1998）
6) 奥山春彦・水梨サワ子監修，中井長子・相川佳予子共編：服装史 西洋・日本編，相川書房（1976）
7) Carl Köhler：A History of Costume, Dover Publications（1963）
8) 小川安朗：民族服飾の生態（東書選書36），東京書籍（1979）
9) 佐々井啓編著：衣生活学，朝倉書店（2000）
10) 村上憲司：西洋服装史，創元社（1969）
11) 小池三枝・野口ひろみ・吉村佳子編著：概説日本服飾史，光生館（2000）
12) 高橋春子・今井和子ほか：被服構成学，建帛社（1981）
13) ブランシュ・ペイン：ファッションの歴史―西洋中世から19世紀まで，八坂書房（2006）
14) J. アンダーソン・ブラック：ファッションの歴史，PARCO出版局（1985）
15) 菅原珠子・佐々井啓：西洋服装史（日本女子大学家政学シリーズ），朝倉書店（1985）
16) 能澤慧子：モードの社会史 西洋近代服の誕生と展開（有斐閣選書），有斐閣（1991）
17) 深井晃子監修：カラー版世界服飾史，美術出版社（1998）
18) 成実弘至編集責任：モードと身体―ファッション文化の歴史と現在，角川学芸出版（2003）
19) The Encyclopaedia of World Costume, B. T. Batsford（1978）

[第3章]
1) 川添登，一番ヶ瀬康子監修：生活学辞典，410-418，TBS・ブリタニカ（1999）
2) 芳賀登：東北と木綿―古手・古着の流通と関連させて，風俗，34，2-42（1996）
3) 大塚康平ほか：資源循環型文化・裂き織りに使用される古布の流通機構，デザイン研究，50（2），53-62（2003）
4) 馬場彩果，千葉桂子：中学校家庭科の衣生活学習に関する一考察―江戸時代の衣服教育を生かした提案，東北家庭科教育研究，9，39-48（2010）
5) 福島県立博物館：布の声をきく，60（2006）
6) 福島県立美術館：ハギレの日本文化史―時空をつなぐ布の力，21（2007）
7) 冨田明美編著：アパレル構成学，朝倉書店（2004年）
8) 馬場まみ：近代化と服装―洋服と和服の意味，日本衣服学会誌，53（2），66-72（2010）
9) 馬場まみ：着物の大研究，63，PHP研究所（2006）
10) 小泉和子：昭和のキモノ，河出書房新社（2006）
11) 熊田知恵ほか：和服の基礎とゆかた製作，創英社（2003）
12) 松山容子編著：衣服製作の科学，建帛社（2001）
13) 清水とき：増補改訂やさしい和裁，日本ヴォーグ社（2004）
14) 世界文化社：家庭画報特選新版きものに強くなる（2002）
15) 織田稔子：新しい和裁，永岡書店（2009）
16) 岡田宣子ほか：ビジュアル衣生活論，建帛社（2010）
17) 丸山伸彦：江戸のきものと衣生活，小学館（2007）
18) 丹野郁ほか：江戸事情第六巻服飾編，雄山閣出版（1994）
19) 長崎 巌：日本の美術第435号小袖からきもの

20) 日野西資孝：日本の美術第26号服飾，至文堂（1968）
21) 日本家政学会：日本人の生活－50年の軌跡と21世紀への展望，127-131，建帛社（1998）
22) 乾 淑子：着物・節約と美意識，北海道東海大学紀要人文社会学系，**14**，37-52（2001）
23) 前田美穂，森理恵：寄裂着物にみる美意識，**54**，7-18（2002）
24) 大丸弘：現代和服の変貌―その設計と着装技術の方向に関して，**4**（4），770-797（1980）
25) 高橋晴子：身装電子年表の作成に関する基本的課題3－近代日本の文化変容における重要テーマ―，大阪樟蔭女子大学論集，**44**，173-189（2007）
26) 大塚末子，鶴見和子対談：きものは魂の宿り場―赤ちゃんから寝たきり老人まで，思想の科学，第7次**23**，2-11（1982）
27) 伊藤佐智子：きもの日本の服飾図譜，パイインターナショナル（2011）
28) 朝日新聞社編：きもの文化史艶と麗と粋，朝日新聞社（1986）

[第4章]
1) 寺田春水，藤田恒夫：骨学実習の手引，南山堂（1978）
2) 小原二郎ほか：人体を測る―計測値のデザイン資料，82-84，日本出版サービス（1986）
3) 篠崎彰大：自分でつくるボディ，62-63，マガジンハウス（1995）
4) ㈳人間生活工学研究センター：日本人の人体寸法データブック 2004-2006（2011）
5) ㈳人間生活工学研究センター：人体特性基盤事業成果報告書（2007）
6) ㈳人間生活工学研究センター：日本人の人体寸法データブック 2004-2006（2011）
7) Takasaki, H. : *Appl. Opt.* **9**, 1467（1970）
8) 持丸正明，河内まき子：人体を測る，**43**，44，電機大出版局（2006）
9) 産業技術総合研究所RIOデータベース，http://riodb.aist.go.jp/dhbodydb/
10) 持丸正明：Digital Humanに基づくボディ開発，繊維製品消費科学会誌，**42**（7），88（2001）
11) 土肥麻佐子，持丸正明，河内まき子：足部計測値に基づく3次元形態特性の分布推定，人間工学会誌，**36**（2），76（2000）
12) Stephen Rogers Peck : Atlas of Human Anatomy for the Artist, Oxford University Press, 218-219（1979）
13) 日本肥満学会肥満症診断検討委員会報告：新しい肥満の判定と肥満症の診断基準，肥満研究，**6**，1，18-27（2000）
14) C.H.シュトラッツ（高山洋吉訳）：女体の人種美（シュトラッツ選集），西田書店（1979）
15) ㈳人間生活工学研究センター：日本人の人体計測データ（1997）
16) 冨田明美：身体像―人体計測からみた若者の体格，総合思春期学（清水凡生編），診断と治療社（2001）
17) 厚生労働省：平成22年乳幼児身体発育調査報告書
18) 保志宏：ヒトの成長と老化，てんぺいあ（1997）
19) ㈳人間生活工学センター：成人女子の人体計測データ（1997）
20) 冨田明美：人体計測からみた若者の体格，思春期学，**20**，1，33-39（2002）
21) ㈶日本規格協会：日本人の体格調査報告書（1984）
22) 総務省：人口推計（平成21年10月1日現在）―結果の概要―（2009）
23) 村瀬美代子ほか：高齢者の体型特性，中京短期大学論叢，**28**，1（1997）
24) 中保淑子ほか：被服構成学，朝倉書店，31（1995）
25) ㈶日本規格協会：日本人の体格調査報告書（1970，1973）
26) 斎藤宏：姿勢と動作，メヂカルフレンド社（2000）
27) ㈳人間生活工学研究センター：人体データベース構築に関する事業報告書（1995）
28) Staffel, F. : DIE Menshlichen Typen J.F.Bergwan Wiesbaden（1889）
29) 森由紀，木岡悦子：スラックスの形態と拘束性―指尖容積脈波および筋電図から，甲南家政，**28**，63-76（1992）
30) 森由紀：下肢動作に適応するスラックスのゆとりに関する一考察，甲南女子大学研究紀要，創立20周年記念号，637-650（1985）
31) 中橋美智子，吉田敬一：新しい衣服衛生，134，南江堂（1997）
32) Lee Y.A., Hyun K.J., Tokura H. : Circadian Rhythms of Core Body Temperature and Urinary Noradrenaline Secretion under the Influence of Skin Pressure Due to Foundation Garments Worn during Wakefulness, *Biological Rhythm Research*, **32**, 389-400（2001）
33) 杉田明子，岡部和代，木岡悦子：中高年女性におけるガードル着用効果と快適性―心拍数・皮膚温及び脳波の早期応答から，繊維製品消費科学，**43**，365-376（2002）
34) Watanuki S., Murata H. : Effects of Wearing

Compression Stockings on Cardiovascular Responses. *The Annals of physiological anthropology*, 13, 121–127 (1994)
35) Mori Y., Kioka E., Tokura H. : Effects of Pressure on the Skin Exerted by Clothing on Responses of Urinary Catecholamines and Cortisol, Heart Rate and Nocturnal Urinary Melatonin in Humans. *International Journal of Biometeorology*, 47, 1–5 (2002)
36) 田村照子：基礎被服衛生学, 72, 文化出版局 (1985)
37) 田村照子, 小柴朋子, 平田耕造：衣環境の科学, 34, 建帛社 (2004)
38) Tsuchida K.,Harada T. : International Symposium on Clothing Comfort Studies.The Japan Research Association for Textile End-uses (1988)
39) Tokura H., *et al*. : Objective specification of fabric quality. *Mechanical Properties and Performance*, 407–418 (1982)
40) 日本家政学会編：環境としての被服, 60–61, 朝倉書店（1989）．ただし表の引用元は Olsen, B.W：温熱環境と衣服の快適性, 繊維と工業, 43 (6), 17 (1987)
41) 久保田くら：体育のための解剖学, 南山堂 (1972)
42) 武藤浩ほか：解剖生理学―講義と実習, 南江堂 (1988)
43) 齋藤宏編著：運動学, 医歯薬出版株式会社 (1995)
44) 吉村寿人：人体生理学提要, 光生館 (1986)
45) 木岡悦子ほか：自立と選択の被服構成学, ミネルヴァ書房 (1990)
46) C.H. シュトラッツ（高山洋吉訳）：女体の人種美（シュトラッツ選集）, 西田書店 (1979)

[第5章]
1) インファス：FASHIONNEWS, 163 (2011)
2) インファス：FASHIONNEWS, 163 (2011)
3) 日本規格協会：JIS ハンドブック色彩 (2010)
4) 石原久代・酒井清子：名古屋女子大学紀要, 31, 23–31 (1985)
5) 相馬一郎・富家直・千々岩英彰：企業と色彩, 日本色彩研究所事業 (1963)
6) 千々岩英彰：図解世界の色彩感情事典, 河出書房新社 (1999)
7) 石原久代・栃原きみえ・椙山藤子：日本繊維製品消費科学会誌, 26, 41–46 (1985)
8) 石原久代・原田妙子・早坂美代子：日本繊維製品消費科学会誌, 30, 311–316 (1989)
9) 原田妙子：早坂美代子・石原久代：日本繊維製品消費科学会誌, 31, 140–145 (1990)
10) 椙山藤子編著：被服構成学　改訂版, 朝倉書店 (1987)
11) 石原久代：名古屋女子大学紀要, 34, 13–22 (1988)
12) 加藤千穂・大澤香奈子・石原久代：日本繊維製品消費科学会誌, 49, 73–83 (2008)
13) 石原久代, 鈴木妃美子：名古屋女子大学紀要, 41, 37–43 (1995)
14) 藤原康晴：繊維機械学会誌（繊維工学）, 40, 279–286 (1987)
15) 石原久代, 鈴木妃美子：名古屋女子大学紀要, 42, 11–20 (1996)

[第6章]
1) 島倉護：紡績・製布の最新技術―高付加価値技術を目指して, 繊維学会誌, 48, 126–133 (1992)
2) 田中千代：新・田中千代服飾事典, 同文書院 (1991)
3) 日本繊維製品消費科学会編：ニット衣料学―製造から消費まで, 日本繊維製品消費科学会 (1978)
4) 日本繊維機械学会繊維工学刊行委員会編：繊維工学（Ⅳ）布の構造・性能および物性, 日本繊維機械学会 (1988)
5) 菅野英二郎：皮革の実際知識, 東洋経済新報社 (1979)
6) 日本繊維製品消費科学会編：人口皮革・合成皮革, 日本繊維製品消費科学会 (2010)
7) 文化服装学院編：文化ファッション講座, アパレルの素材と製品, 文化出版局 (1987)
8) 日本繊維製品消費科学会編：繊維製品消費科学ハンドブック, 光生館 (1975)
9) 日本衣料管理協会刊行委員会編：アパレルデザインの基礎, 日本衣料管理協会 (1992)
10) 国際羊毛事務局：羊毛の吸湿性と毛織物の寸法変化, *Clothing Service Information*, 7, 国際羊毛事務局 (1978)
11) 佐々井啓編著：衣生活学, 朝倉書店 (2010)
12) 島崎恒蔵, 佐々井啓編著：衣服学, 朝倉書店 (2010)
13) 和田保子：縫製事典, 繊維研究社 (1975)
14) 中川政則：裏地の役割と機能―キュプラ裏地を中心に, 日本繊維製品消費科学会, 52, 439–443 (2011)
15) 松本真吾：当社ポリエステル裏地素材の展開について, 日本繊維製品消費科学会, 52, 496–500 (2011)
16) 日本接着芯地協議会編纂委員会：接着芯地のすべて―基礎と実際, 日本繊維新聞社 (1984)

17) 芯地基礎資料，日東紡績株式会社芯地研究開発センター（1993）
18) 島崎恒蔵編著：衣服材料の科学，建帛社（1999）
19) 田村新十郎：接着芯地について，日本繊維製品消費科学会誌，23，1-3（1982）
20) 棚瀬勉：毛芯地，日本繊維製品消費科学会誌，52，552-555（2011）
21) 永野暁：衣料用接着芯地について，日本繊維製品消費科学会，52，598-604（2011）
22) 日本化学繊維協会編：1999年実績産業用繊維消費量調査報告書（1999）
23) 島倉護：縫糸の種類と用法，日本繊維製品消費科学会誌，23，458-463（1982）
24) 日本規格協会：一般織物試験法，JIS L 1096
25) 丹羽雅子，瀬戸房子：日本繊維機械学会誌，39，T161-T168（1986）
26) 綾田雅子，丹羽雅子：日本家政学会誌，41，313-320（1990）
27) 綾田雅子，丹羽雅子：日本家政学会誌，42，75-81（1991）
28) 繊維学会編：最新の衣料素材―基礎データと試料，文化出版局（1993）
29) 佐々木久衛：新合繊の最近の動向について，日本繊維製品消費科学会誌，35，4-10（1994）
30) 丹羽雅子：新合繊の可縫性について，日本繊維製品消費科学会誌，35，20-29（1994）
31) 石川欣造監修：テキスタイル辞典，日本衣料管理協会（1991）
32) 遠藤忍：サイロスパン紡績とその製品について，日本繊維機械学会誌，42，42-49（1989）
33) 繊維社編：ニューレーヨンの実際知識，繊維社（1994）

[第7章]
1) 近藤れん子：近藤れん子の立体裁断と基礎知識，モードェモード社（1979）
2) 冨田明美，岩佐和代，中保淑子：高齢婦人用胴部衣服原型作成法についての一考察，日本繊維製品消費科学会誌，28，197-204（1987）
3) 冨田明美，中保淑子：青年女子用胴部衣服原型作成法，椙山女学園大学研究論集　自然科学篇，21，315-327（1990）
4) 日本繊維製品消費科学会：被服構成学要論，日本繊維製品消費科学会（1982）
5) 日本衣料管理協会刊行委員会：アパレル設計・生産論，㈳日本衣料管理協会，15-16（2000）
6) 日本衣料産業研究会編：自動縫製用語（1984）
7) 冨田明美：衣服におけるゆとりの効果，椙山女学園大学　生活の科学12，43-54（1990）
8) 中保淑子，冨田明美：衣服着用時におけるゆとりの測定方法の検討，日本家政学雑誌，38，4，293-300（1987）
9) 冨田明美ほか：人体と環境との熱収支媒体としての着衣における空隙の定量化に関する研究，平成13年度〜平成15年度科学研究費補助金（C）（2）研究成果報告書，44-56（2004）
10) 冨田明美，中保淑子：パンツのゆとり量に関する一考察，日本繊維製品消費科学会誌，30，3，133-141（1989）
11) 祖父江茂登子ほか：基礎被服構成学，建帛社（1988）
12) 相山藤子編著：被服構成学改訂版，朝倉書店（1991）
13) 繊維工業構造改善事業協会：フラットパターンによるアパレルデザイン，繊維工業構造改善事業協会アパレル産業振興センター（1986）
14) 中保淑子編著：被服構成学―着やすさと美しさを求めて，朝倉書店（1995）
15) 木岡悦子ほか：自立と選択の被服構成学，ミネヴァ書房（1991）
16) 増田茅子：Clothing Construction―理論と実技，関西衣生活研究会（1995）

[第8章]
1) 山村貴敬，鈴木邦成：図解雑学アパレル業界のしくみ，ナツメ社，146（2009）
2) 樋口ゆき子ほか：衣生活学，朝倉書店（1991）
3) 繊研新聞社編集局：よくわかるアパレル業界，日本実業出版社（2010）
4) 渋谷惇夫：アパレル企業が求めるパターンメーカーの技術と能力育成，日本衣料産業研究会議・繊維工業構造改善事業協会（1992）
5) 繊維工業構造改善事業協会：アパレルマーチャンダイジングⅠ，繊維工業構造改善事業協会アパレル産業振興センター（1988）
6) 日本衣料管理協会刊行委員会：マーケティング論，日本衣料管理協会（1991）
7) 文化服装学院：婦人服4，文化出版局（1993）
8) 日本衣料管理協会刊行委員会：新版アパレル製作入門―衣服設計・製作のための―，㈳日本衣料管理協会（2000）
9) 佐藤隆三：衣生活，36，1，22-29（1993）
10) 日本ファッション教育振興協会編：プロダクトパターンメーキング技術検定試験1級ガイドブック，㈶日本ファッション協会振興協会（1996）
11) 日本接着芯地協議会編纂委員会：接着芯地のすべて―基礎と実際，日本繊維新聞社（1984）
12) 日本規格協会：接着しん地試験方法，JIS L 1086
13) 日本規格協会：ステッチ形式の分類と表示記号，JIS L 1020

14) 日本規格協会：シームの分類と表示記号，JIS L 1021
15) 青山喜久子，島崎恒蔵：繊維学会誌，**58**，216-223（2002）
16) 青山喜久子，島崎恒蔵：繊維学会誌，**64**，313-318（2008）
17) 日本規格協会：工業用ミシン針，JIS B 9076
18) オルガン針カタログ，オルガン針株式会社
19) 青山喜久子，島崎恒蔵：日本繊維製品消費科学会誌，**51**，424-432（2010）
20) 青山喜久子，島崎恒蔵：日本繊維製品消費科学会誌，**48**，543-552（2007）
21) 日本繊維製品消費科学会：最新縫製科学，日本繊維製品消費科学会（1969）
22) 中野喜久子，島崎恒蔵：日本繊維製品消費科学会誌，**25**，118-124（1984）
23) 島崎恒蔵：日本繊維製品消費科学会誌，**17**，414-417（1976）
24) 島崎恒蔵：日本繊維製品消費科学会誌，**19**，116-120（1987）
25) 島崎恒蔵，中野喜久子：日本繊維製品消費科学会誌，**22**，72-79（1981）
26) 島崎恒蔵，中野喜久子：日本繊維製品消費科学会誌，**27**，347-351（1986）
27) 中野喜久子，島崎恒蔵：日本繊維製品消費科学会誌，**31**，183-189（1990）
28) 綾久仁子，島崎恒蔵，嶋田敦子：日本繊維製品消費科学会誌，**33**，47-55（1992）
29) 日本化学繊維協会監修：縫製品の欠点解説書，繊維総合研究所（1988）
30) 日本化学繊維協会：薄地織物の目寄れ，縫目スリップの評価に関する研究報告，日本化学繊維協会（1980）
31) 石川欣造監修：アパレル工学事典，繊維流通研究会（1983）
32) 川端秀雄：HESC REPORT, A-1, JUNE（1979）

[第9章]
1) 日本ファッション教育振興協会：ファッションビジネス能力検定試験ガイドブック，日本ファッション教育振興協会（1997）
2) 松尾武幸：新版図解アパレル業界ハンドブック，東洋経済新報社（2001）
3) 朝日新聞グローブ：http://globe.asahi.com/feature/090622/memo/01.html
4) 消費者庁—家庭用品品質表示法：http://www.caa.go.jp/hinpyo/law/law_04.html
5) 日本規格協会：日本人の体格調査報告書—衣料の基準寸法設定のための体格調査，日本規格協会（1970）
6) 日本規格協会：日本人の体格調査報告書—既製衣料の寸法基準作成のための体格調査—，日本規格協会（1984）
7) 通商産業省工業技術院：成人女子の人体計測データ〈JIS L 4005：1997〉—数値データと解析，㈳人間生活工学研究センター（1997）
8) ㈳人間生活工学研究センター：日本人の人体寸法データブック2004-2006，㈳人間生活工学研究センター（2001）
9) 日本規格協会：乳幼児衣料のサイズ，JIS L 4001：1998（1998）
10) 日本規格協会：少年用衣料のサイズ，JIS L 4002：1997（2000）
11) 日本規格協会：少女用衣料のサイズ，JIS L 4002：1997（2001）
12) 日本規格協会：成人男子用衣料のサイズ，JIS L 4004：2001（2001）
13) 日本規格協会：成人女子用衣料のサイズ，JIS L 4005：2001（2001）
14) 日本規格協会：ファウンデーションのサイズ，JIS L 4006：1998（1999）
15) 日本規格協会：靴下類のサイズ，JIS L 4007：1998（2001）
16) 日本衣料管理協会専門委員会調査部会：衣料の使用実態調査報告書平成16年1月，日本衣料管理協会（2004）

[付表2]
1) 中保淑子ほか：被服構成学—着やすさと美しさを求めて，朝倉書店（1995）

索　引

ア 行

ISO　107
アイテム　92
アイロン　102
明き　82
アクティブステレオ法　29
アシンメトリー　50
暖かさ感　51
アタリ　72, 102, 104
圧縮特性　67
アパレル　1
　——の機能　3
　——の形式　6
　——の形態　6, 45
　——の構成法　4
　——の購入　112
　——の色彩　50
　——の目的　3
アパレルCAD　94
アパレル産業　105
アパレル商品企画　91
アパレル生産工程　90
アパレル設計　73
アパレル素材　59, 116
アパレルデザイン　45
アパレルメーカー　91
甘より糸　60
編物　61, 118
袷　15

意匠糸　59
いせ込み　70
五つ衣唐衣裳　9, 13
糸　59
衣服圧　39
衣服気候　42, 44
衣服原型　74
衣服の起源　3
異方性　70
衣料サイズ　108
衣料品の価格　112
色の三属性　50
インターカラー　54

ウォッシャブルウール　72
ウォームビズ（Warm BIZ）　41
動きやすさ　39
裏地　67, 120

ウーリー糸　70, 101
ウールマーク　112
運動機能性　66

SPA　90, 113
H. E.　65, 95, 103, 104
エポーレットスリーブ　85
衣紋　19
えり　74
　——のデザイン　85
　——（衿）の抜き方　19
えり折山線　87
衿肩明　19
えり腰　47, 87
衿下　17
えり幅　87
延反　96, 103

黄金比　26, 49
横矢示数　26
大きさ感　50
大袖　13
大裁ち　15
袵　16
オートクチュール　11
お端折り　16
オープンカラー　85
重さ　71
重さ感　51
泳ぎ　104
織物　61
温度感　51

カ 行

解反　95
快適性　43
カウプ指数　31
顔型　54
価格破壊　113
加工糸　59
囲み作図法　74
かさ高加工糸　60
下肢形状　55
下肢部　74
型くずれ　66, 95, 103
片より糸　60
家庭洗濯等取り扱い方法　106
家庭用品品質表示法　106

カバードヤーン　60
カバー率　110
可縫性　63, 69, 99
カマイユ配色　52
カラー　47
柄合わせ　16
柄合わせ不良　103
カラーコーディネート　50
カラーハーモニックチャート　52
寒色　51
関節　23
間接（人体計測）法　28
緩和収縮　65, 95, 103

着尺　16
基準線　114
基準点　114
既製衣料　105
　——の生産・流通　105
　——のサイズ　108
着丈　17
基本身体寸法　108
ギャザー　46, 65, 71, 82
CAD　94
CAM　95
Qマーク　112
キュロットスカート　88
胸郭　23
強ねん糸　60, 66
切替え線　46, 55

クイックレスポンス　90
空隙量　77
くせとり　70
くみたてかた　1
グラデーション　53
クリーズ線　88
クリンプ　65
クールビズ（Cool BIZ）　41
グレーディング　93
クロー値　43

形状スキャナ　29
形状の安定性　66
形態安定性能　65
頸椎点　23
頸部　74
毛皮　120
けん縮（クリンプ）　60, 65, 70, 101

検反　95
減量加工　101

コアスパン糸　70
コアスパンヤーン　60
ゴアードスカート　88
こう化温度　97
工業縫製　99
工業（縫製）用パターン　92
高径項目　114
合成皮革　63
高年齢期　35
高齢女子　75
国際流行色委員会　54
国民生活センター　113
小袖　9, 13
小裁ち　15
骨格　22
骨格筋　24
骨盤　23
コルセット　10
混繊糸　59
混紡糸　59

サ 行

サイズ　106, 112
裁断　96
裁断ずれ　103
彩度　50
彩度対比　51
サイロスパン糸　72
サイロスパン紡績　72
逆毛　103
逆目　103
裂織　14
サーキュラースカート　88
錯視　55
刺し子　14
差動送り　101
3色配色　53
産熱　41
サンプルメーキング　92

色彩調和　52
色相　50
色相対比　51
しくみ　1
嗜好色　53
自己表現　4, 56
自重伸び　66, 103
JIS　106
姿勢　37
時代的変化　36
自動縫製　99
地直し　17, 95, 103
視認性　52

縞柄　55
浸み出し　69, 97, 104
シーム　97, 98
シームパッカリング　99
ジャケット　45
シャツ　45
シャツカラー　85
JAFCA　54
シャンティ　8
周径項目　115
集合製品　59
十二単　13
主素材　61
上肢部　74
少女　75, 108
庄内刺し子　14
少年　108
消費生活センター　113
女児　75
シルエッター法　28
シルエット　45
シロセット加工　102
しわ　66
新合繊織物　71, 99
人工皮革　63
芯地　67, 96, 121
　　──のアタリ　71
　　──のはく離　104
人種差　31
芯すえ　96, 103, 104
人体計測　26, 114
身体拘束感　81
身体拘束性　80
伸長回復性　66
伸長特性　66, 70, 99
シンメトリー　49

スカート　45, 74
　　──のデザイン　88
スタイル画法　57
スタンドアンドフォールカラー　85
スタンドカラー　85
ステッチ　97, 98
ステッチ形式　98
Speciality store retailer of Private label
　　　Apparel　90
ズボン　46
スポンジング　95
スライディングゲージ法　28
スリーブ　49
寸法安定性　65, 100
寸法変化　65, 95

性格特性　56
性差　31
成人女子　75, 109
成人男子　75, 109

正中線　58
成長期　32
製品の評価　103
脊柱　22
石膏トルソー　82
接着剤　68, 97
　　──のはく離　63
接着芯地　68, 96, 104
　　──のはく離　103
接着不良　97, 104
セットインスリーブ　85
セット性　102
繊維製品の取り扱いに関する表記記号及
　　びその表示方法　106
せん断特性　66, 70

造形性能　70
素材　112
袖　74
　　──の進み　104
　　──のデザイン　84
　　──の逃げ　104
袖幅　85
袖山の高さ　85

タ 行

体温調節　3, 41
体格　30
体格調査　108
体幹部　74
体型　30, 55
　　──の変異　31
体型観察　31
体型区分表示　109
体型適合性　84
体型分類　31
体型変化　38
対照色相　52
対人認知　56
対比現象　51
体表伸展量　75, 80
耐摩耗性　67
タック　65, 71, 82
ダッチカラー　85
ダーツの移動　82
たて編み　61
ダルマティカ　9
短サイクル　90
暖色　51
単数表示　110
短寸式（作図法）　74
弾性余効　66

地糸切れ　99-101
地球温暖化　41
着装　56

中性色　51
中裁ち　15
中年齢期　34
長径項目　115
長寸式（作図法）　74
直接（人体計測）法　27

ツァイジングの黄金分割比　57
対丈　16
通過儀礼　15
津軽こぎん　14

ディテール　47
テカリ　67, 102
デザイナー　91
デザイン　112
　　えりの――　85
　　スカートの――　88
　　袖の――　84
　　パンツの――　88
　　身頃の――　82
テーラードカラー　85
天然皮革　63

同一色相　52
同化現象　51, 52
動作　38
動作適応ゆとり量　78
頭身示数　26
胴部　74
トガ　8
特定衣料寸法　108
ドミナントカラー　53
ドミナントトーン　53
ドラフティング法　73
トリコロールカラー　53
ドレーピング法　73
ドレープ　65, 70
ドレープ性　68, 70
トーン　50
トーン・イン・トーン　53
トーン・オン・トーン　52, 53

ナ　行

長着　5, 15
南部菱刺し　14

2色配色　52
ニードルクーラー　101
日本色研配色体系　50
日本人の体格調査　36, 108
日本流行色協会（JAFCA）　54
乳幼児　108
人形　16
人間生活工学研究センター　108

縫いずれ　99
縫い縮み　99
縫い目強度　100
縫い目スリップ　101
縫い目の伸長性　101
布送り機構　98

ネックライン　47, 54
熱収縮　65, 95, 103
熱セット性　71
熱伝導率　42
年齢　32, 74

伸ばし　70

ハ　行

ハイグラルエキスパンション（H. E.）
　　65, 95, 103, 104
バイヤー　91
バギング　67
はく離強度　97
パタンナー　91
パターンメーキング　73, 85
バーチャルファッションコーディネート
　　58
パッカリング　71, 98-100
8頭身　57
派手・地味感　51
バブリング　66
バランス　49
針穴傷　71, 99
針温度　101
範囲表示　109
ハンガーイラスト　57
パンツ　46, 74, 80, 88
　　――のデザイン　88

BMI　31
皮革　120
皮革製品　63
皮下脂肪　25
PCCS　50
単衣　15
皮膚温　41
被服構成学　1
百徳きもの　14
表面摩擦特性　99
ピリング　66
広袖　13
品質管理　91
品質表示規定　106
ピンワーク　57

ファストファッション　90, 105
ファンデーション　110
フィラメント糸　59, 72

風合い　103, 104
フェルト収縮　65
フォームラミネート　63
ふき　15
複合糸　59, 60, 72
複合製品　63
複合素材　72
服装特性　56
副素材　67
部分はく離　104
プライベートブランド　113
ブラジャー類　110
フラットカラー　85
プリーツ　46, 71
プリーツスカート　88
フレアー　88
プレス　102
プレス機　103
プレス収縮　71
プロポーション　25, 49, 58
文庫結び　20

平面構成　15
平面構成法　5
ペプロス　8
ベルベック指数　31

防護服　2
放縮　95
紡織編製品　59
縫製加工技術　112
縫製工程　97
縫製準備工程　95
縫製仕様書　94, 97
縫製不良　99
紡績糸　59, 72
放熱　41
保温性　42
補色色相　52
ボディマス指数　31
ボールポイント針　99, 101
本だたみ　19
ボンデッドファブリック　63

マ　行

マーキング　93
曲げ特性　66, 70, 71, 99
マスターパターン　92
マーチャンダイザー　91
マッピング　58
マルチン法　27

身頃のデザイン　82
ミシン糸　69
ミシン針　99
ミシン針温度　101

身丈　17

無彩色　50

明度　50
明度対比　51
目飛び　69

モアレ　104
モアレ法　28
モード画　57
もろより糸　60

■ヤ　行

有彩色　50
誘目性　52
ゆとり量　76

ユニバーサルデザイン　12

洋服地　116
ヨークドスカート　88
よこ編み　61
寄せ裂　14
4色配色　53

■ラ　行

ラグランスリーブ　85

リサイクル（江戸時代）　14
リズム　50
立体構成　73
立体構成法　4
流行色　54
量産用パターン　92

リヨセル　72

類似色相　52

レース　62, 119
レプリカ法　28

ロールカラー　85
ローレル指数　31

■ワ　行

ワイシャツ　109
綿入れ　15
和服　13
和服地　117

MEMO

MEMO

編著者略歴

冨田 明美
（とみた あけみ）

1945年　愛知県に生まれる
1968年　椙山女学園大学家政学部卒業
現　在　椙山女学園大学生活科学部教授
　　　　博士（工学）

生活科学テキストシリーズ
新版アパレル構成学
着やすさと美しさを求めて　　　　　定価はカバーに表示

2012年 8 月30日　初版第 1 刷
2022年 8 月 5 日　　　第10刷

編著者　冨　田　明　美
発行者　朝　倉　誠　造
発行所　株式会社　朝　倉　書　店

東京都新宿区新小川町6-29
郵便番号　162-8707
電　話　03（3260）0141
FAX　03（3260）0180
http://www.asakura.co.jp

〈検印省略〉

© 2012〈無断複写・転載を禁ず〉　　　　　Printed in Korea

ISBN 978-4-254-60631-7　C 3377

JCOPY　〈出版者著作権管理機構 委託出版物〉

本書の無断複写は著作権法上での例外を除き禁じられています．複写される場合は，そのつど事前に，出版者著作権管理機構（電話 03-5244-5088, FAX 03-5244-5089, e-mail: info@jcopy.or.jp）の許諾を得てください．

日本色彩学会編

色彩科学事典（普及版）

10210-9 C3540　　　　　A5判 352頁 本体7500円

色彩に関する514の項目を、日本色彩学会の73人の執筆者を動員して、事典風の解説をとりながらも関連の話題を豊富に盛込み、楽しみながら読めるよう配慮をもってまとめられたユニークな事典。色彩だけでなく明るさについても採録されているので照明関係者にとっても役立つ内容。色彩材料に関しては文化的背景についても簡潔ななかにもかなり深く解説されているので、色彩にかかわるすべての人、またそれ以外の研究者・技術者にとっても知識の宝石箱として活用できる事典

東工大 萩原一郎・前京大 宮崎興二・東工大 野島武敏監訳

デザインサイエンス百科事典
― かたちの秘密をさぐる ―

10227-7 C3540　　　　　A5判 504頁 本体12000円

古典および現代幾何学におけるトピックスを集めながら、幾何学を基に美しいデザインおよび構造物をつくり出す多くの方法を紹介。芸術、建築、化学、生物学、工学、コンピュータグラフィック、数学関係者のアイディア創出に役立つ"デザインサイエンス"。〔内容〕建築における比／相似／黄金比／グラフ／多角形によるタイル貼り／2次元のネットワーク・格子／多面体：プラトン立体／プラトン立体の変形／空間充塡図形としての多面体／等長写像と鏡／平面のシンメトリー／補遺

日本デザイン学会編

デザイン事典

68012-6 C3570　　　　　B5判 756頁 本体28000円

20世紀デザインの「名作」は何か？―系譜から説き起こし、生活～経営の諸側面からデザインの全貌を描く初の書。名作編では厳選325点をカラー解説。〔流れ・広がり〕歴史／道具・空間・伝達の名作。〔生活・社会〕衣食住／道／音／エコロジー／ユニバーサル／伝統工芸／地域振興他。〔科学・方法〕認知／感性／形態／インタラクション／分析／UI他。〔法律・制度〕意匠法／Gマーク／景観条例／文化財保護他。〔経営〕コラボレーション／マネジメント／海外事情／教育／人材育成他

実用インテリア辞典編集委員会編

実用インテリア辞典（新装版）

68018-8 C3570　　　　　B5判 520頁 本体18000円

インテリアコーディネーター、インテリアプランナーの資格制度が発足して、インテリアを学ぶ方々が増えつづけている。本書は、長年インテリアの教育・研究に携わった筆者らが、インテリアの計画と設計、歴史、構造と材料、施工と生産、インテリアエレメント、住宅政策および関連法規などの諸分野から、内容の検討を重ねて約4300項目を選び、図を多数使ってビジュアルにわかりやすく解説した用語辞典。インテリア資格試験の受験者、学生、インテリア産業界の方々の座右書

城　一夫著

西洋装飾文様事典（新装版）

68019-5 C3570　　　　　B5判 532頁 本体19000円

古代から現代まで、西洋の染織、テキスタイルデザインを中心として、建築、インテリア、家具、ガラス器、装幀、グラフィックデザイン、絵画、文字、装身具などにみられる様々な装飾文様、図像およびそれに関するモチーフ、様式名、人名、地名、技法など約1800項目を50音順に平易に解説。〔内容〕アイリス／インカ／渦巻水波／エッシャー／黄道帯十二宮／ガウディ／奇想様式／孔雀／月桂樹／ゴシック様式／更紗／獅子／ストライプ／聖書／象眼／太陽／チェック／壺／庭園／他

前奈良女大 梁瀬度子・和洋女大 中島明子他編

住まいの事典

63003-9 C3577　　　　　B5判 632頁 本体22000円

住居を単に建築というハード面からのみとらえずに、居住というソフト面に至るまで幅広く解説。巻末には主要な住居関連資格・職種を掲載。〔内容〕住まいの変遷／住文化／住様式／住居計画／室内環境／住まいの設備環境／インテリアデザイン／住居管理／住居の安全防災計画／エクステリアデザインと町並み景観／コミュニティー／子どもと住環境／高齢者・障害者と住まい／住居経済・住宅問題／環境保全・エコロジー／住宅と消費者問題／住宅関連法規／住教育

日本家政学会編

新版 家 政 学 事 典

60019-3 C3577　　B5判 984頁 本体30000円

社会・生活の急激な変容の中で，人間味豊かな総合的・学際的アプローチが求められ，家政学の重要性がますます認識されている。本書は，家政学全分野を網羅した初の事典として，多くの人々に愛読されてきた『家政学事典』を，この12年間の急激な学問の進展・変化を反映させ，全面的に新しい内容を盛り込み"新版"として刊行するものである。〔内容〕I．家政学原論／II．家族関係／III．家庭経営／IV．家政教育／V．食物／VI．被服／VII．住居／VIII．児童

阿部幸子・鷹司綸子・田村照子・中島利誠・
丹羽雅子・藤原康晴・山名信子・弓削 治編

被 服 学 辞 典 （普及版）

62014-6 C3577　　A5判 480頁 本体12000円

被服学全般を一望の下に概観することができ，細部にわたる部分についても直ちに引用できるよう編集された五十音順の辞典。大学・短大の被服学関係の研究者・学生，家庭科担当の先生，被服に関する研究・業務にたずさわる人々の必携書。〔内容〕藍（天然インジゴ）／ISO規格／合着／間着／藍染／アイデンティティー／アイヌ服／アイビールック／アイメーキャップ／アイリッシュワーク／アイロン／アウグスト乾湿寒暖計／袙／青色御包／青み付け／垢／等，約3500項目

日本学術振興会繊維・高分子機能加工第120委員会編

染 色 加 工 の 事 典 （普及版）

25262-0 C3558　　A5判 516頁 本体14000円

繊維製品に欠くことのできない染色加工全般にわたる用語約2200を五十音順に配列し，簡潔に解説。調べたい用語をすぐ探し出すのに便利である。〔内容〕表色・色彩科学／染色化学／天然繊維の染色／合成繊維の染色／天然繊維／合成染顔料／機能性色素／界面活性剤／染色助剤／水・有機溶媒／精練・漂白・洗浄／浸染／捺染／染色機械／伝統・工芸染色／仕上げ加工／試験法／廃水処理，地球環境問題／染料・色素の繊維以外の応用／染色加工システム／接着／高分子の表面加工

子ども総研 平山宗宏・大正大 中村 敬・
子ども総研 川井 尚編

育 児 の 事 典

65006-8 C3577　　A5判 528頁 本体15000円

医学的な側面からだけではなく，心理的・社会的側面，また文化的側面など多様な観点から「育児」をとらえ解説した事典。小児科医師，看護師，保健福祉の従事者，児童学科の学生など，さまざまなかたちで育児に携わる人々を広く対象とする。家庭医学書とは異なり，より専門的な知識・情報を提供することが目的である。〔内容〕少子化社会の中の育児／子どもの成長と発達／父子関係／子どもの病気／育児支援／子どものしつけ／外国の育児／子どもと社会病理／虐待とその対策／他

東工大 伊藤謙治・前阪大 桑野園子・早大 小松原明哲

人間工学ハンドブック （普及版）

20149-9 C3050　　B5判 860頁 本体28000円

"より豊かな生活のために"をキャッチフレーズに，人間工学の扱う幅広い情報を1冊にまとめた使えるハンドブック。著名な外国人研究者10数名の執筆協力も得た国際的企画。〔内容〕人間工学概論／人間特性・行動の理解／人間工学応用の考え方とアプローチ／人間工学応用の方法論・技法と支援技術／人間データの獲得・解析／マン-マシン・インタフェース構築の応用技術／マン-マシン・システム構築への応用／作業・組織設計への応用／環境設計・生活設計への「人間工学」的応用

早大 彼末一之監修

からだと温度の事典

30102-1 C3547　　B5判 640頁 本体20000円

ヒトのからだと温度との関係を，基礎医学，臨床医学，予防医学，衣，食，住，労働，運動，気象と地理，など多様な側面から考察し，興味深く読み進めながら，総合的な理解が得られるようにまとめられたもの。気温・輻射熱などの温熱環境因子，性・年齢・既往歴・健康状態などの個体因子，衣服・運動・労働などの日常生活活動因子，病原性微生物・昆虫・植物・動物など生態系の因子，室内気候・空調・屋上緑化・地下街・街路などの建築・都市工学的因子，など幅広いテーマを収録

筑波大 森 竹巳編著
アートとデザインの構成学
―現代造形の科学―
10246-8 C3040　　B5判 160頁 本体3700円

絵画，建築，ファッション，書籍などさまざまなデザイン分野を学ぶうえで重要な基礎造形の知識を，「構成」をキーワードに解説。〔内容〕構成学とは／基礎造形とデザイン／テキスタイル／造形教育／平面構成／立体構成／空間デザイン／他

井上耕一写真・文
身体装飾の現在 1
人類発祥の地にいま生きる人々
―アフリカ大地溝帯エチオピア南西部―
10681-7 C3340　　B4判 216頁 本体12000円

エチオピア南西部に暮らす少数民族を訪ね，身体装飾に焦点を当てて撮影した写真集。自傷瘢痕で飾られた肌，多彩なボディペインティング，巨大な唇飾りや耳飾り，色鮮やかなビーズ細工……。人類の身体装飾の現在を見る。オールカラー。

井上耕一写真・文
身体装飾の現在 2
インド文明に取り込まれた人々
―インド・ネパール―
10682-4 C3340　　B4判 218頁 本体9800円

インド亜大陸の周縁部にあって独特の衣装や装飾品を身にまとい暮らす少数民族を収めた写真集。素朴な遊牧民から極彩色の踊り子まで，複雑な民族構成とカースト制の歴史が紡いだ，インド文明特有の多彩な装飾文化をみる。オールカラー。

井上耕一写真・文
身体装飾の現在 3
国境に分断されている山地民
―中国・ベトナム・タイ・ラオス・ミャンマー―
10683-1 C3340　　B4判 224頁 本体9800円

中国から東南アジアの山岳地帯には多くの少数民族が暮らしているが，国境に分断されることで衣装や装飾は複雑な発展を遂げた。精緻な刺繍，巨大な頭飾り，壮麗な銀細工など，失われつつある装飾文化を収めた写真集。オールカラー。

前奈良女大 松生 勝編著
生活環境学ライブラリー 2
アパレル科学概論
60622-5 C3377　　A5判 212頁 本体2900円

アパレル科学の各分野を総括する概論書。〔内容〕衣生活の変遷と役割（歴史・目的と機能）／材料（繊維・糸・布・加工）／デザイン（要素・特性・原理）／設計（人体計測・体型・CAD）／生理・衛生／管理（整理・洗濯・保管・処分）／現代の衣生活／他

牧野 唯・木谷康子・郡司島宏美・齋藤功子・北本裕之・宮川博恵・奥田紫乃・北村薫子著
住まいのインテリアデザイン
63004-6 C3077　　A5判 152頁 本体2800円

図や写真が豊富な資格対応テキスト。〔内容〕事例／計画（広さとかたち・家具と収納・設備・間取りと住まい方・集合住宅・安全で健康的な住まい）／演出（色彩と配色・採光と照明・材料）／情報（リフォーム・インテリアの仕事と関連法規）／表現他

実践女大 山崎和彦著
ピュア生活科学
衣服科学
60582-2 C3377　　B5判 128頁 本体3200円

衣服・被服科学のミニマルエッセンシャルな情報を多数の図（140）と表（115）により簡潔にまとめられたテキスト。〔内容〕環境／衣服の歴史と民族衣裳／被服の生理衛生／被服材料／材料実験／被服の管理／デザイン／衣服の設計製作／衣生活／他

佐々井啓・篠原聡子・飯田文子編著
シリーズ〈生活科学〉
生活文化論
（訂正版）
60591-4 C3377　　A5判 192頁 本体2800円

生活に根差した文化を，時代ごとに衣食住の各視点から事例を中心に記述した新しいテキスト。〔内容〕生活文化とは／民族／貴族の生活（平安）／武家（室町・安土桃山）／市民（江戸）／ヨーロッパ／アメリカ／明治／大正／昭和／21世紀／他

日本女大 島崎恒蔵・日本女大 佐々井啓編
シリーズ〈生活科学〉
衣服学
60596-9 C3377　　A5判 192頁 本体2900円

被服学を学ぶ学生に必要な科学的な基礎知識と実際的な生活上での衣服について，簡潔にわかりやすく解説した最新の教科書。〔内容〕衣服の起源と役割／衣服の素材／衣服のデザイン・構成／人体と着装／衣服の取り扱い／衣服の消費と環境

日本女大 佐々井啓編著
シリーズ〈生活科学〉
衣生活学
60597-6 C3377　　A5判 200頁 本体2900円

近年，家政学に要求されている生活面からのアプローチに応え，被服学を生活の場からの視点で広くとらえた大学・短大向け教科書。〔内容〕衣服と生活／衣生活の変遷／民族と衣生活／衣服の設計と製作／ライフスタイルと衣服／衣服の取り扱い

日本女大 佐々井啓編著
シリーズ〈生活科学〉
ファッションの歴史
―西洋服飾史―
60598-3 C3377　　A5判 196頁 本体2800円

古代から現代まで西洋服飾の変遷を簡潔に解説する好評の旧版の後継書。現代の内容も充実。背景の文化にも目を向け，絵画・文学・歴史地図等も紹介。〔内容〕古代／東ローマ／ルネッサンス／宮廷／革命／市民／多様化／19世紀／20世紀／他

日本女大 後藤 久・日本女大 沖田富美子編著
シリーズ〈生活科学〉
住居学
60606-5 C3377　　A5判 200頁 本体2800円

住居学を学ぶにあたり，全体を幅広く理解するためのわかりやすい教科書。〔内容〕住居の歴史／生活と住居（住生活・経済・管理・防災と安全）／計画と設計（意匠）／環境と設備／構造安全／福祉環境（住宅問題・高齢社会・まちづくり）／他

上記価格（税別）は 2022 年 7 月現在